一读就上瘾的中国史

温伯陵 著

台海出版社

图书在版编目（CIP）数据

　　一读就上瘾的中国史 / 温伯陵著. --北京：台海
出版社，2020.9（2023.4重印）
　　ISBN 978-7-5168-2644-7

　　Ⅰ.①—… Ⅱ.①温… Ⅲ.①中国历史—通俗读物
Ⅳ.①K209

　　中国版本图书馆CIP数据核字（2020）第117007号

一读就上瘾的中国史

著　　者：温伯陵

出版人：蔡　旭　　　　　　　　　　封面设计：今亮后声
责任编辑：王　萍

出版发行：台海出版社
地　　址：北京市东城区景山东街20号　　邮政编码：100009
电　　话：010-64041652（发行、邮购）
传　　真：010-84045799（总编室）
网　　址：http://www.taimeng.org.cn/thcbs/default.htm
E - mail：thcbs@126.com

经　　销：全国各地新华书店
印　　刷：天津旭非印刷有限公司
本书如有破损、缺页、装订错误，请与本社联系调换

开　　本：710毫米×1000毫米　　　　1/16
字　　数：320千字　　　　　　　　　印　　张：23.5
版　　次：2020 年 9 月第 1 版　　　　印　　次：2023 年 4 月第11次印刷
书　　号：ISBN 978-7-5168-2644-7

定　　价：59.80 元

那些泛黄的故纸堆里，有曾经的荣耀、光辉和没落，也有照进未来的经验和智慧。轻轻翻过的时候，它们会发出耀眼的光。

读历史，总得悟出点儿什么

看伯陵的文章经常会有新启发，所以，他一找我写序，我就赶紧答应，免得他反悔。

在微信公众号里，他有个口号，叫"历史照进现实"。这是司马温公的以史为鉴，伯陵不小心暴露了自己的"野心"。但你也不要被温公的名字吓到，伯陵文道虽然严肃，文风却很轻松。

人们读历史有两个困境：一种是抱有标准答案，像读中学课本那般；另一种是没有答案，雾里看花，古人的故事跟我没有半毛钱关系。

因此，历史怎么读，就显得特别重要。严格来说，本书不是写历史，而是写读史心得。让古代观照现代，让古人启发今人。太阳底下真没新鲜事，古人也并不古，他们的困惑与迷茫、酣畅和憋屈、升职与加薪、男欢与女爱跟我们并没有本质的不同。每个历史人物的行为和抉择，都会投射到我们身上。帮读者悟出一点心得，我想，这就够了。

杨贵妃，在李白眼里是"云想衣裳花想容，春风拂槛露华浓"；在白居易眼里，是"在天愿作比翼鸟，在地愿为连理枝"；在杜牧眼里，是"一骑红尘妃子笑，无人知是荔枝来"；而在罗隐（一作狄归昌）眼里，则是"泉下阿蛮应有语，这回休更怨杨妃"。

美女、宠妃、败家娘们儿以及背锅女侠，哪一个才是真的杨贵妃？

伯陵也很喜欢杨贵妃。他从起源于北魏的均田制说起，把汉朝旧制度崩溃之后，北魏、北周、隋和唐四个朝代建立新制度的脉络捋清楚，抽丝剥茧，侃侃而谈，最终从土地制度崩溃的角度，帮杨玉环女士甩掉那口陈年老锅。

这又是另一个杨贵妃。

一座长安城，在汉唐，是无可取代的帝国中枢，是王维笔下的"万国衣冠拜冕旒"，在宋朝，却成了边境军镇，而在明朝末年，又沦为饥荒遍地、易子而食的人间地狱。

在伯陵笔下，历史不再是按时间码放的记事簿，而是贯通时间、看清脉络的时代演变过程。

除了从古到今，本书还喜欢从今到古，撕开历史一个小切口，缓缓推演，解释现在之所以、为什么是现在。

比如，从唐宋壁画里的女子穿衣多少、西北湖泊数量的增减，到气候环境对经济的影响，解释关中地位的变化，进而落脚当下，提出连接蒙古、东北、华北、海洋和江南五大板块的北京必然代替长安，成为下一个千年的国家中心。

人运、国运，都服从于时代的浪奔浪涌。在这样的读史角度下，是不是标准答案已经不再重要，重要的是同一段历史，我们能够看到不同的解读，有不同的启发。

这也是写历史的困难所在，既要自我代入，又要抽身自如，搞不好就会把自己弄分裂。

还好，本书做到了。

这本书另一个特点是杂。伯陵兄潜泳史海，庙堂文坛、沙场青楼，可能上一秒还在嗑着瓜子侃帝国大业，下一秒就悄咪咪地说起古人闺房秘闻。若不看目录，你永远不知道下一篇写的是什么。

既考验读者的知识积累，也给读者制造惊喜。

碎片时间，随便翻开一页，读就是了。一个平行宇宙，就在你身旁缓缓展开。要是不同意他的观点也很好办，赶紧掏出手机，到他的微信公众号里去砸场子。

少年怒马

2020年6月18日

晋西北有项风俗，每年春节时，老人会把铜钱、秸秆、鞭炮和红布缝到小孩衣服上，谓之"压祟"。春节过后，铜钱被收集起来，年岁日久，这些铜钱就成为满满当当的一串。

由于父辈通过高考离开农村，我并没有经历过这种仪式，但属于父亲的那串铜钱他随身带着，成为我小时候的玩物。那串铜钱有宋朝铁钱、顺治通宝、康熙通宝、乾隆通宝……这导致我小时候最熟悉的是清朝皇帝。大人聚会时开玩笑，也会让我把清朝十二帝背一遍。

那时候，看着满是泥垢和包浆的铜钱，我经常会想：这些铜钱流传几百年，不知经历过多少人的手，他们或许是做手工换生活的工匠，或许是卖儿卖女的农民，或许是南来北往的富商，或许还进过国库。现在，它被放置在有暖气和电视机的房间里，成为一个小孩的玩具。

我突然感觉到，几百年间来来往往的人和我有了某种莫名的联系，而那串铜钱就是媒介，于是，我便想了解过去的事情。

蔡东藩的《中国历朝通俗演义》是我在历史方面的启蒙书，然后是《史记》《资治通鉴》《明末农民战争史》

等专业著作。记忆最深刻的一件事发生在我22岁。那时，我刚参加工作，住在单位宿舍，晚上读到霍去病封狼居胥，战士高唱战歌凯旋，突然感觉心慌脑涨，特别想喝酒，于是跑到楼下小超市买了两袋劣质黄酒，回家之后边喝酒边读书，再抬头望着窗外明月，感觉人生美妙，不过如此。

书，真的可以下酒，因为书中的那些人，他们的情感、奋斗、拼搏、昂扬和落寞是和我们连在一起的。如果没有他们做过的事，就没有现在的我们。

挣不脱，甩不掉，这种感觉随时随地都会发生。

我家门口不远处有座山，山顶就是长城。经过几百年的风吹日晒，包裹长城的砖头已经被人搬走盖了房子，烽火台上早已没了狼烟和士兵，只留下夯实的泥土矗立在山顶，向南来北往的人诉说着曾经的故事。

长城向东几十里，是晋王李克用的墓地。小小的沙陀部族正是从这里起家，在唐末乱世席卷了半壁江山。只是真正带领沙陀走向辉煌的是李存勖，李克用没能看到这一天。这不由得让人想起《三垂冈》里的那两句诗："风云帐下奇儿在，鼓角灯前老泪多。"

后来，我到了常州，这里是苏轼去世的地方。常州人特别喜欢吃红烧肉，其起源或许就来自苏轼。说不定常州的某个角落，就是苏轼曾经走过的地方。当你用脚踩上去的时候，便和苏轼产生了跨越千年的交集。这种感觉太神奇了！

宋朝史学家吕祖谦说过一段读书法："今人读书全不作有用看，且如人二三十年读圣人书，及一旦遇事，便与闾巷人无异……只缘读书不作有用看故也。何取？观史如身在其中，见事之利害，时之祸患，必掩卷自思，使我遇此等事，当作何处之。如此观史，学问亦可以进，智识亦可以高，方为有益。"

其意思是，读历史要有用。如果读历史书仅是满足于炫耀故事，那是没什么用的，只有把自己放在古人身处的事情里，假想自己该如何解决当年的事情，然后再看古人的成功或失败案例，才能以史为鉴，做到读史增长智慧。

吕祖谦的读书方法把古今打通了。用这种方法论来看铜钱、读书和地理，便能形成一条穿越时空的无形纽带，把枯燥的历史和活色生香的现代生活紧紧串联在一起。我们只有穿越到古人身边，设身处地地思考，才能知道古人到底经历过什么，我们又该吸取怎样的教训。这才是读历史的意义。

毕竟，我们今天的一切都来源于历史，而历史也并不遥远。只有知道从何处来，我们才能在面对抉择时，明白该向何处去。唯有如此，我们就是他们，他们就是我们。

目 录 | Contents

第五章 气质篇 ｜ 寻找感动的力量

第六章 情感篇 ｜ 女性从来不止一面

第一章 权力篇

权力可谋身，亦可谋国

如何使用权力，是当权者需要考虑的事情。

刘邦把权力分配给诸侯，于是得到了他们的帮助，在乌江边打败了项羽，为四百年大汉江山开基立业。

李世民为谋身而夺权，做皇帝后立刻用权力谋国，以大唐两千万人口为基础，成就了征伐四海的功业。

而赵匡胤的权力，是藩镇割据经过两百年整合，过渡到宋朝的。

权力在哪儿，江山就在哪儿。

中国侠客消亡史

中国的侠客，似乎只能在金庸的小说中看到，但很久以前，侠客是真正存在的。他们没有降龙十八掌，也不懂独孤九剑，甚至有的人武功也不太出众，但他们依然是侠客。

所谓侠客，不是在街头斗殴逞匹夫之勇，而是秉承一种自由的精神和道义。侠客们以此作为人生的准则，做自己认为对的事。

公元前453年，晋国四卿之一的智氏被赵、魏、韩三氏族联手所灭，土地和人口被三家瓜分。一时间，所有人都在向新主宣誓效忠，晋国也落得名存实亡。

然而，只有豫让为智伯报仇。他改名换姓后，在宫中的厕所服役，随身携带匕首，随时准备刺杀赵襄子。尽管后来他失手被抓，也坦诚直言："我就是要杀你。"赵襄子不忍心杀义士，便将他当场释放。

后来，豫让吞炭成为哑巴，浑身刷漆，变得爹娘都认不出，然后他藏在赵襄子出门的必经之路上，准备一击杀之。

结果赵襄子经过时马受惊了，赵襄子说："肯定是豫让在这里，快搜。"

果然不出所料，豫让又被抓了。

接二连三地被人刺杀，赵襄子决定杀掉豫让。豫让知道此次必死，便提出了最后的请求："明主不掩人之美，忠臣有死名之义，我认命了。但是在死之前，请你脱下衣服，让我刺击，就当已经为智伯报仇。"

于是赵襄子脱下衣服，交给豫让。豫让拔剑狠狠一击，以示给智伯报仇，然后横剑自刎。他虽是赵国的公敌，但这并不妨碍他获得赵国人民的尊重。

在现在的人看来，豫让不是傻吗？他为什么想不开要去刺杀赵襄子呢？豫让说："士为知己者死，女为悦己者容。智伯对我有知遇之恩，如果不能为他报仇的话，我愧对自己的良心。"

这便是一种精神。君以知己待我，我也以知己回报；君以草寇待我，我则以仇寇回报。当时的侠客都以这种精神为信念，不在乎荣辱，也不在乎财富、地位，只做自己认为对的事。他们的精神和道义都是自由的。

02

草莽之侠以道义为重，一旦许诺则死不回头。

荆轲居无定所，先后游历卫国、太原、邯郸等地，最后来到燕国，和精通音律的高渐离成为朋友。他们经常在路边小店喝酒。喝多了以后，高渐离击筑[1]，荆轲则放声高歌，引得周围的人阵阵喝彩。

后来，燕太子丹想做件大事。

太子丹在赵国做过质子[2]，秦王嬴政也在赵国生活多年，大抵俩人还做过邻居，但关系极其不好。

---

[1] 筑是中国古代的一种击弦乐器，形似筝，有十三根弦，弦下边有柱。

[2] 质子是指人质。古代派往敌方或他国去的人质，多为王子或世子等出身贵族的人。

如今嬴政已贵为秦王，秦国又如日中天，无论私仇还是国恨，太子丹都必须行动起来。

既然国力不如人，那就只好派人行刺。

他找到名士田光商量，让田光推荐人选。正好田光和荆轲的关系比较好，他就向太子丹说："荆轲可以。"于是，极其惨烈而又感人的一幕发生了。太子丹的行刺计划十分隐秘，知道的人越少越好。荆轲同意后，田光拔剑自刎而死。

荆轲入秦需要投名状，恰好秦国将军樊於期流亡燕国，荆轲对他说："太子丹对你好，你又和秦国有仇，不如把人头借给我，我帮你报仇，你也能报答太子。"樊於期听完，也自刎而死。

樊於期的人头、燕国的地图，再加上少年秦舞阳，这就是太子丹和荆轲为秦国准备的三件礼物。

那天，寒风呼啸，易水冷冽。荆轲带着三件礼物一路西行，根本没有活着回去的打算。他要报答太子丹的知遇之恩，更要为燕国谋出路。此时，草莽和庙堂已不分彼此。

荆轲在秦宫一击不中之后，便追着秦王绕柱子跑，直到秦王拔出长剑才扭转战局。

荆轲被刺了八剑，秦王却毫发无伤。

知道任务已经不可能完成了，荆轲靠在柱子上，面露微笑对秦王说："本来想生擒你，可你的剑太长了……"

其实哪有什么无敌的刺客，只有无敌的信念罢了。我认同嬴政统一天下的雄心，也尊重荆轲为家国赴死的勇气。被人赏识就以死报之，国家危亡就捐躯报效，这便是侠客。

豫让如此，荆轲亦如此。

(03)

为何春秋战国时代的人的精神面貌如此不同？

那时帝王的统治术极其简单粗暴，官府的组织形式也十分松散，各诸侯国并不能对人民进行强制管理，这就造成了基层权力的真空。

那时很多地方几乎是草莽之地，稍微强有力者，就能打破官府脆弱的管理。想去哪国随时都可以走。一怒之下杀了人，也有很多可以躲藏的地方。侠客以天地为家，活得自由自在。

只有自由的生活，才能养育侠义精神。侠客们可以追求财富，但有不在乎财富的资格；可以阿谀权贵，但也有蔑视权贵的实力。

侠客可以自力更生，不必仰仗权贵的赏赐。他们能拍着胸脯说："不管什么富豪和权贵，我就是看不起你，如何？"这一点很重要。一旦受制于人，精神也会变得畏缩，不再有藐视一切的勇气，只会为五斗米折腰。

侠客的腰杆子硬，所以在基层权力真空的年代，诞生了许多脍炙人口的传奇故事，因为那时有盛产传奇的土壤。

自由宽松的环境，造就了自由的身体，自由的身体才能储存自由舒展的灵魂。环境是水，侠客是鱼，他们可以在列国间游走，做自己认为对的事，而不必为生计奔波。

(04)

即使基层权力真空，也需要另一种秩序。

社会不可能长期以无秩序的状态存在。既然官府不能有效地管理，那么，民间就会逐渐填补真空。这是自然的法则，无所谓野心和对错。

春秋战国时代，诸侯流行养门客。为了彰显宽广的胸怀，也为了吸引更多人加入，他们往往来者不拒。

齐国孟尝君号称有门客三千。无论出身贵贱，孟尝君都会亲自与其交谈，问对方家里有哪些人，亲戚住在什么地方，而屏风后面则专门有人做详细记录。随后，门客的家人就会收到"豪华大礼包"。

换位思考一下，如果你遇到了这么好的老板，是不是会感动得热泪盈眶，然后他交付的工作都会拼命去做？

慢慢地，孟尝君的实力越来越强。他的门客中有齐国罪犯，也有其他诸侯的宾客。彼时的孟尝君，跺跺脚都能让君王颤三颤。从某种程度上讲，齐国基层的势力已经由他填补。

孟尝君的门客在齐国各地都能横行无阻，不论官府还是"地头蛇"，都得给他让路。

有一年，孟尝君路过赵国，平原君想请他吃饭。赵国人听说偶像来了，纷纷出门围观。当看到孟尝君之后，大家都笑了："原本以为是魁梧的精壮猛男，谁知道竟是个五短三粗的矮个子，笑死人了！"孟尝君怒了，竟然敢揭短！随行的门客提刀而下，砍杀数百人。

这样的行为，现代人也许根本无法理解，但在孟尝君的眼中，自己是齐国的"无冕君主"，操控着基层秩序的运转，加之又是王室公子，权力覆盖庙堂与草莽，行事何须看人眼色。

自由环境的背后，是血腥野蛮的杀戮，这是弱肉强食的"原始森林地带"，没有生存的秩序，也没有死亡的规则，能倚仗的，只有实力和运气。

刘邦年轻时想拜入信陵君门下，结果没能如愿，后来登基称帝建立汉王朝后，还让五户人家给信陵君守墓，每年按时祭祀。

他本是游侠出身，不可避免地也让汉朝沾染了游侠气质。汉初官府的统治力量依然薄弱，而这种现象也造就了汉朝的侠客之风盛行。

和刘邦同时代的，有一个叫朱家的人。不知道此人是姓朱，还是名叫朱家，反正司马迁就是这么写的。此人道德品质极好，家无余财，也不喜欢美食和漂亮衣服，唯一的爱好就是施舍。有人吃不饱饭，他就送点钱去；有人犯事了，他就找地方把人藏起来……他做的事情和孟尝君没什么区别。

但孟尝君有财有权，朱家什么都没有。唯一的解释就是，他掌握了当地的基层权力。大家都信服他，愿意出钱、出力帮他办事。

朱家以当地的势力为基础，向中原扩张影响。当影响力扩张到极致后，财富、权力、地位都会滚滚而来。朱家要的是权力和地位，追随者谋的则是利。

大侠客虽然没钱，但从来不愁钱。

自函谷关以东，人人都希望和朱家做朋友。有个叫剧孟的大侠，家无余财，但是母亲去世时有千乘车前来送葬。

所以，大侠的自由意志，其实是时代红利。他们在官府的触角达不到的地方，尽情地跑马圈地。那些传奇人物、性情故事、自由精神，都是时代红利的体现。

长安有皇帝，各地有诸侯王，基层有侠客，在统治不发达时期，他们共同组成朝与野的权力结构，而这些，都是历史进程中的产物。

（05）

在历史的进程中，侠客可以暂时挖官府的墙脚，可官府终究要把触角无限向下延伸，收回那些属于自己的东西。那些侠客都是"风口上的猪"，那些自由的意志、舒展的灵魂，终究只是特定历史时期的产物，不可能无休止地生存下去。就像人总要慢慢长大，不可能永远活在年少轻狂的岁月中。

侠客的终结，从秦国开始。

秦国在商鞅变法后，中央集权统治得到了极大的提升，君臣建立起严密的法律、复杂的组织，然后垄断资源，构建起恢宏的体制。在秦国的体制下，基层社会是格子状的。任何强有力者，都不可能无限制地突破社会壁垒，人们只能在规定的区域活动，一旦碰触红线，就会受到严厉的警告。

秦国人民的出路主要有两条：为吏或者从军。这是两条主流出路，是可以出人头地的，其他如做工、种田等只是支流，天花板很低，且永远不可能做人上人。而为吏或者从军的指向很明确，就是进入体制。

秦国的国家机器垄断了所有资源，留在体制外的资源寥寥无几，已经不足以供养庞大的侠客群体。想要实现人生价值，就只有进入体制。

打个比方吧。秦国变法相当于重新修建池塘，并且安装了大功率的柴油发动机，把周围池塘的水全部抽到新池塘中，鱼虾要想生存，就必须改头换面，而新池塘的话语权属于朝廷。这样的社会环境，已经没有多余的空间给侠客驰骋，他们仰仗的基层权力，也被官府逐步夺走。

没能进入新池塘的侠客，就像奄奄一息的鱼。而没有自由的社会环境，侠客身上自由舒展的灵魂也变得日渐局促，最后不得不向现实低头，成为秦国大厦上的一颗螺丝钉。

既然资源都在官府手中，那么所有人都伸手向官府讨饭，所谓的尊严和傲骨也就逐渐消磨殆尽了。条理分明的秩序，把六百万秦人分配到合适的岗位上，尽职尽责地做着自己的工作，其他的不要妄想。所以秦国没有侠客，也没有文艺。

除了国力较弱的燕、韩，其他四国皆有名闻天下的公子，而秦国没有，国民只认秦王。

那些忠义死节、爱憎分明的传奇故事，基本都发生在关东六国，唯独秦国没有。这不是偶然。

没有自由的环境和舒展的灵魂，自然就没有崇高的精神。那些高尚的情感、文化和艺术，也就没有了诞生的机会。但秦国的体制对于普通人来说，又是极大的保护。

孟尝君随便杀几百人的事情，根本不可能在秦国发生。只要敢拔刀，马上治你"私斗罪"。

儒以文乱法，侠以武犯禁。在秦国的体制内，儒和侠都是不被允许的，敢冒头就立刻削平。国家一定要对资源严防死守，丝毫不能外泄。

侠客没有战斗力，体制才有。

06

不得不说，嬴政太厉害了，那么多好东西，他全部收到自己囊中，连个招呼都不打，怪不得天下人都要和他拼命呢！

经过楚汉战争的摧残，秦国恢宏的体制轰然崩塌，刘邦在废墟上重建的汉朝，根本没有实力恢复秦国对资源的掌控。汉初江山只是沙滩上的城堡，虽然足够庞大，看似坚固，但也仅此而已。它的地基并不牢靠，因此，不得不和基层势力合作。这又是侠客的风口。

除了上文提到的朱家、剧孟之外，还有无数占地为王的大侠。他们说句话，门人就会不打折扣地执行，杀人犯法也在所不惜。这又是汉初的武林门派作风，他们倚仗武力掌控基层权力，并以此为根本，有些时候甚至能影响天下大势。

汉景帝时吴楚发动"七国之乱"，周亚夫带兵平叛。他从长安出发，一路奔赴洛阳，第一个寻找的就是大侠剧孟。剧孟也热烈欢迎王师，表达了合作的态度。从此以后周亚夫就放心了："吴楚七国造反，居然没有拉拢剧孟，能成功才见鬼了。"大侠的威力有多么强大，由此可见。

可不久之后，大侠就迎来了命运的转折点，因为王座上的人变成了汉武帝，这是和秦王嬴政一样的"大杀器"。

汉朝最后一个有名的大侠是郭解，此人和前辈一样，艰苦、朴素、不爱财，但有无数人愿意为其效力。汉武帝要把各地豪强迁到茂陵，名单中就有郭解的名字。他很冤枉："我都没有存款，凭什么让我搬家啊？"于是，他找到卫青帮忙求情。

汉武帝听卫青说完，冷笑道："一个平民百姓居然能让大将军求情，说明此人不穷。"

是啊，一个平民百姓连县令都见不到，怎么能请到大将军卫青呢？

只有一个解释，郭解没钱，但有巨大的影响力，而这种影响力可以演化为权力。对于能和朝廷抗衡的人，汉武帝绝对不会手下留情，马上动用更大的权力让他搬家。

郭解搬家时，有很多人前来送行。他们纷纷赠送路费盘缠，加起来差不多有一千万钱[1]！而且郭解走后，他的门人随手就把县官杀掉了，原因是县官把郭解写入了搬家名单。

大汉不允许这种能人存在，不久后，郭解的家族被全部砍死。从此以后，汉朝再也没有登得上台面的大侠，侠客的黄金年代也彻底终结。

⦿07

汉朝重新构建起恢宏的体制，把人民的生存空间再次压缩，大部分资源都被绑架到帝国的战车上，为南征北战服务。历史又回到原来的轨道。

汉武帝的命运和秦始皇是相似的。他们同样构建起"垄断"的体制，同样热衷于征服内外的敌人，同样在死后不可避免地出现体制的瓦解。

秦始皇死后天下大乱，汉武帝死后，豪强士族逐渐崛起，他们撕开垄断体制的口子，和大侠一样侵占基层权力。这样一来，战国和汉初的侠客权力，又

---

[1] 汉朝铜钱。

转移到了豪强、士族的手中。他们的自由精神和道德信义，也纷纷转移到士族成员的身上。归根结底，谁有权力谁自由。

当历史的进程走到此时，已经没有平民百姓什么事情了，豫让、荆轲的壮举也不可复制，世间只有曹植、王羲之的文人风流，而豪强、士族又有积极进入体制的意愿。这又不可避免地带来了另一种现象：体制内也渐渐沾染了自由的精神、高尚的道德信义。

比如曹操。曹操少年时喜欢做侠客，经常快意恩仇，长大后步入仕途，又把这种任性自由的精神带入官场，只做自己认为对的事。

曹操的人生，不就是任性豪放的侠客吗？他以自己的精神气质，撑起了建安风骨的半壁江山。

比如祖逖。他少年时在家乡任侠使气，"永嘉南渡"时带着家族渡过长江，后来又组建军队，死在北伐的途中。还有桓温、王猛、长孙无忌……他们都有少年做侠客的经历，长大后又积极投身于家国大业。

侠客和士族合为一体，进入体制。我们经常说的"魏晋风度""盛唐风流"，其实也是历史进程中的产物。体制不再是硬邦邦的机器，反而加入很多柔性的人文情怀，朝与野再也不分彼此。

进入宋朝后，中国历史开始出现分野。由于士族门阀被彻底消灭，朝廷的统治术再次提升，官府对资源的掌控也更加自如，留给体制外的资源更加稀少。有识之士，均以进入体制为荣。"学成文武艺，货与帝王家"，这种认知成为社会主流。但是由于自由空间的极度压缩，宋、元、明、清的官员们，再也难以出现春秋战国、魏晋隋唐的侠客风骨。

刘邦和项羽，好老板与坏老板

(01)

区别老板的好赖只有一个标准——能不能对员工的需求感同身受。在中国历史上，项羽和刘邦恰恰是坏老板和好老板的代言人。

这么说你可能不信。项羽力拔山兮气盖世，神勇的背影千古无二，这种老板多牛啊。而刘邦呢，不过是沛县无赖，吃了一辈子狗肉，还和村里的寡妇拉扯不清。这种人也配和项羽相提并论？他能得天下，不过是"时无英雄，使竖子成名"[1]而已。

可是，假如他们都来开公司的话，刘邦依然能白手起家，登上福布斯中国富豪榜，项羽依然会遭遇破产。

员工的需求能否被满足，决定了他们的成败。

---

[1]　出自《晋书·阮籍传》，意思是时代无英雄，使无名之辈成了豪杰。

(02)

项羽是富二代。他是含着金汤匙出生的，从小就能入读贵族学校，即便楚国灭亡后家道衰落，他也还有个很牛的叔叔当监护人。

项羽跟随叔叔走南闯北，去咸阳见识过秦始皇的威严，结交过秦国官员司马欣，最后落户会稽，很快混成地头蛇。虽然家族没落，但他从来都在上层圈子里。

24岁前的项羽受过委屈、吃过苦，但他从来都没有和人民群众打成一片，也就是不接地气。这样的人有一个特点：他们很容易被自己的努力所感动，却忽略了别人的欲望。

我们经常在综艺节目上看到某些富二代说：为了留学努力背单词，当服务生赚学费，冬天洗衣服手好冷……然后，他们被自己的心酸往事感动得热泪盈眶。可他们的努力对很多人来说，只是生活必备的基本技能，根本不值得拿来炫耀。

他们也特别不理解穷人的某些"怪癖"：不经常健身，不懂保持身材，为什么舍不得吃早餐……这些富二代永远活在自己的圈子中，从来不会对下层人民感同身受。

很不幸，项羽就是这类人。

(03)

秦末大乱，项羽"不接地气"的缺点，被无限放大。他是理想主义者，他想恢复周朝的统治方式。天下被封为18个诸侯国，每个诸侯国都能使用自己的文字，书写自己的历史，不必再屈从于皇帝的淫威。很美好的蓝图，对不对？

在项羽看来："公司的前景是很好的，你们应该追求梦想，不要整天计较一点小钱，太俗了。"可在创业过程中，他是怎么做的呢？封自己为西楚霸王，把咸阳宫的财宝、美人都带回到彭城……升职、加薪、套现、迎娶白富美，他一个都没错过。

对立功的员工，他又舍不得封赏，把印信放在手中，边角都快磨平了也舍不得给人家，只有口头鼓励："表现不错，好好干。"

所有的利益都被他收入囊中，员工们拼死拼活却只有死工资，日积月累，人心散了，队伍也不好带了。估计项羽麾下的人都在想："这点工资，我很难帮您办事啊，拜拜了您嘞。"

于是，韩信辞职，陈平跳槽，英布背叛，彭越观望，就连亲信吕马童也跳槽了，最后还在垓下亲手分割项羽的尸体。

不仅员工不满意，他连客户的需求都不知道。

当时国家的客户只有农民，而农民的需求很简单：生活稳定、庄家丰收、能吃饱饭，最重要的是你别来烦我。《史记》中说："项羽所过辄残破。"意思是，只要他经过某个地方，本来安静祥和的村子，就会被糟蹋得家破人亡。

想想吧！我迎着朝阳到田里干活，憧憬着明天的美好生活。傍晚回家时，抓只小鸟编个花环准备带给老婆孩子，可到家一看，家没了。本来想和你做长久生意，你却只想一锤子买卖。他为自己的理想奋斗，员工、客户却得用青春和生命为他买单，而且还得不到回报。项羽这类老板，能成功才见鬼了。

他在楚汉战争中是失败者，即便穿越到如今来创业、做生意，也只有破产的命运。

04

刘邦就很务实，不说理想只谈钱。员工只要立下功勋，不论大小，都能得到与之相应的回报：金钱、升职、股份……只有做不到，没有得不到。

比如曹参，"以中涓从……下二国，县一百二十二，得王二人，将军六人。"从办事员的职位起家，最终立功无数，以10630户被封为平阳侯。

比如樊哙，"从，斩首百七十六级，虏二百八十八人。破军七，下城五，定郡六，县五十二。"八年战争，居然连斩首、俘虏的数据都如此清晰，可见平时的后勤工作有多么出色。

然而，最有代表性的是娄敬。那年，刘邦准备定都洛阳，和中原人民长相厮守。消息传出去后，恰好被路过洛阳的士兵娄敬听到了，他马上请求见刘邦："陛下，长安适合定都，洛阳不行。"一番劝谏，让刘邦拍案叫绝，第二天就启程前往长安，然后把士兵娄敬提拔为郎中[1]，做了后备干部。

在刘邦的公司工作，不论起点有多低、职位多冷门，只要对公司有贡献，他绝对会给你超值的回报。这样的老板，怎能不网罗天下英才？

刘邦也很大方，他可以拿出一半的股份来奖励员工。

公元前205年，56万汉军被项羽用3万骑兵击败，刘邦仓皇逃到安徽后和张良说："函谷关以东的地盘我不要了，全部用来赏赐功臣。"

好大方，用半壁江山来做期权池。后来的事我们都知道了，韩信、彭越、英布等大功臣封王，次一等的143人全部封侯。

好老板的标准就是：你努力工作，我包你富贵。

(05)

楚汉战争时，世人对两位老板看得很透彻。楚怀王曾对人说："项羽为人，剽悍猾贼。"孔武有力，神勇无二，但是良心坏了。刘邦却是"忠厚长者"。他尊重他人，让每一份牺牲都有价值；搭建平台，让每一个人都看到希

---

[1]　郎中是帝王侍从官的通称。其职责为护卫、陪从，随时提建议，备顾问及差遣。

望；懂得让利，把胜利果实和大家分享。

不论任何时代、任何行业，这种老板都是最得人心的那种。刘邦凭什么不配被称作"忠厚"？凭什么不配做"长者"？他生在社会最底层，见识过无数人的酸甜苦辣，所以懂得一个道理：自己的命是命，别人的命也是命。尊重别人就是尊重自己，没有个体又何来集体？

感同身受，说着容易做起来难，后世无数英杰都为刘邦点赞。"奴隶皇帝"石勒曾说："若逢高皇，当北面而事之，与韩彭竞鞭而争先。"所以啊，坏老板让大家都服务于自己的理想，好老板只谈钱，满足大家的需求。

历史的酷吏：战友、夜壶和替罪羊

01

在中国历史上，有种人叫作酷吏。所谓吏，是指有编制的官场人员。酷吏二字，不论是从字面意思、职业操守，还是背后逻辑来看，都可以称之为"官场打手"。但凡有点追求的帝王，如果身边没有几个酷吏，百年之后都不好意思和同行打招呼。甚至更小一点的单位和企业，老板也会豢养"缩小版"的酷吏。

但可悲的是，不论酷吏的职业生涯多么辉煌，绩效完成得多么优秀，他们的下场总是很凄惨。而重用酷吏的帝王，也总是会被舆论和史书狠狠地记上一笔，好大喜功、不尊重朝臣等骂名都会和他们如影随形。

历史就是如此诡谲。帝王明明知道酷吏会招来骂名，酷吏也明明知道下场会很惨，但双方依然能够亲密无间地合作数千年。历代前任的悲惨结局都不能阻止甲方和乙方之间互抛橄榄枝，这种现象背后的逻辑，其实很值得深入思考。

02

一般来说，除了一些性情刚毅的狠人外，大部分酷吏都是穷苦人家的孩子。原生家庭的出身，决定了他们的人生选择，毕竟当打手是苦活、累活、脏活，但凡有点资本的孩子，都不会选择干这一行。吃力不讨好，何苦呢？

可对于有野心的穷苦孩子来说，有机会给帝王当打手，便是一条通天的路。就像汉朝酷吏宁成所说："仕不至二千石，贾不至千万，安可比人乎？"意思是：做官不到省部级，做生意不达到百亿，活着还有什么意思呢？

同样的话，主父偃也曾说过："丈夫生不五鼎食，死即五鼎烹耳！吾日暮途远，故倒行暴施之。"这就是个人野心和追求。宁成当酷吏是为了做二千石高官，主父偃是年纪大了，已经没时间论资排辈了，他只能走捷径。

毕竟在正常情况下，穷孩子从小吏做起，能出头基本靠运气，实在是看不到希望。但投靠帝王，却是看得见的前程。因为帝王也有政敌，他们时刻都需要一把锋利的快刀，帮他做一些不能摆上台面的私事。

比如武则天。原本她只是李家的媳妇，她做唐高宗李治的代理人，大家都还能接受，可她最后竟然想当皇帝，大家就不肯支持她了。于是武则天扶持起了善于告密的来俊臣，并利用他来排除异己，把不支持自己的李唐宗室、公卿贵族诛杀了几千家。

如此一来，武则天登基的障碍就被扫清了。而来俊臣原本只是个无赖，正常情况下是不可能出任重要职务的，可做了武则天的快刀后，他竟然官至太仆卿。

比如汉武帝。遍地的诸侯王势力极其强大，他急需一把快刀，斩掉掣肘自己的政敌。于是，一辈子不顺心的主父偃看准时机，给汉武帝写了一封信，寥寥几句话就说中了汉武帝的心思。

史书记载：汉武帝早上收到信，晚上就召见了主父偃，并且埋怨说，这么多年你都跑哪里去了，咱们可是相见恨晚啊。从此以后，主父偃就替汉武帝干脏活。

既然皇帝害怕遍地的诸侯王，那他就建议实行《推恩令》，逐步削减诸侯的实力。但《推恩令》收效实在太慢了，他就收集诸侯王犯法的证据，并且直接担任齐国的国相，名为辅佐，实际是抓小辫子。一旦他抓到犯罪证据，就马上报告汉武帝，然后光明正大地废除封国，把郡县收归朝廷。这种事主父偃接连做了两次。

用一人灭两国，汉武帝去哪找这么便宜的事。脏活干完了，主父偃的狠辣手段让大家感到害怕，说不定哪天就轮到自己头上了。汉武帝也觉得差不多该收摊了，于是，主父偃被诛三族……脏活已经办了，杀掉主父偃还能安抚人心，所谓杀一人而安天下，又是一件便宜事。

主父偃的人生路径，可以看作酷吏的缩影。刚开始的时候，帝王要找打手，酷吏想出头，于是君臣迅速结成亲密战友，并肩战斗，各取所取。事情办成以后，帝王要继续扮演救世主，所以酷吏就成为藏起来的夜壶，以便下次再用。如果实在是人心惶惶，为了安抚人心，酷吏不得不成为背黑锅的。

如果没有汉武帝的赏识，主父偃只会一辈子受人白眼，然后默默无闻地老死，根本没人知道他是谁。可当了酷吏，他实现了"权势富贵震天下"的野心，并且给看不起他的人一个大嘴巴子。

而对于汉武帝来说，酷吏只是一把打击政敌的快刀，刀坏了之后，再换一把新的就行。

（03）

对于朝廷来说，任何时候都需要酷吏。一个很残酷的历史经验就是，能够适当使用酷吏，往往是朝廷权威比较强盛的时候。

汉景帝时期，有一个酷吏叫郅都。此人外号苍鹰，性格极其强悍，敢在朝堂上当众和同事争辩，还不给人台阶下……满朝公卿都不敢正面看他一眼。

当时济南一个大家族有三百多人，他们依仗家族的势力，根本不把官府和法律放在眼里。堂堂太守，一介省部级干部都拿他们没办法。汉景帝派郅都去管理，说："郅都啊，你办事，我放心。"

郅都去了。刚调研清楚，他就把这个家族的族长拖出来斩了，其他人一看，嚯，他真的敢杀人啊！谁能不怕死呢？大家都服气了。

郅都在济南当太守不到一年，就把济南治理得路不拾遗，旁边十余郡都很害怕他，都把郅都当亲爹一样供着。

汉朝初年的一批酷吏更狠，他们不仅是皇帝打击政敌的快刀，也是朝廷整治地方豪强的利刃，动不动就把地方豪强灭族，搜捕数千家。

汉朝初期，地方豪强正在野蛮生长。正因为酷吏充当朝廷的打手，做了朝廷不方便做的脏活，才能维护朝廷脆弱的权威。西汉宣帝以后，汉朝更改路线，原本"霸王道杂之"的汉家制度，被改成纯正的儒家思想，酷吏的市场也就日渐缩小。而诸侯公卿又都出身于贵族、豪强，因而逐渐导致地方势力坐大，最终王莽篡位，实现不流血的改朝换代。

同样的例子，在明末又重演了一遍。万历皇帝多年不理朝政，朝廷接近瘫痪，地方大员和乡间豪强对朝廷的尊重也逐渐降低。除此之外，还冒出一个东林党。他们在地方引导舆论，控制经济，在朝中又结党营私……不论东林党的道德学问多么高尚，对朝廷来说，这就是个小帮派。

于是，魏忠贤充当了酷吏的角色。他用了几年的时间来整合资源，把败于东林党的楚党、浙党和太监势力整合起来，组成一个强势的朝廷。

毫无疑问，魏忠贤一众的道德水平都极其低劣，甚至有不少人渣，丝毫不符合治国贤才的标准，但从另一个方面来看，魏忠贤扮演了强势酷吏的角色，通过残酷的政治斗争，严厉打击了尾大不掉的地方势力，让朝廷权威重回顶峰。

不管史书怎么评价，毫无疑问的是，魏忠贤专权的那些年，朝廷政令在各地都能通行无阻，并且得到不折不扣地执行，效率远胜于万历年间。而崇祯皇帝诛杀魏忠贤，却没有重新铸造另一把快刀，马上就失去了推行朝廷权威的利器。

那些年众正盈朝，却政令不出皇宫。

酷吏和文官是国家政权的一体两面，一个代表狠辣刚猛的霸道，一个代表阳光温暖的仁义。只有仁义会缺少底气，只有霸道又不会长久。优秀的帝王，往往是仁义和霸道通吃。

对待老百姓和追随者，他们会露出仁慈的微笑，拿出糖果分给大家；对待政敌和朝廷的隐患，他们又会露出狰狞的獠牙。能做到"王霸"通吃的，都是狠角色。

04

古代的和平年代，国家重要的命脉是经济。具体到朝廷层面，则是保障税收的来源，保障国库充足和朝廷的开销。而属于朝廷的税收，往往会被地主截流，他们不仅不愿意交税，还会变成趴在国家身上吸血的寄生虫。

正常情况下，朝廷睁一只眼，闭一只眼就算了。可一旦遇到特殊情况，国家开销巨大，来自耕农的赋税不足以支撑时，朝廷就会对大地主动刀子，谁有钱就挣谁的。

这种特殊情况，读圣贤书的文官是干不了的。他们拉不下脸面，更不具备斗智斗勇的狠辣手段，只有酷吏才能解决特殊时期的危机。

汉武帝时期不断对外用兵，庞大的军备、马匹、后勤需要海量的财富支撑，再加上赏赐功臣、抚恤烈士，国库很快就耗空了。钱没了，但事情还得做。

公元前120年起，桑弘羊为汉武帝策划了一系列财政刺激计划：算缗告缗[1]、均输平准[2]、盐铁官营[3]等经济政策。均输平准、盐铁官营是国家调控，用常规的手段来增加国库收入；算缗告缗则是汉朝的财产税，是从富商的钱袋子里掏钱。

如果商人老实交税还好，一旦偷税漏税，就会有老百姓举报告发。如果情况属实，此人的财产一半分给举报人，另一半则充国库。

汉武帝为了鼓励商人交税，特意树立榜样。他让主动交钱的洛阳商人卜式在短短七八年间就升为关内侯，并出任御史大夫。不过，此举收效甚微，商人依然不愿意为了国家大业出钱，宁愿把财富都藏起来传给子孙后代。

能够把政策推行下去的，依然是酷吏。公元前114年，汉武帝任命杨可主持告缗，经过三年的整治，朝廷获得上亿财富、数万奴隶，还有无数土地。当时的汉朝中产阶级几乎都破产了，朝廷财政却得到了缓解。通过经营充公的土地，朝廷又能源源不断地获得收入。对朝廷而言，杨可和杜周等酷吏，实在是功不可没。

虽然汉武帝的初衷并不是用非常手段来打击商人，但当常规方法行不通时，财政危机只能逼他重用酷吏。这是一个无解的难题。

从朝廷的大局出发，只有酷吏才能用非常手段搜刮财富，帮助朝廷渡过财政危机的难关。此时，酷吏和朝廷是战友。当危机解决后，他们又成为被藏起来的夜壶，而在史家的笔下，他们又被描绘成历史的罪人。

看似脉络清晰，实际上并没有那么简单。当财政危机出现时，普通官吏并不能解决问题，事后他们却又站在道德的制高点，指点江山，激扬文字。但对朝廷而言，事到临头，危机是一定要解决的。

酷吏只不过契合了国家的需求，用自己的方式做了应该做的事。设身处地地

---

[1] 算缗是向商人征收财产税；告缗是对商人隐瞒资产、逃避税收的惩罚措施。

[2] 均输、平准是调剂运输和平抑物价的方法。

[3] 盐铁官营，亦称盐铁专卖，即朝廷对盐和铁进行垄断经营。

想，其实他们的行为也无可厚非，具体还得看想问题的人，屁股坐在哪张椅子上。

(05)

读史书，酷吏总是让人又爱又恨。他们冷峻的面孔，像极了电影里冷酷的杀手，真正面对时，人们总是会不可避免地感到恐惧。

尽管酷吏们有时会表现得温文尔雅，但这并不能打消人们的恐惧和疑虑，因为他们代表着一种强势的力量。换句话说，他们是暴力的执行者。

世人不喜欢酷吏，其实是对暴力的恐惧，害怕这种暴力什么时候会落到自己头上。同时，酷吏也是告密者。他们就像摄像头一样，紧紧盯着目标的一举一动，一旦发现可疑信息，马上向上级汇报，不知不觉中，当事人的命运就会发生改变。

利益和需要，是源源不断产生酷吏的土壤，他们从战友变成夜壶，最后成为替罪羊。

历史风口上的司马懿

01

一个人的忠贞善恶不可能写在脸上。有的人一辈子都很老实，人缘好，工作能力也强，大家都觉得此人靠谱，可到入土的年纪时学会了变脸术，上演一出《我的后半生》……没错，说的就是司马懿。

后世觉得司马懿一直都是狼子野心，刚参加工作就蓄意谋反，仿佛生来就是为了颠覆曹魏江山。其实，人家哪有那么多蓄谋已久，所有的历史转折都不可能是多年谋划，尤其是以一人之力改变王朝的兴衰。只是他站在了历史的风口，不想飞也得飞，时势使然。

02

关于司马懿刚入官场的情况，《晋书》中有一段描述："帝知汉运方微，不欲屈节曹氏，辞以风痹，不能起居。"意思是：司马懿知道汉朝要完蛋了，但又不愿意追随曹操，所以就假装中风，躺在床上动都不能动。

这段文字看看就行了，骗鬼的把戏。曹操的第一个官职是洛阳北部尉，而举荐他做官的人恰恰是司马懿的父亲司马防。两家颇有渊源，不存在看不起之说。那为什么司马懿拒绝出仕呢？

因为举荐他的人是魏种。此人属于曹魏内部的兖州派，后来还背叛过曹操，本来就势力小，还有黑历史。而按当时的风俗，一旦接受举荐，就和举荐人绑定在一起，成为一辈子都会被人贴标签的门生。他堂堂司马氏，怎么会甘愿和魏种扯在一起呢？

多年后，曹魏文臣之首、颍川荀氏的领头羊荀彧发出邀请，司马懿麻溜地去曹操办公室报到了。很多事情也在此时埋下了伏笔。

司马懿正式成为曹魏士族集团的一员，他一生的坎坷和荣耀，都来源于此时加入的阵营。曹操的基本盘是寒门和宗室，士族只是合伙人。在这种架构下，曹操可以轻松驾驭朝局。

可这种手段曹丕不行。曹丕没有军功和威望，他继承了曹操的王位和官职，除了当皇帝没有别的出路，而想当皇帝又必须得到士族的认可，于是，九品中正制火热出炉。他承认士族的利益，又得到宗室的支持，曹魏的权力结构就变成了士族与宗室组成的两驾马车。

曹丕的宗室政策也很有特点。他极力防范亲生兄弟，又把军事大权交给远方亲戚。这样一来，他们既能和皇帝保持一致，又不会对皇位造成威胁。之后一系列的辅政大臣也出自这一群体。

曹丕去世后，辅政大臣是曹真、曹休、陈群、司马懿，曹叡去世后的辅政大臣是曹爽和司马懿。宗室和士族，是后曹操时代的标配。此时的司马懿，只能做曹魏忠臣，压根儿没机会成为下一个王朝的创始人。

(03)

司马懿本来是文职干部，平时做点整理文件、迎来送往的工作。曹丕想拉拢士族来制衡宗室，但又不能找树大根深的士族，司马懿正好合适。他出身于士族，又是曹丕的嫡系，关键是家族实力也不强，不会产生威胁。好吧，就你了。

领导说你行，不行也行。短短几年时间，司马懿就从太子中庶子一路升为录尚书事，和陈群一起处理国家大事。曹丕特别信任他，自己带兵出征时，就让司马懿镇守许昌，还能顺便统帅几千军队。

这让司马懿初步接触到了军事。当然，此时司马懿还远没有带兵打仗的能力，但好歹是在实践中学习了。多年的岗位历练，锻炼了司马懿的能力和资历，他在这个阶段虽然没有军功，但也为后来的军事生涯做好了铺垫。如果没有一点历练，谁会让他带兵打仗呢？

曹丕去世后，司马懿正式带兵。他击败诸葛瑾、擒斩孟达，用敌人的鲜血证明了自己的能力。而此时的曹魏宗室却在日渐凋零，曹仁、夏侯惇等第一代名将就不用说了，就连曹真、曹休也接连去世。

曹氏、夏侯氏的子弟中，基本没有能镇守一方的大将，而西南方的诸葛亮正在厉兵秣马，东南面的孙权又经常北上打秋风，怎么办？曹叡不得不重用外姓将领，军事经验丰富的司马懿正是其中之一。

职业生涯走到这里，司马懿依然是堂堂正正地进步，并不像人们说的那样"蓄谋已久"。还是那句话，时势使然。

于是，司马懿被派往长安，任务是阻止诸葛亮北伐。在战乱年代，唯一能积累实力的只有军功，而最大的军功就是击败王权最大的敌人。

西拒诸葛、北平辽东为司马懿积累了巨大的威望。最重要的是，他在军中有了门生故旧，后来的司马氏嫡系和西晋开国元勋等一大批人都出自西北军。再加上曹丕、曹叡都英年早逝，屡次出任辅政大臣，也让司马懿的资历变得很深厚。

此时的司马懿是什么人呢？士族领袖、朝廷重臣、军中大将——三重身份叠加起来，足以让他拥有与众不同的地位，说是国之柱石，也不为过。

(04)

239年，曹叡去世。去世前，他让曹爽和司马懿共同辅政，继位者是年仅8岁的曹芳。曹氏皇帝一个比一个年轻，一代不如一代。

小学生曹芳又懂什么呢？朝廷大事还不是辅政大臣说了算？如果曹爽足够聪明，大家相安无事到皇帝长大成人，也就没有后面的事了。可事实是曹爽还不够聪明。

首先看曹爽的公事。他让弟弟曹羲做中领军，曹训做武卫将军，曹彦做散骑常侍，这基本上垄断了京城的禁卫军。他还让表弟夏侯玄做中护军，负责选拔武官。

曹氏、夏侯氏的子弟再次掌握军权，恢复了曹操、曹丕以来的传统，成为曹魏江山的左膀右臂。对了，夏侯玄和司马懿又有姻亲关系。然后曹爽拉拢何晏、丁谧等人参与朝廷机要，又把持了朝廷大权，当时的曹魏政令基本出自曹爽一人。

何晏是曹操的养子兼女婿，丁谧是谯县人，他的父亲是曹操起兵时的嫡系。看得出来，曹爽是在小圈子中选人，他们和曹魏有着共同的利益和命运。

不是曹爽小心眼，实在是无人可用。曹氏、夏侯氏人才凋零，各地的军政大权又被士族渗透，曹爽也没办法。他想把自家人提拔起来，共同对抗士族，保卫几十年来的胜利果实。他这么做也没错，大家也都能理解。

政治斗争并不是非黑即白的，而是有一条大家默认的规则，只要都遵守规则做事，才能相安无事。

这就不得不说到曹爽的私情了。曹爽刚做辅政大臣时，还是很尊重司马懿的，每当有什么大事，都会去询问司马大人的意见，毕竟是老同志嘛，有经验，有能力，又是辅政大臣和士族代表。大家一起分享权力，也共同承担责任。

此时的宗室和士族，依然是井水不犯河水。就算司马懿的势力再庞大，也不会有人追随他搞政变，更不会支持他改朝换代。可曹爽表面上尊司马懿为太傅，实际上却剥夺了他的兵权。这就越界了，同时也侵占了大量士族和老同事的利益。更过火的是，他还挖国家的墙脚。

由于大权在握，曹爽自我感觉良好，觉得再也没有人能阻止他享受生活了。于是，曹爽和亲信们四处霸占良田、收受贿赂。贪污腐化在任何时候都是一条红线。

而曹爽又把礼仪、出行规格都提高到皇帝的标准，甚至把曹叡留下的妃子都带回家去。这叫什么？僭越、淫乱后宫……除了董卓，这可是连曹操都没做过的事啊，曹爽就肆无忌惮地做了。其他的如偷国库珍宝、大肆修建豪宅就不说了。

事情发展到此时，司马懿真正的舞台出现了。士族被剥夺了在朝廷的话语权，老干部都靠边站，其他大臣也都看不惯曹爽集团的做法，大家纷纷跪求司马懿："老太傅，您一定要出山啊。"

司马懿不知不觉间就站在历史的风口上……没有一点阴谋诡计，完全是堂堂正正的阳谋。哎，都是时势使然。

⑤

249年正月，曹爽兄弟带着皇帝去高平陵祭拜魏明帝曹叡。装病多年的司马懿又活过来了。他和老干部蒋济、高柔合作，一起调动人马关闭洛阳城门，又向太后请旨罢免曹爽。最绝的是，他的儿子司马师居然养了3000死士。这就很厉害了。

追随老干部们发动政变的，还有侍中许允、尚书陈泰等文武官员。这么说吧，高平陵之变是满朝文武推举司马懿带头做的。而他们的目的就是推翻曹爽，恢复到之前的利益格局，并不是改朝换代。此时的司马懿依然是为国尽忠。他甚至许诺曹爽："只要回来放弃权力，包你富贵终生。"蒋济也曾写信向曹爽做出了承诺。

曹爽信了。他把皇帝交给司马懿，放弃兵权，孤身一人回到府中。其实他也没办法，满朝文武都抛弃他了，就算到洛阳号召勤王，又有几分胜算，何况他也不以军事见长。

老干部们成功恢复当年的利益、官职和话语权，彻底排除了宗室的掣肘。

事情进行得很完美，只是有一个人反悔了——司马懿。

很多年前，他就是有威望、有地位、有兵马的朝廷重臣，除了宗室以外，基本无人抗衡。

现在曹爽完了，宗室也彻底废了。司马懿拔剑四顾，蓦然发现："原来天下再无敌手，只要我想做就没有做不成的事。"

既然如此，我是不是应该更进一步呢？就算以后我老了，也还是可以给子孙打好基础，以后的事就看他们的表现了。这不就是曹操做过的事吗？或许，司马懿的野心就此而生。

当年的曹操也一样，年轻时只想当征西将军。随着实力大增，他开始谋划改朝换代。

所以啊，司马懿的成功并不是蓄谋已久，甚至不是所谓的熬死其他人，而是时势发展给了他进步的机会。风云际会之时，老干部们又把他推向前台，直到最后一刻，他有绝对的实力后才滋生出野心。

这一切，谁都没想到，司马懿做了一辈子别人的手中刀，人生最后三年，他要自己做操刀人。

06

读历史最忌讳给人画脸谱，比如，曹操就是白脸，关羽就是红脸，刘备的江山是哭出来的，司马懿年轻时就打算篡位。这些都是没有根据的。

人的一辈子看似有很多选择，往往事到临头才发现，选项非常有限。尤其是司马懿这样的大人物，不知不觉间就被众人推着往前走，想停下来是不可能的，除非身死或族灭，否则就得一直往前走。他们踏上了这条路，就回不了头。

高平陵之变后，司马懿趁机大开杀戒，清除异己。宗室、反对者、淮南派这三种人是一定要肃清的，他重用的大都是老同事和老部下。

任何人都阻挡不了司马懿的脚步。当年蒋济反对杀曹爽，结果被气死了，子孙也没有发达。反观高柔，坚定地支持司马懿，他的儿孙都富贵终身，二儿子官至刺史，三儿子后来出任尚书令……一念之差，这就是差距。

个人奋斗固然重要，但也要考虑历史进程。

做太子的潜规则

01

在中国历史上，太子是神圣的职业。他们一旦被册封为太子后，地位就仅次于皇帝，成为帝国的备用君主，而他的其他兄弟则依然是臣子。

不仅地位高，太子还拥有独立的官署，有朝廷大臣和学者做老师，还有一支小规模的军队，甚至在紧急情况下，太子还可以代理国政。放眼帝国，能有这种待遇的，除了皇帝，就是太子。

而太子的继承制度也很神圣。从周朝起，历代王朝都秉持"立嫡长子"的原则，再不济也是有嫡立嫡、无嫡立长。什么意思呢？如果皇后生了儿子，那就一定要选年纪最大的做太子，不出意外的话，其他儿子是没有机会的。即便是司马衷这种地主家的傻儿子，也必须"赶鸭子上架"。

如果皇后没有儿子，或者都一一排除了，才能轮到皇帝的其他儿子。在"立嫡长子"的大原则下，一般情况可以保证皇位的顺利继承，但在原则之后，时刻有一股暗流汹涌的潜规则。

有时，潜规则才是决定性因素。

　　皇子们有共同的父亲，却有不同的母亲，如果想争太子位，各自的母亲就是重要的加分项。而母亲的背后则是家族势力。有没有母族势力的支持，往往可以改变太子宝座的归属。

　　"烽火戏诸侯"的周幽王是周宣王的儿子，他的母亲是齐国的公主，而齐国的国君不是外公就是舅舅，因此有了强大的母族势力支持，他便顺利成为太子并继承王位。

　　可周幽王坐上王位之后忘记了初心。他的王后是申国公主，儿子姬宜臼理应做太子，继承王位，这也是周朝的传统和国情。王后家族都等着将来沾光呢，周幽王却迷恋上美女褒姒。为了博取美人一笑，不惜玩了一把"烽火戏诸侯"，后来甚至废掉了王后和太子，册立褒姒和她的儿子。

　　申国国君一心想做天子的外公，族人也眼巴巴地盼着能分点红利，可如今都便宜了褒姒母子，竹篮打水一场空啊。不能忍，绝对不能忍。申国国君联合犬戎[1]一起攻入镐京，在骊山脚下杀死周幽王，扶持外孙姬宜臼继承王位。从此开启了东周列国的时代。

　　在帝制时代前期，君权尚未扩张到极致，诸侯依然拥有强大的实力。为了稳固政权，君王不得不和强大的诸侯进行捆绑。王后和太子正是其中重要的一环。这种潜规则在汉朝依然适用。

　　刘邦经常说："如意和我很类似，我想立如意做太子。"可刘如意真的能做太子吗？或者说能坐得稳吗？

　　刘如意的母亲是戚夫人，她只是一名普通的姬妾，没有家族势力。这对母子除了刘邦的宠爱，没有任何外力援助。想做皇后和太子，这些远远不够，因

---

[1] 古代部落名，居住于今陕、甘一带。

为他们的竞争对手是吕后和刘盈。

早在沛县，吕后就和萧何、曹参、夏侯婴、周勃等开国功臣关系匪浅，猛将樊哙更是她的亲妹夫。这些才是自己人。即便只论吕后的兄弟们，也都是位高权重的开国功臣，远远超过戚夫人的家族势力。如果刘如意做太子，继承皇位，将来势必要重用戚氏族人，打压吕氏和沛县功臣，毕竟一朝天子一朝臣。

史书上说，张良请来商山四皓[1]才保住刘盈。其实，刘邦不是怕商山四皓，因为他面对的是沛县功臣和吕氏的压力，这是他的基本盘，丝毫得罪不起。而这种局面，戚夫人又有什么资本去争？刘如意又有何资本做太子？

刘邦也不是在选太子，他是在两个儿子的母族势力之间做选择。其实根本不用考虑，他只能选择刘盈。这件事表面上说是嫡长子继位，其实是刘盈母族势力太强大。

直到三国时期，母族依然是太子宝座的决定性因素。《三国演义》中出现的刘琦、刘琮都是刘表的原配所生。原配去世后，刘表才娶了荆州的蔡夫人。他能在荆州立足，和蔡氏家族的鼎力支持有莫大关系，迎娶蔡夫人也是为了加深利益捆绑。

刘琮很聪明，他娶了蔡夫人的侄女。这样一来，刘琮就成为蔡氏自己人，长子刘琦就是和蔡氏无关的外人。于是，刘表和蔡夫人、蔡氏家族一起立刘琮为接班人。刘琦呢，不得不向刘备和诸葛亮寻求帮助。

一直以来，刘表"废长立幼"都被看作败亡的征兆，可没有母族的支持，刘琦拿什么压服蔡氏家族？用什么制衡荆州的其他士族呢？他手中根本没有几张牌。只有蔡氏支持的刘琮，才能坐稳大位。所谓的嫡子、长子都没什么用，关键时候还得有帮手才行。

---

[1]　"商山四皓"是秦朝末年四位信奉黄老之学的博士：东园公唐秉、夏黄公崔广、绮里季吴实和甪里先生周术。后人用"商山四皓"来泛指有名望的隐士。

03

除了母族势力外，特殊时期的太子还要用实力说话。有些皇子离太子宝座十万八千里，却能依靠自身的实力让皇帝不得不立他做太子。这种事情在隋、唐比较盛行，比如李世民。

唐初政局，李渊的基本策略很简单，就是带着李建成、朝廷大臣和李世民相抗衡。虽然李建成和李世民是一母同胞，李渊也说过："老二啊，将来我一定会立你做太子，你要继续加油哦。"但那仅仅是口头承诺，李渊从来没有当真。

于是李世民憋足了劲，亲自打江山积累实力，顺便收编了一大批谋臣武将。功勋只是夺取太子位的基本条件，苦心经营的势力才是决定性因素。

论地盘，李世民在洛阳收买人心很多年，洛阳早已是在野党的基本盘。李渊甚至说："不如去洛阳做二皇帝吧。"论人才，南征北战的大将、各路诸侯降臣、关东各地的官员基本上都被李世民笼络在手。论威望，无数官员都对李世民顶礼膜拜。

玄武门事变前，李世民让张亮带一千人去洛阳，结交山东豪杰以防不测，结果李元吉告密，张亮被抓到监狱了。可不管如何严刑拷打，张亮一个字都不说。

还有李建成、李元吉谋划暗杀李世民，东宫下属居然亲自跑到秦王府告密。这种局面下，李建成的太子位已经风雨飘摇了。

626年7月，李世民在玄武门狠心杀死兄弟。尉迟敬德冲进皇宫，名义上是保护李渊的安全，其实是在问："秦王想做太子，你愿意不愿意啊？"李渊还能怎么办呢？

李建成是名正言顺的皇位继承人，既是嫡子，又是长子，天下再也没有比他更符合规矩的太子了，可李世民硬生生走出一条血色登天路，可见名正言顺也需要手中有刀。如果不能保护自己，只能让位给持刀之人。当然，李世民并不孤单，他的曾孙李隆基同样不是嫡长子，照样凭借实力成为太子。

武则天去世后，大唐是一片乱糟糟的景象。继位的李显没有治理国家的能力，反而是韦皇后大权在握。安乐公主也想做皇太女，继承武则天的女权大业。这对母女居然把皇帝李显给毒杀了。可怜的李显，历史上著名的"六位帝皇丸"[1]，最终被一张大饼给毒死了。

乱世出英豪。冷眼旁观的李隆基以嫡系皇族的身份悄悄联络禁军将领，没多久就在禁军中组建了团队。710年，26岁的李隆基联合太平公主发动政变，诛杀韦皇后党羽，亲自扶持父亲李旦登上皇位。

李隆基在发动政变前，压根儿就没通知李旦，只是在事成之后才跟李旦说："老爸，来当皇帝吧。"这种皇帝哪有什么地位，不是自己挣来的，终究不是自己的。李旦上朝时只有两句话："太平公主是什么意见？三郎是什么意见？"如果二人没什么看法的话，照办就是。

按照嫡长子继承制，李成器应该是太子。可父亲的皇位都是弟弟夺回来的，自己只是沾了光，又有什么资格争抢太子位呢？于是，李成器自觉退出竞争。

李隆基理所当然地成为太子，三年后再次发动政变，把太平公主抓了起来。李旦央求儿子："饶你姑姑一命吧，好不好？"李隆基大手一挥："不。"太平公主卒。

明明只是皇族的边缘人物，却硬生生地在乱局中火中取栗，当太子、做皇帝，还能开创大唐盛世，太厉害了。这位皇帝啊，真是个狠人。

---

[1] 李显自己是皇帝，父亲是唐高宗李治，母亲是武则天，弟弟是唐睿宗李旦，儿子是唐殇帝李重茂，侄子是唐玄宗李隆基，于是很多人戏称他为"六位帝皇丸"。

李世民和李隆基不靠母族势力，他们凭借能力积蓄实力，然后一举夺走太子宝座，最终登上皇位。这个过程的简略版是隋炀帝杨广，增强版则是明成祖朱棣。朱棣这家伙已经不是争太子位了，而是直接发兵抢皇位。

但凡能在历史上完成此类壮举的，都是狠人，彼此在九泉之下相见，恐怕也会惺惺相惜，痛饮三大碗。

04

当然，想做太子也不一定如此血腥，这个职业还有另一条潜规则——妥协。所谓妥协就是皇子竞争太激烈，皇帝不能偏袒某一方，只能选择一个朝野都能接受的第三者。而这个第三者属于躺赢，明明什么都没做，命运却决定让他做太子。唐高宗李治就是妥协的产物。

李世民的第一任太子是李承乾，他完全符合嫡长子的标准，况且母族势力也很强大，朝野上下都对李承乾寄予厚望。可李承乾的性格有点问题，俗话说就是不学好，在学校调皮捣蛋，回家也不听话，再加上腿不好，总觉得大家看不起他，心理有点问题。

642年，李承乾居然以父亲为榜样，勾结汉王李元昌、侯君集等人夺权，想把李世民赶下台。这位仁兄真的傻，在李世民面前搞政变，纯属吃饱了撑的。幸运的是，虽然夺权计划失败，但他依然保住了性命，只是太子肯定是没法再做了。

此时的李世民最喜欢李泰，这孩子文采风流、聪慧绝伦，年纪轻轻就主持编撰了《括地志》，众皇子中他最得宠。李泰是个大胖子，可李世民担心的不是高血压、高血脂，而是这孩子上朝时不方便，于是送了他一顶轿子，这够溺爱了吧。

李承乾被废后，李泰感觉机会来了，他对李世民说："如果让我做太子，我一定会杀掉儿子，把皇位传给李治。"他这么说是想传递兄友弟恭的信息，以此来安慰李世民的心灵创伤。可李世民是什么人？自己就是亲手杀死兄弟才上位的，对于兄弟、父子的感情顺序，没人比他体会得更明白。李泰说杀子传弟，骗鬼去吧。最宠爱的儿子，终究靠不住。

长孙皇后的三个儿子中，只剩下年纪最小的李治了。这孩子从来不争不抢，表现得最没有心机，要不就他吧。李治做太子，大家都能接受。首先，他是李世民的嫡子，在法理上也能说得通，可以堵住天下人的悠悠之口。

其次，他是长孙无忌的外甥。长孙无忌不仅是母族势力，而且是开国功臣的代言人，只要得到他的认可，就能在朝堂上站稳脚跟。

最后是李世民能接受。他一辈子杀伐果决，又在玄武门杀兄逼父，一辈子打下万里江山，内心最缺乏的却是家族亲情。

李承乾发动政变谋反，李泰为了太子位不惜诋毁兄弟，甚至还承诺杀掉儿子，无疑是在李世民的伤口上再捅一刀。此时的李世民最需要的是温情和孝顺。虽然李治懦弱，但李世民没有更好的选择，只能册立李治为太子，将来继承大唐皇位。李承乾和李泰争斗多年，最终却便宜了李治。

(05)

在帝制时代，太子是利益争夺的焦点。除了表面上的嫡长子继承制，暗流汹涌下的潜规则其实也有迹可循。强大的母族、自身实力、妥协机会，这三项基本条件符合的条数越多，越有机会做太子，将来保住皇位的机会也越大。

姬宜臼、刘盈、刘琮只有母族势力，自身实力并不强，最终都沦为母族操控的玩物，结局都不太好。李世民则是三条尽占。他的母亲出身于关陇门阀的核心家族，这条关系对于获得关陇门阀的支持至关重要。自身实力就不必说了。至于妥协机会，李世民杀掉兄弟后，他还有其他竞争对手吗？没了。而李治、李隆基各只占了两条。

话说回来，太子其实是一个危险职业。能当上太子很难，想保住太子位更难。表现优秀的，皇帝不放心；表现不好的，能力不行，皇帝和大臣更不放心，这太难了。

这种事情其实也得看机缘，得到了就好好做，得不到也不强求。康熙皇帝的儿子们争了一辈子，大部分都落得幽禁而死，荣华富贵如水东流。李成器知道争不过李隆基，果断放弃，反而终生荣宠不断，每年过生日时，李隆基都要亲自到府里庆贺；宫里有什么好东西，也总有一份给李成器。他不仅生前受封宁王，死后还得到"让皇帝"的谥号。这么一对比，还挺有意思。如人饮水，冷暖自知吧。

李世民：统一战线是个宝

$$01$$

刘邦能得天下，是和诸侯们搞好了统一战线；项羽失败，是没有搞好统一战线。针对各方的不同需求，刘邦可以大体满足各方的利益，想要地盘的给地盘，想要名气的给名气，想要钱的大把给钱。刘邦把大部分人团结到了自己身边，最后在垓下灭了项羽。

历来争天下的，几乎都是刘邦式的"宽厚长者"胜利，而只把目光聚焦在战场上的一方，总是免不了兵败的命运。其实在国与国的博弈中，这也是通用的道理，比如李世民。

唐朝能在立国不久后横扫天下，除了本身国力强盛外，李世民在国际统一战线上的手段也功不可没。

$$02$$

李世民的主要对手是突厥。不过，对突厥实施统一战线的，李世民不是第一人，但他是玩得最好的。

突厥原本是柔然汗国的奴隶部落，本部人口并不多，主要是做一些打铁的工作，几乎没有出头之日。550年，突厥领袖阿史那土门不干了，他扔下工具带着族人造反。没想到，表面强大的柔然汗国一触即溃。接下来突厥打败、合并了铁勒各部五万余帐，迅速变得强大起来。阿史那土门带着部落四面出击，仅用五年时间就征服了蒙古高原，替代柔然成为新的草原大哥。

怎么就如此快速呢？其实草原争锋向来如此，每个部落的人口都不多，只要在战场上取得胜利，就能让其他部落前来投靠。打一仗就拉一些人，慢慢地，势力对比就越来越明显。等到所有部落都出现从众心理时，强大的柔然汗国也就结束了。到头来只是换了统治部落，其他都没变。唯一的区别就是，先入股突厥的铁勒人，最后成为突厥本部，享受最上层的待遇和地位。

到隋文帝年间，突厥已经分裂成东、西两部分，但实力都很强大。587年，东突厥都蓝可汗继位。隋文帝马上支持前可汗之子、都蓝可汗的弟弟突利造反，并且派人致以亲切的问候，结果突利失败了。隋文帝又说："来河套吧，我养你。"于是，隋文帝封突利为启民可汗，在水草丰美的河套建国。这就等于花钱培养邻国的核心人物成为自己的老朋友，然后有机会再送回去掌权。

为了让启民可汗成为真正的老朋友，隋朝不惜亲自站台，为启民可汗壮声势。比如杨素打败突厥后，把缴获的人口和牛羊还给启民，甚至经常举办国宴，让草原各部看到两家的亲密关系。没过几年，草原各部落陆续归附到启民可汗的麾下。从此以后，启民可汗年年朝贡，两家关系一直很融洽。

隋朝亲手培养了一个老朋友。

那么回头来看，既然隋朝能对突厥搞统一战线，突厥是不是也能对隋朝进行分化瓦解呢？还真是这样。

启民可汗去世后，他的儿子咄吉继位为始毕可汗。隋炀帝想扶持他的弟弟，结果玩过火了。始毕可汗很生气，后果很严重。615年，趁隋炀帝北巡时，始毕可汗把他围在雁门郡一个多月。直到各路勤王兵马赶来，始毕可汗才解围而去。对了，当时李世民也在其中一支勤王队伍里。

后来，随着中原大乱，突厥扶持起一批代理人。定杨可汗刘武周、大度可汗梁师都、平杨天子郭子和、窦建德、王世充等诸侯都向突厥低下了头。就连李渊起兵时，也曾向突厥称臣。

突厥的本意是让中原诸侯内斗不休，这样才能分而治之，实现突厥的利益最大化。大国博弈，都有类似的套路。只是突厥没想到，唐朝迅速完成内部统一，然后转头向北，专门对付"戎狄炽强，古未有也"的突厥汗国。看来，李世民也即将登上"天可汗"之路。

(03)

李世民刚在玄武门杀兄逼父之后，突厥的颉利可汗就跑来打秋风，想看看能不能占点便宜。

颉利是启民可汗的儿子，始毕可汗的弟弟。他带着20万人来到渭河以北，看起来乌泱乌泱的一大片，把四十里外的长安百姓吓坏了。

李世民说："不怕。"他布置一些疑兵，亲自带着几个人到渭河南岸和颉利可汗面对面谈判："不就是要钱嘛，给你就是。如果你想进长安，不妨试试。"

一番心理战之后，颉利可汗慌了。突厥看起来庞大，其实是众多部落的联合体，可汗并不能一意孤行。其他人看到有钱赚，还拼什么命啊，千里打仗不就为钱吗？于是，在心理战、现实利益的作用下，李世民实施了大智大勇的"空城计"。

接下来，李世民开始推行统一战线。还记得前边的始毕可汗吗？他有个儿子，由于年纪小没能继承汗位，后来被叔叔颉利可汗封为突利可汗，分管东北一带。

　　汗二代年轻气盛，不把属下部落放在眼里，到处乱收钱，于是很多部落跑到唐朝生活。

　　人口就是资源，怎么能让他们随便跑呢？叔叔让他追回来，结果小伙子又打了败仗，颉利可汗气得把大侄子吊起来毒打了一顿。

　　突利可汗很生气，给李世民写信："我认你当大哥，让我去长安吧。"李世民回信："来，封你为北平郡王。"就这样，李世民轻而易举地拉拢到了老朋友，首战功成。

　　李世民的第二个老朋友来自西北。西突厥的领土内有一个部落叫薛延陀，有部众三十多万，实力比较强大。628年，西突厥的政局有点乱，薛延陀的领袖夷男带领部众向东迁徙，臣服于东突厥的颉利可汗。

　　但此时的颉利有点不顺。自从做可汗以来，他经常号召部落到长城附近抢劫，搞得大家有苦难言，不仅死伤太多，而且畜牧生产也掉链子。虽然大家都爱钱，但也不能用命去换啊。而草原经济基本依赖牛羊，一旦遇到恶劣的气候环境，牛羊就会大片死亡，各部落只能喝西北风。很不幸，从渭河回来的当年，突厥就经历了大暴雪。牛羊大量死亡导致人心惶惶，再加上众多部落不服颉利，一个火药桶只等引爆。

　　所以，东归的夷男发现，东突厥也不行啊，那就造反吧。这中间的时间差很短，基本是夷男刚刚投奔，发现突厥内部有矛盾之后就立刻造了反。

　　和突厥的祖先一样，薛延陀的夷男造反事业也很顺利，那些部落纷纷跑到夷男的帐下，磕头认大哥。速度之快让夷男有点蒙："我只不过想做一点微小的工作而已，完全没想做你们大哥啊。"

　　此时的薛延陀已经占据漠北，大致就是贝加尔湖一带。于是东突厥就成为夹心饼干，被大唐和薛延陀夹在中间。

　　李世民的消息很灵通，他赶紧派人送信到漠北："夷男，你很适合做草原的大哥呀，来，我封你为真珠可汗。"外来户夷男为了震慑其他部落，就这么做了大唐的带路党。

对李世民来说，629年是丰收的一年，突利入朝，夷男带路，颉利政局不稳。李世民抓住机会，让李靖带兵北伐，第二年3月就生擒颉利可汗。经此一战，曾经威风赫赫的东突厥烟消云散。

04

汉武帝和匈奴打了几十年，打到海内空虚也没有取得完全胜利，李世民只用短短四年时间就打垮东突厥。倒不是说汉武帝不如李世民，这其中有一个时间线的问题。汉武帝的时代对世界的认识还比较浅，对匈奴情报掌握得也不充分。但汉武帝懂得统一战线。他刚继位不久，就派张骞出使西域，到处找匈奴的敌人做小伙伴，只是大月氏不愿意打仗，才不得已硬扛。

到李世民的年代，中原已经和草原交往了几百年，大致情况也了解清楚了，而关陇贵族中又有很多鲜卑人，对草原部落的习性也了解。再加上隋朝的暖场表演，李世民根本不必硬打突厥，而是和突厥可汗的敌人统一战线，在一堆引路者的配合下，一招制敌。

这也是大国外交的前提。正所谓敌人的敌人就是朋友，找到敌人的主要敌人，摸准他们的需求，逐渐发展成自己的朋友，合众人之力，往往可以事半功倍。

但是，曾经的朋友也可以是如今的敌人。

李世民灭了东突厥之后，把草原各部安置在边境的州县，或者设立都督府，让他们继续做大唐的屏障，有军事行动时继续做引路者。此时的草原是薛延陀独大，于是薛延陀就继承东突厥的地位，成为大唐的主要敌人。

643年，夷男想给李世民做女婿，派人来求婚。房玄龄说："还是要准备军事打击，玩虚的没用。"李世民说："当然要打，但是不急，我们要等待有利时机。"于是，大唐定计要打仗，表面上却依然笑呵呵地说欢迎，还约定在灵州请夷男吃饭。夷男带着人马经过沙漠时伤亡不小，李世民立刻收回请柬，吃饭免了。不久后，夷男的聘礼到了，由于路途艰险损失不小，李世民趁机便说："明显不诚心，悔婚。"

两年之后，夷男去世，年轻的新可汗排斥老臣，搞得大家人心惶惶。李世民马上派兵马分道北上，并且亲自到灵州给军队加油打气。在唐军的兵威之下，回纥、拔野古等部落纷纷投降，掉头和唐军一起向北，灭掉老大哥薛延陀。

那些看上去轻松取得的胜利，往往是背后精心谋划多年的结果。而政治上的统一战线，对军事战斗来说，属于降维打击。有的人明明在战场上节节胜利，却不知不觉间输掉了一切。

打败薛延陀之后，草原各部是心服口服，他们纷纷请求修建一条"参天至尊道"，作为朝拜天可汗的大道。

看看李世民做得多好，这就是高手。

社交关系是阶层的遮羞布

纵横魏、晋、隋、唐的门阀士族到底是怎么消失的？很多人都说：因为有了科举制啊。其实不是。隋唐时期依然是正儿八经的士族社会，寒门能通过科举制出人头地的寥寥无几，即便是"漏网之鱼"也会被人看不起。

写"海上生明月，天涯共此时"的张九龄，早年间考中进士，在唐玄宗时官至宰相，文坛政界两开花，很成功吧？可有次唐玄宗和他聊天，他就把天聊死了。

唐玄宗和蔼可亲地问："你什么家庭啊？"张九龄有点慌："臣……臣的祖父是录事参军，父亲是县丞，也算殷实人家。"唐玄宗说："嗨，不就是寒门嘛，你直说呀。"

然后又聊起亲戚、兄弟、朋友圈……张九龄被问得一句话都说不出来，出宫后是浑身冷汗、脸色煞白。为什么？虽然张九龄出生于中产阶级，但在皇帝和门阀士族眼中，他只是寒门。士族从骨子里就看不起他，他也自惭形秽。

就算中了进士，你也进不了人家的圈子。维系士族门阀、上流社会和阶层的纽带就是社交关系，社交关系决定了他们的前途。

02

隋、唐的科举制度问题很多。隋文帝当皇帝后，发现"九品中正制"都被玩坏了。几百年来，朝廷官员基本是根据门第、关系来推荐的，鱼龙混杂。

于是，他对大臣们说："你们推荐的人到底有没有本事，咱也不知道，那就通过考试来筛选吧。"这便是科举制的雏形。这和明、清的科举有很大的不同。此时的科举是先进行推荐，然后再通过考试来过滤，所以还是在小圈子里玩。唐朝时，科举的对象扩大到学校、地方，但也有一个漏洞：不糊名。

我们考试会在卷子上填写考号、名字、班级等，唐朝是在卷子上写名字、住址、祖上官职……这样的话，阅卷老师一看就明白了：自己人当然录取，不认识的自然落榜。黄巢同学屡试不中一点儿都不冤，你一介私盐贩子，人家才不跟你一起玩儿呢。

为了进入考官的视野，唐朝人会在考试前去长安活动，把自己的诗集和家谱送给考官，以求关照。要不然，"干谒诗"[1]是怎么来的呢？

在这种体制下，科举只是门阀士族的调节器、筛选机，只能起到内部净化的作用，与广大人民群众是无缘的。

举个例子吧。"关陇八柱国"有一个叫于谨的人，和李世民、杨广的爷爷都是亲密战友。到了晚唐，他有一个后代叫于琮。于琮有能力、有志向，却一直得不到重用，每天都过得很郁闷。正好，唐宣宗要选女婿，秘书监郑颢就说："我知道你很棒，但是你得先进核心圈子啊。不如你先当个驸马如何？"于琮一口答应了下来。

于是，郑颢让他去参加科举，然后和考官打招呼："他以后是驸马，多多

---

[1] 干谒诗是古代文人为推销自己而写的一种诗歌，类似于现代的自荐信。

关照啊，拜托了。"后来于琮中进士、娶公主，最后官至大唐宰相。

科举制消灭门阀士族了吗？没有的事。他们在科举的帮助下，生活得更美好了。

((03))

朝廷用科举来选官，也迫使门阀士族更注重学业，毕竟诗文写不好，家世再牛也没用。彼时，优质教育资源基本集中在长安和洛阳。离长安、洛阳越近的地方，越能享受到名师、教材、学风的红利。如果出生在福建、辽东、广西之类的地方，读书就很吃亏了。而长安又是首都，更胜洛阳一筹。

在这样的环境下，大家族纷纷离开故地，来到长安定居，一方面积极向权力中心靠拢，另一方面谋划子弟的学业前程。太学、国子监、四门学等名校都在长安，就算名额有限，能交个朋友也好啊。

而此地最有名的是"五姓七家。"赵郡李氏，乍一看还以为是河北人，其实他们从唐朝中期就举家搬到关中了，和河北赵郡没有半点儿关系。荥阳郑氏、清河与博陵崔氏、范阳卢氏的族人，但凡能做到高官的，也基本定居河洛地区[1]，留在家族故地的都是没出息的。

长安和洛阳汇聚了大半士族。"安史之乱"后，关东逐渐进入藩镇割据的模式。为了保护生命财产和学业前程，愈加促使门阀士族向河洛地区迁徙。到了晚唐，关东藩镇已是平民和军人的天下。

---

[1] "河"指黄河，"洛"指洛河。河洛地区是唐朝的经济、政治和文化中心。

(04)

门阀士族集中在长安有什么好处呢？他们早已放弃了地方的根基，把身家性命和朝廷命运捆绑在一起，让门阀士族和朝廷成为利益共同体。

地方则是平民和军人的乐园，所以在晚唐藩镇割据的岁月，只有藩镇兵变、平民造反，绝对没有门阀士族推举一个司马懿出来，分一杯羹。时代不同了，保护朝廷、保护长安，就是保护士族自己。

士族的朝廷、平民的藩镇，再加上统领禁军的太监，组成了晚唐的铁三角，让大唐在"安史之乱"后继续生存了150年。

在这150年中，门阀士族反而迎来了第二春。赵郡李氏出了17个宰相，荥阳郑氏号称"郑半朝"，清河崔氏有10位宰相……而在盛唐前期，朝堂没有过他们的位置。

既然早已放弃了地方根基，门阀士族维持地位的唯一方式就是社交关系。这是保护伞，也是最后的遮羞布。在一个圈子里，大家互相提携、互相帮助，就算有困难也不要紧，打个招呼就能中进士，长安依然是他们的天下。只要社交关系在，他们就不会掉落阶层。

可如果他们的朋友圈不存在了呢？

(05)

唐朝的长安历经多次屠杀。"安史之乱"爆发，唐玄宗着急跑路，只带了和自己亲近的王爷、公主，留在长安的宗室，大多被叛军屠戮。皇家尚且如此，何况臣子。无数大臣、豪族都没有逃脱叛军的屠刀，门阀士族在这场战争中元气大伤。不过还好，剩下的幸存者依然可以把断裂的朋友圈重新连接，开启晚唐辉煌的大门。

然而真正的绝杀，来自黄巢之乱。看看《资治通鉴》的记载："黄巢杀唐宗室在长安者无遗类……巢复入长安，怒民之助官军，纵兵屠杀，流血成川，谓之洗城。"大唐宗室只要留在长安的，一个不留，满朝公卿和门阀士族也被杀得人丁大减。迎娶广德公主的于琮，就死在此时。

这些事都被诗人韦庄写在了《秦妇吟》中：

> 家家流血如泉沸，处处冤声声动地。
>
> 舞伎歌姬尽暗捐，婴儿稚女皆生弃。
>
> ……
>
> 华轩绣毂皆销散，甲第朱门无一半。
>
> 含元殿上狐兔行，花萼楼前荆棘满。
>
> 昔时繁盛皆埋没，举目凄凉无故物。
>
> 内库烧为锦绣灰，天街踏尽公卿骨！
>
> ……

当维系社交关系的人都大半被杀之后，朋友圈也就散了。更重要的是，在一片大乱中，门阀士族的谱牒也丢了。没有谱牒，活下来的人都成了个体。这个人到底是叔叔还是二大爷，大婶是哪家的，亲戚都有谁，完全搞不清楚。社交网络，断得一干二净。

从此以后，门阀士族的幸存者再也不能恢复社交网络，重新搭建起自己在长安的平台，只能维持生存。

905年，朱温在白马驿杀死朝臣三十余人，并且投入黄河，幸存下来的门阀士族骨干也退出了历史舞台。

⑥

君以此兴，必以此亡，门阀士族依靠社交关系兴旺了900年，最终又在时代的变迁中，因为社交网络断裂而消散。从表面上看，他们是败给了黄巢的屠刀，实际上，他们是败给了时代的进程。

门阀士族在晚唐的社交关系是寄生于朝廷的躯体之上，一荣俱荣，一损俱损。当社会秩序崩塌、平民崛起，他们再也不能像祖先一样，在乱世中重振家业。这就是历史的进程。

在唐朝立国时，他们的家族决定放弃故地、迁往长安时就已经决定了。而那时，他们还有别的选择吗？似乎没有。

杯酒释兵权：一群戏精的表演

(01)

961年7月，东京汴梁，35岁的赵匡胤在散朝后，单独留下石守信、高怀德、王审琦等禁军将领，相约一起聚聚。大家都很开心，一坛坛精酿美酒被端到桌上，老哥们回忆起激情燃烧的岁月，都不胜感慨。是啊，一群当兵的，咋就成了开国元勋呢？

赵匡胤端着酒杯在憧憬未来："哎，如果有人把黄袍披在你们身上，这可咋整？"完了，完了，这顿酒不好喝啊。石守信等人赶紧放下酒杯："陛下，你说咋整就咋整。"赵匡胤赶紧说："你们赶紧辞职吧，回老家多买点房子、囤点田，去过逍遥日子吧。"就这样，一群死人堆里滚出来的禁军将领，乖乖地卸甲归田了。

自安史之乱以来的藩镇割据，被赵匡胤一句话就平息了。按照历史书上的说法，这叫"杯酒释兵权"，表达了将领们的忠君爱国之心，也体现了赵匡胤的宽厚和仁爱，反正是皆大欢喜。其实呢，都是一群戏精的拙劣表演。

"杯酒释兵权"的背后，是"安史之乱"后持续近百年的血腥暴力，才把桀骜不驯的藩镇势力打压下去。这其中的门道，赵匡胤和兄弟们都清楚得很。

(02)

"安史之乱"后，唐朝一直在削藩。779年，唐德宗继位为帝，他的母亲是电视剧《大唐荣耀》中的沈珍珠。继位初年，他雄心万丈地想要恢复大唐荣耀，改用两税法、打击宦官、平定藩镇……大有一番中兴之气。

两年后，成德镇节度使李宝臣去世。按照惯例，应该由儿子李惟岳继承节度使宝座，统治一亩三分地。可唐德宗年轻气盛啊，他马上喊停。

当潜规则成为一种约定俗成的秩序时，就会有一群人趴在上面吸血。如果你想要挑战潜规则，那你就是那些既得利益者的敌人。于是，唐德宗就成了那个妄图割据的节度使的敌人。

魏博、淄青、山南节度使联合李惟岳，准备武力对抗朝廷。经过两年战争，平叛军队已经取得了很大的胜利。可就在此时，有野心的节度使都慌了。如果把他们都收拾妥帖，那下一个是不是就轮到我们了？一起反了吧。于是，卢龙、成德、淄青、魏博四镇节度使称王，淮西、泾原节度使称帝，这就是晚唐的"二帝四王之乱"。

既然是平叛战争，那就继续打呗！不好意思，朝廷没钱了。"安史之乱"前，朝廷财政本就不健康，再加上中原经历多年战争，财政早已空虚。没钱、没粮，指望谁给你卖命呢？从此之后，唐德宗彻底蔫了。早年间雄心万丈的帝王，眨眼间变成一个葛朗台式的守财奴。那几十年，想打动唐德宗只有一个方法：送钱。谁给他送的钱多，谁就是他的心头好、小心肝，提拔做官或者鱼肉百姓都没问题。

805年，唐德宗去世，八个月后，他的孙子唐宪宗李纯继位。他给孙子留下的唯一遗产，就是多年贪婪积攒下的财富。这笔财富，成为唐宪宗中兴大唐的最大本钱。

此后多年，唐宪宗用爷爷留下的财富，重新武装起一支军队，把当年羞辱爷爷的藩镇打得丢盔弃甲。806年，西川节度使刘辟叛乱，被斩首；817年，李愬攻破蔡州，生擒吴元济；818年，四镇兵马讨伐淄青镇，李师道死；819年，宣武节度使归顺，请求留在长安。最重要的是，完全割据的"河朔三镇"之一的魏博节度使田弘正，主动请求归顺朝廷。

大唐中兴，局面一片大好。可唐宪宗努力15年，也把爷爷留下的财富挥霍殆尽，空虚的国库再也经不起一场战争了。

820年，李纯去世。"河朔三镇"再次脱离朝廷，而这次朝廷没有余力再去讨伐，只能妥协。从此以后，唐朝再也看不到统一的希望。

03

唐朝是一个贵族社会，阶级界限很严格。无论是法律、礼仪、社交、科举，甚至是上升渠道上，唐人明显地被分割成贵族、平民和奴隶三个阶级。想想唐朝的名人——房玄龄、杜如晦、魏征、李靖、裴行俭、杜甫、杜牧……无一不是贵族出身，不是大贵族也是小贵族。张居正这种平民百姓，在唐朝还想做宰相？做梦去吧。

在大唐盛世，想出人头地，只有做官一条路，然而，这条路恰恰不对平民子弟开放。但"安史之乱"后，一切都不一样了。

首先是藩镇。北魏"六镇起义"之后，就有很多胡人在河北[1]定居，按照传统来说，他们是北齐的子民和官僚。但后来的北周、隋、唐都奉行"关中本位"的政策，河北作为被征服者，除了少数贵族，大部分人都不能进入朝廷。

---

[1] 唐代设立河北道，统辖地区包括今北京市、河北省和辽宁省大部，以及河南省和山东省黄河以北地区。

　　武则天时代，契丹入侵河北，朝廷居然都不帮忙，反而说河北人是奸细，让他们自力更生。

　　由于历史渊源，让河北人对朝廷很没有好感，再加上唐玄宗时代的税收、兵役压榨，导致安禄山造反能一呼百应。而藩镇割据后，河北人生活得更好了。节度使自行收税，大大低于朝廷的税率，老百姓可以留存一部分钱，用来改善生活。

　　节度使要治理藩镇，就要招揽本地人才。不论是从军，还是做吏、升官，都释放了大量的工作机会，而且藩镇根本没有贵族的土壤，完全是平民的乐园。再加上唐宪宗把一部分节度使的权力下放到州，虽然削弱了节度使，但也在州的层面上开拓了很多军政机会。这是在朝廷统治下完全享受不到的福利。

　　在藩镇，平民百姓有升迁做官的机会，而在朝廷上，不是贵族，就永无出头之日。此时，藩镇已经产生了地域保护性质的文化。唐朝的削藩战争，不仅是财政的较量，也是平民和贵族价值观的战争。这是藩镇可以长久存在的根本原因。

　　晚唐，藩镇和五代十国的掌权者，没有一个出身于传统贵族，不是兵痞就是流民，甚至还有乞丐。这些人和贵族怎么可能站在一个队伍里面？

　　其次是财政系统。公元758年，"安史之乱"正进行得气势如虹。唐肃宗为了调集资源平叛，派第五琦担任盐铁使，到扬州开展盐业专卖。只要是垄断行业，都是赚钱的买卖。

　　第五琦用10钱的价格收购食盐，然后转手就卖了110钱，中间净赚100钱。10倍的利润啊！20年后，盐业专卖的收入占朝廷一半的税收。后来，采矿、茶叶专卖也被收入囊中，再加上长江流域的收税权，盐铁使的职位和权力水涨船高，盐铁使机构成为庞大的财政系统。

　　盐铁使的机构几乎独立于朝廷的任何部门，完全不受控制。这样庞大的系统要想正常运转，就需要懂财政的人。他们不需要懂儒学、会写诗，只需要学习财政税务，就能在盐铁使的下属机构中找到不错的职位。而这些学问，恰好不被主流社会所接纳。在盐铁使的机构中，为财政官员提供了快速上升的渠道，他们互相联姻、帮扶，结成稳定的利益共同体。

最后是宦官。一般来说，正常人不会从事这种职业，但皇宫需要大量宦官，活儿总是需要有人来做的。

晚唐，宦官也是走向人生巅峰的捷径，尤其是"甘露之变"后，宦官在朝廷作威作福，统领神策军，并且还可以外派到地方做监军。

宦官们通过认父子、结兄弟的方式，形成了一股遍布天下的势力。只要肯挨一刀，就有美好前程。

总之，"安史之乱"以后，大唐再也不是单一的贵族社会，而是为平民子弟开辟了很多上升渠道，平民和贵族又在相互对抗。要想重新统一，就要把所有渠道整合到一起，或者兼并，或者消灭。显然，这是一项高难度动作，大唐的血统和价值观都不足以完成。

(04)

有一首诗叫《三垂冈》：[1]

> 英雄立马起沙陀，奈此朱梁跋扈何。
>
> 只手难扶唐社稷，连城犹拥晋山河。
>
> 风云帐下奇儿在，鼓角灯前老泪多。
>
> 萧瑟三垂冈下路，至今人唱《百年歌》。

---

[1] 此诗是清代严遂成的作品。

这首诗写的是李克用、李存勖父子，让人对英雄暮年不胜感慨。

李克用一生征战，却死都不能出河东。他的儿子李存勖是军二代、霸道总裁、曲艺学者，在乱哄哄的五代十国，是最有希望完成统一的人选。可李存勖最终也身败名裂。欧阳修在编《五代史》时，还专门写了一篇《伶官传序》，把李存勖狠狠黑了一把："同志们，千万别玩物丧志啊！"

欧阳修没看清问题的关键：玩物丧志只是表面原因，李存勖失败的根源是藩镇对统一的反扑。彼时，宦官和神策军早已烟消云散，江南的财政系统也被十几个小国瓜分，只留下总部带着骨干队伍回到北方，和户部、度支使合并为三司使，进入宋朝更是成为计相。

只要扫平藩镇，统一大业指日可待。而藩镇中最能闹事的，是魏博镇[1]。要说魏博镇的历史渊源，那是由来已久。763年，史朝义的旧部田承嗣投降朝廷，被封为魏博节度使。从此以后，虽然节度使家族更换过几次，但魏博镇一直都是钉子户。历代节度使都会招募精壮做牙兵，用来驾驭军队。久而久之，魏博镇最有权力的反而是牙兵，晚唐年间就有"长安天子，魏博牙兵"的说法，可见权势熏天。

915年，后梁皇帝朱友贞想把魏博镇一分为二，这样既可以削藩，又能加强朝廷力量。魏博镇马上反水，投降李存勖。

只为自己谋福利，不顾朝廷和大局的死活，这就是唐末五代的藩镇。他们早已从平民的阶梯，变成邪恶的怪兽。

出卖后梁，只是魏博镇的常规表演。李存勖带领魏博牙兵东征西讨，八年后终于灭掉后梁，重新恢复大唐江山。

坐在皇位上，李存勖蓦然发现："不对劲啊。"当然不对劲。以前自己就是藩镇，当然不会用战略眼光看问题，现在做皇帝了，对随时都能挑战自己的

---

[1]　魏博镇位于今河北大名一带，属唐朝河北道。

藩镇，膈应得慌。

后人总说："李存勖昏头了，派戏子做官。"可从另一个角度看，他派身边人去地方做官，未尝不是向藩镇夺权，为将来建立集权朝廷做准备。

就在李存勖准备用戏子抓权的时候，魏博牙兵出来表演了。他们在大本营魏州发动兵变，又把前来平叛的大太保李嗣源拥立为帝，最终逼得李存勖纵火自焚。李存勖只是败给历史惯性而已。

然而，魏博牙兵也没有什么好下场。927年，后唐明宗李嗣源花重金收买牙将，把牙兵和家属在一夜之间斩杀干净。史书重点记载了魏博镇的命运，遍地藩镇逃不过被诛杀的结局。经过一次次淘汰，大部分藩镇在血腥屠杀中消失。

(05)

五代十国中，有四个朝代出自河东一脉。后唐、后晋、后汉、后周，都曾是李克用和李存勖的麾下，他们数十年征战平定了北方，也用屠刀铲除了藩镇。可他们自己也是藩镇，怎么办？只能自我净化。

首先是层出不穷的叛乱。节度使安重荣曾说："天子，兵强马壮者当为之，宁有种耶？"意思是，兵强马壮就能当皇帝，哪有什么血统。

每当心意不能被满足时，节度使们就起兵造反。失败不用说，兵马、妻妾、财富全部被瓜分，藩镇败落。但如果成功了呢？就去洛阳和汴梁当皇帝呗。

其次，每次改朝换代的胜利者，都会把自己的精锐军队改编为禁军，以强化首都的军事力量。李存勖称帝后，就把河东旧部升格为禁军，还吸纳了河朔藩镇的精锐、后梁禁军。

李嗣源称帝，把自己的嫡系也编入禁军。后来的石敬瑭、刘知远、郭威等人，无不是自藩镇入主中枢。他们进入汴梁的同时，也把嫡系带入禁军，顺便接收前朝禁军。

几十年后，藩镇的精锐部队基本都成为朝廷禁军，直接导致后周末年的藩镇一个能打的都没有。正是有这样的禁军基础，才会有柴荣改造禁军的机会，也才有赵匡胤在禁军中爬升的平台。

最后是成功人士都向汴梁集中。随着历次兵变和改朝换代，失败者都化作黄土，胜利者则追随皇帝进入汴梁朝廷，成为时代的佼佼者。那个时代，军人就是社会精英。

当军人、军官和家属都迁徙到汴梁后，地方上的人才也会急剧匮乏，想搞事情也拉不起队伍。到此时，藩镇才算是真正被驯服。

从来没有什么一蹴而就，都是时间的沉淀。柴荣时代的禁军和朝廷，集合了北方的精英人才，才能成就其威名。而这一切，都被赵匡胤继承。

06

终于轮到赵匡胤上场了。赵匡胤算是五代末期的典型代表。他在郭威麾下当兵，又跟随造反大军杀回汴梁，后来进入禁军系统。在这个五湖四海的大家庭中，他结交了一帮当世精英。这也是当时藩镇青年精英的人生轨迹。

既然禁军已经成为朝廷最强大的力量，也是最核心的晋升平台，那么藩镇还有什么吸引力呢？因为此时出现了两个问题：一，藩镇再也没有力量来挑战朝廷的权威，只要敢造反，一定会被强大的朝廷禁军扑灭；二，如果遇上软弱的皇帝，禁军将领很适合兵变。

柴荣去世后留下孤儿寡母，赵匡胤直接在陈桥黄袍加身。赵匡胤是一路凭军功升迁的悍将，能打又会做人，石守信、王审琦等将领又有谁是他的对手？所以当赵匡胤"杯酒释兵权"时，其实他们没有选择。况且只是离开禁军系统，到地方工作而已，地位、待遇都给足了，一旦战争爆发还会被召回，也算是当时正常的工作调动。

如果换作是柴荣，应该也会成功的。所以啊，"杯酒释兵权"看起来是赵匡胤英明神武，其实是两百年来无数人努力换来的。这份功劳簿上，还有唐德宗、唐宪宗、朱温、李存勖、李嗣源、石敬瑭、刘知远、郭威、柴荣……甚至还有黄巢、魏博牙兵。而赵匡胤，只是最后一个摘桃子的人。

$$07$$

藩镇的问题解决了，就真的天下太平了？没有的事儿，还有一个接班人的问题。既然赵匡胤是禁军悍将，可以在柴荣去世后钻空子，把七岁的小皇帝拉下马，那么赵匡胤去世后会不会也有人这么做？不是没这种可能。

如果仔细将一将就会发现，黄巢起义之后，从来没有少年天子能坐稳皇位的，他们只会被骄兵悍将拉下马。只有接班人有自己的嫡系，他们才有活命机会。石重贵不行，刘知远开开心心入汴梁；刘承佑控制不了朝廷，郭威就敢黄袍加身；柴宗训年纪小，赵匡胤陈桥兵变。

对于这一切，赵匡胤非常清楚。为了保住赵氏江山，他只能选择自己的弟弟赵光义。反正都是赵家人，肉烂了也在一个锅里。子虚乌有的"金匮之盟"要求赵家人兄终弟及，也是这个意思。

960年，赵匡胤登基，马上开始培养弟弟，先是封弟弟为殿前都虞侯，参与禁军管理，又加封为宰相、开封府尹，最后封为晋王，位居宰相之上。一切都是让弟弟培养嫡系，将来保住赵氏江山。

而他的亲生儿子，却晋升缓慢，最后被亲爱的叔叔拿捏得死死的。只能说，赵匡胤对得起家族和弟弟，赵光义却对不起哥哥。

赵光义继位后，也是按照这条路培养儿子。16岁时，宋真宗被封为宰相；27岁出任开封府尹，逐渐建立了自己的势力；30岁时，才能继位称帝。此时，宋朝已建立38年。从"安史之乱"开始的藩镇割据、皇权不振、骄兵悍将等现象，此时才算正式结束。算算时间，整整用了240年。

08

"杯酒释兵权"从来都不是单一事件。在两百多年中，无数阴谋、背叛、杀戮、战争在中国大地上演，把人性之恶展现得淋漓尽致。在那个时代，没有人敢憧憬明天。

同样是在黑暗时代，赵匡胤却反其道而行之。他没有用阴谋、屠刀等手段，而是开诚布公地谈判，和曾经的兄弟推心置腹，达成相互谅解。这就是一种人格魅力。

赵匡胤的温柔，不仅是黑暗时代的亮色，也给宋朝留下一抹人性的光辉。或许，宋朝的风度也由此而来。

八旗：清朝兴亡的密码

(01)

电视剧《走向共和》中有句台词："我大清自有国情在此。"后来，这句话也被玩坏了，什么东西都往里套，成了任人打扮的小姑娘。

其实，清朝最大的国情就是八旗。1601年，努尔哈赤的造反事业已经小有成就。为了管理麾下的众多人口，努尔哈赤参照祖先的猛安谋克制，以三百人为一牛录，五牛录为一甲喇，五甲喇为一固山，把满人整编起来。

固山就是旗，分别以黄、红、蓝、白为标志。每个旗都是政治、经济、军事的结合体，平时组织人民群众生产物资，战时抽调男丁出征。旗主都是努尔哈赤的亲戚。

1615年，努尔哈赤的事业大幅度扩张，麾下军队已经有五六万，人口也有数十万，原本的四旗正式扩编为八旗，四个纯色旗，四个镶边旗。几乎所有的满洲人口、军队、财富都被八旗囊括。也就是说，八旗相当于满洲的国家制度，和中原的郡县制差不多。

努尔哈赤颇有民主精神，他怕子孙不够英明神武，会利用强大的领袖权力祸国殃民，于是就把权力分给八旗主。

比如选举：每个接班人都必须从旗主中选举产生，一旦不能让大家满意，八个人开会投票就能把大汗选下去。

比如财富：每当有战利品缴获，都会平均分成八份，每个旗主各领一份，回去以后再分给手下人。国家需要用钱时，也是八旗分摊。

努尔哈赤的八旗其实就是分封制。每个旗主都有绝对的权力，旗内的军队、官员也把旗主视为君王。他们首先忠于旗主，然后追随旗主效忠大汗或皇帝，一旦旗主想煽动政变，旗员也只能追随……

不过，努尔哈赤的美好幻想一天都没有实现过。从他去世起，旗主就开始争夺大位。他的八子皇太极征战多年，身兼两黄旗的主子，依靠强大的实力把其他人制得服服帖帖。等他去世后，多尔衮、多铎、豪格、济尔哈郎等人又来抢位子。直到1644年，多尔衮带着八旗入关争天下，巨大的成就和名望让他的正白旗实力大涨，成为八旗中的大哥。他把正蓝旗降入下五旗，升正白旗入上三旗。后来多尔衮去世，顺治皇帝夺走"上三旗"的统治权，而我们熟悉的八旗也基本定型。

⋇ ⑫ ⋇

清朝能够定鼎江山，几乎都是八旗的功劳。八旗的组织方式，远远超过草率的明末各路诸侯。那些最早投降的汉人，可以编入汉军旗。这样一来，清朝可以把投降的汉人消化在内部。通过编牛录、赏爵位等方式，逐渐把所有力量凝聚在一起。因为八旗的组织方式可以聚集一切资源，多尔衮才能"空国而来"，在山海关迎战李自成。

汉人太多，消化不完怎么办？简单。清朝额外设立绿色旗帜，授予大规模投降的汉人军队，统称为"绿营"。八旗和绿营就是清朝的支柱。这种对资源的组织、调配方式，李自成怎么能比得了？至于南明的江北四镇和左良玉之流，都是纯粹的军阀，更没法比。清朝能统一江山，真不是偶然。

那么满洲人口少，汉人为什么要投降呢？不是汉人骨头软，是真的打不过啊。汉军旗和绿营都是独立的个体，除了八旗，没有组织能够把他们凝聚起来。一旦汉人"反清复明"，就变成小个体面对整个八旗，而且朝廷可以对汉军旗进行分化瓦解，让他们联合不起来。内外敌人，都被八旗的车轮碾压。

在和李定国、郑成功打仗时，八旗都不需要亲自上阵，冲锋在前的往往是汉军旗和绿营，满洲八旗的任务是督战。用团结的八旗坐镇大营，一方面督促汉军出战，另一方面防止汉军造反，这种方式和蒙古人如出一辙，再加上军阀"能捞钱就不打仗"的本色，清朝迅速坐拥天下。

03

八旗在清朝是什么地位？国中之国。

清朝初年，朝廷派八旗到省会、要害处驻防，形成一股遍布天下的监督力量。他们在城市中划出一块地方，不允许汉人出入，专供满人居住，叫作"满城"。再加上"跑马圈地"和抢劫杀戮，八旗迅速建起赫赫凶名，还顺便积累了大量的土地和财富。

八旗是政治、经济、军事合一的组织，那么全国的满城、旗人、土地、财富的分配权，最终都集中在了旗主之手，然后再集中于皇帝。

而满洲传统又有奴隶制的余温。理论上来说，所有满人都是皇帝的奴隶，皇帝对八旗内的一切都有处置权，于是就形成了这样一种局面：皇帝通过对八旗的改造树立绝对权力，然后又把中原的财富、土地、人口纳入八旗之中，让其无限地膨胀，最后皇帝通过八旗来统治全国。

涣散的汉人在八旗面前无能为力，但同时又让满洲八旗充满危机感。满汉互相制约，达成一种微妙的平衡。强大的八旗也给予皇帝登峰造极的权力。于是，满洲旗人匍匐在皇帝脚下口称奴才，汉人大臣在朝堂战战兢兢两百年，文字狱也搞得热火朝天。

明朝的正德皇帝出北京都要被骂，万历皇帝更是一辈子蜗居在皇宫。在清朝，这些都是不存在的。康熙爷带着军队全国跑，经常微服私访。乾隆爷六下江南，花费了无数银子，赏了大明湖畔的旖旎风光，非但没有留下骂名，还莫名其妙地成了无数小吃的代言人。这些事放在其他王朝，想都不敢想。

在清朝前两年里，皇帝是八旗的主子，然后才是君王；清朝是满洲的天下，然后才是中原的王朝，所以，清朝的结构相当于把八旗的模板镶嵌在了中原的框架内。

04

康熙末年的"九子夺嫡"让八旗元气大伤。雍正胜出后，曾经的伤心往事让他心有余悸。为什么皇子能迅速集结起小团体？原因依然在于八旗的祖制。努尔哈赤留下的分封制，让八旗旗主共同治国，也让旗内各级官员拥有巨大的权力。皇太极能做的，只是用武力制服其他人，顺便把旗主替换为儿子和亲信，于是旗主世袭制被打破了。

到顺治、康熙时期，皇帝逐渐拥有旗主和官员的任命权，但也只是任命而已，祖制的惯例依旧。在旗人的潜意识中，旗主依然是主子，为主子卖命是天经地义的事情。

旗主往往由皇族担任。康熙的皇子中，有的是亲自担任旗主，有的是旗内官员投靠，他们纷纷组建团队争夺皇位，闹得沸沸扬扬。

雍正上位后发动改革。他发布一系列命令，断绝旗员和旗主之间的隶属关系，并把八旗人事大权收为己有，然后以中原儒学为理论，对抗满洲传统。从此以后，八旗不再拥有独立势力，而是成为管理满人的八个部门。也就是说，分封制进化成了郡县制。

可能是当年受伤很深，雍正对八旗有了一点抵触心理，于是他又提升了汉臣在朝中的地位，用汉臣来制衡满洲八旗。汉臣领袖张廷玉，曾经被许诺可以配享太庙。

在雍正年间，汉臣的地位大幅度提高，可这也伤害了八旗的利益。江山是八旗的，汉臣凭什么分蛋糕？所以，乾隆一辈子都在号召旗人："不要忘记传统啊，要保持旗人的独立性啊，不要和汉人同流合污啊。"他的目的，就是维持八旗国中之国的地位。

可一旦大力号召某件事，恰恰说明这也是目前最缺乏的。

八旗的力量来源于独立和团结。独立可以聚集资源，团结则可以碾压分散的敌人。而清朝历代皇帝对八旗的改革，集大成于雍正之手。没有武力和财力的支持，旗主的独立性被废除，余下的只是一个部门官职而已。唯一具有独立性的，只有皇帝和上三旗。这也是乾隆时代君权强大的根源。

可八旗一旦失去独立性，成为满洲的八个部门，这和汉人的三省六部又有什么区别呢？从人口和质量来说，八旗没有丝毫竞争力，被汉人吞噬只是迟早的事。乾隆盛世，已经是八旗没落的余晖。

(05)

1851年，洪秀全在金田起义。由于广西穷困又有土客之争，太平军不能立足，于是他一路转战湖南、安徽，两年后攻破南京，建立太平天国。

此时，八旗入关已经两百多年。多年的养尊处优，让八旗子弟早已丧失战斗力。可以聚集优势资源的八旗制度，也在改革中丧失了活力。八旗已经不能灵活地调动人口和财富，也没有多余的空间去招降纳叛。军队腐化，使之完全没有实力充当督战队。历史的惯性，终于让他们迎来当头棒喝。

在太平军的刀锋之下，八旗和绿营纷纷落荒而逃。朝廷不得不下放权力，让大臣和士绅组建团练，对抗太平军。

1853年，曾国藩在湖南组建湘军，拉开近代军阀的大幕，也为清朝灭亡吹响号角。11年后，湘军攻破南京，太平天国灭亡。

虽然在慈禧太后的压迫下，曾国藩把大部分湘军解散，但依然培养出了李鸿章、左宗棠、郭嵩焘、彭玉麟等一大批名臣。他们出任总督、巡抚，足足有四十多人。这些名臣成为晚清舞台上的主角。而由湘军分化出来的淮军、楚军以及北洋新军，成为清朝的正规军，也是朝廷统治的支柱。

曾经的八旗呢？他们早已放下屠刀，立地成佛，在街头提笼架鸟，享受美好人生。八旗的国中之国依然盘踞，但它和清朝一样，已经残破得千疮百孔，只需要一阵风，就会散落一地。

国中之国以外，新秩序正在建立。

曾国藩、李鸿章兴起洋务运动，借用外国的机器和科技，在晚清积累了庞大的财富，也成为汉臣的聚宝盆。后来，出国留学也风起云涌，汉人学子漂洋过海，到德国、英国、美国等发达国家，学习陆军、海军、工商等新技能，汉族人才库日益强壮，他们不断蚕食八旗领地，逐渐组建了新王国。

1867年，曾国藩和幕僚赵烈文聊天。曾国藩说："现在京城中治安很差，明火执仗的抢劫案经常发生，遍地都是乞丐，民穷财尽，可能有大事发生啊。"赵烈文淡定地分析："天下合久必分，但清朝皇权极重……我估计，将来肯定是中枢先烂，然后各地无主，形成军阀割据的局面。"

辛亥革命之后可不就是如此嘛。清朝依靠八旗得天下，八旗被阉割后，清朝的根基也就丧失殆尽。可八旗的强势威胁到皇权时，皇太极、雍正的改革也势在必行，因为他们都没有选择。

第二章　转折篇

历史的洪流，起于细小的尘埃

浩浩荡荡的历史洪流，往往来自于不太起眼的瞬间。

　　长安是千年古都，只因气候变化导致经济中心向东南移动，曾经的汉唐辉煌只能埋葬于黄土之下。

　　大唐的开元盛世让无数人向往不已，可惜被安史之乱拦腰斩断。追溯源头，其实是继承自北魏的国有土地制度崩溃了。

　　猛烈转折只是一瞬间，蓄势却用了几百年。

天子守国门的经济规律

01

说起明朝，常有句话："天子守国门。"这话没错，但是除了宋朝以外，历代王朝几乎都是天子守国门。所以，这句话其实怎么说都没错。

这个故事，我们从头说起。自从"商鞅变法"之后，关中经济实力迅速提升，曾经戎狄杂居的牧场，被改造成沃野千里的天府之国。

秦汉时期帝国的首都，其实是经济中心、政治中心、军事中心、地缘板块的集大成者。朝廷只要定都咸阳或长安，就可以凭借发达的经济，以及优质的地理环境来制衡天下，不怕任何来自关东的挑战，除非堡垒从内部被攻破。

但是"守国门"的意思是防备外患，秦、汉的外患在哪里呢？西方和北方。匈奴经常从北地郡、上郡侵略汉朝，汉军也经常从上郡出塞，这两个郡就在如今的陕北。

彼时的陕北是水草丰美的草原，具有十分重要的经济地位，不论匈奴还是秦、汉帝国，谁得到它就能养活庞大的骑兵。所以，秦始皇在统一天下后，修建了咸阳直达河套的驰道，保障快速运送兵员和物资到达前线。蒙恬可以"逐匈奴七百里"，这条重要的后勤保障线路功不可没。

匈奴强大以后，势力一度延伸至河西走廊，原本自由自在的部落，被纳入匈奴管辖。西方也不安全了。

定都长安的汉朝，是不是天子守国门呢？

后来霍去病向西出击，占领河西走廊，卫青也屡次向北出塞，他和匈奴争夺的高阙、河南都在长安正北方向。从这里就可以看出来，秦、汉帝国的经济、政治、军事中心都在关中，逐水草而居的匈奴王庭也在河套以北。从长安到王庭，可以画一条垂直线。

也就是说，当时的经济中心靠近西边。游牧民族纷纷在经济中心建都，或者说只有处于经济中心的势力，才能获得建都的机会。这也可以解释一个问题，为什么李广总是二线部队，他经常坐镇北平和渔阳，明显不重要嘛。

这是不以英雄意志为转移的经济规律。白山黑水间的东胡不行了，关东六国也被干趴下了，就连百战百胜的西楚霸王也扛不住刘邦恐怖的后勤投送。这种看似偶然的巧合，其实大有脉络可循。

02

草原民族没有农业和手工业，唯一的资产是牛羊，比农业还靠天吃饭。哪里的河流多，哪里的草茂盛，各个部落就向哪里汇聚。为了争夺水草，战争不可避免。水草的变迁，又决定了游牧部落的实力消长。经过千年的与天斗、与地斗、与人斗之后，草原终于角逐出了最强大的胜利者：匈奴。

匈奴发迹于何处，已无迹可考，但匈奴祭祀的地方在鄂尔多斯，说明王庭也不会太远。虽然王庭的游牧经济发达，但自然资源极度匮乏。套马大哥每天吃着烤全羊，就算没有孜然，也得撒点盐吧。不好意思，草原不带这项技能。

他们不会炼铁，导致烤羊的叉子、捕猎打仗的箭头都没有，于是他们只好把野兽骨磨锋利点，凑合着用吧。

一旦汉朝搞贸易战，匈奴就得喝西北风。

匈奴单于想改善牧民的生活，于是号召大家去抢劫——向南，越过长城，抢钱、抢粮、抢铁、抢盐。陕北是草原，实在没什么可以抢的，所以抢劫的地点集中在山西，比如雁门关、大同等地。至于河北，只是捎带，不算重点照顾对象。

可汉武帝认真以后，把匈奴抢劫的路给断了。怎么办呢？匈奴不能抢劫，还可以跟汉朝做生意。于是，匈奴用牛、羊、马、皮做资本，和汉朝交换盐、铁等物资。

总体来说，这条贸易线路是顺畅的。除了交战时期会暂时关闭以外，平时都是官方贸易和民间走私同步进行。

既然是做生意，总要有交易地点吧。陕北是草原，城镇不多，不适合商人存放货物和摆摊。河北又太远。于是，最佳贸易路线就设在了山西。汉朝商人带着货物汇聚到太原，然后继续向北参与贸易。汉朝和匈奴双方各取所取，维持了很多年的和平。

那时的山西是农牧交流的通道，数不清的财富沿着汾河流过，成就了太原千年的辉煌。这点和新加坡、中国香港很像。只要有海量资金经过，就能吸引各方人才到山西定居。而人才和资金的结合，又能带动本地的全方位发展。

史书中山西名人很多，但处于第一梯队的几乎都来自第一个千年。宋朝以后，再也没有响当当的山西人。比如汉朝的卫青和霍去病，三国的张辽，唐朝的王勃、王维、郭子仪、薛仁贵、狄仁杰……宋朝以后还有谁？

这些人杰的出现，其实是贸易路线的产物。钱在哪儿，事就在哪儿，人才也容易在哪儿扎堆。繁荣的贸易成就实力强大的地区，所以北魏建都大同，高欢在太原成立霸府，李渊和李世民也在太原起家。与其说是英雄成就地域，不如说是地域经济造就英雄。

当李世民荡平突厥后，这条贸易路线在唐朝变得更加繁荣，南北方的物资在太原交换，西域的葡萄酒在山西扎根。太原也和长安、洛阳一起，进入大唐的核心城市群，几乎所有的故事都发生在这里。

正因如此，只有两三万人的沙陀部落在占据山西后，足以横行黄河南北几十年。五代十国中的四个王朝，都是沙陀势力建立的。从根本上来说，赵匡胤是沙陀势力出身，但赵光义亲手终结了太原的辉煌。而在此之前，长安已经失去了首都的地位。

风流总被雨打风吹去。

(03)

恐怕再也没有比长安更辉煌的城市了。主要是关中的地缘板块太优秀了。北方是茂盛的草原，南方是四川粮仓，西方又是陇西大山，秦、汉帝国只要坚守潼关，就可以成就万世基业。

当张骞开辟丝绸之路后，长安则是中原和西域贸易的中转站，铜钱唱着歌、跳着舞就跑到了皇帝的兜里。汉唐时期的长安不仅是最优秀的地缘板块，也是连接四面八方的枢纽。如果在地图上画一个十字的话，你会发现长安处于最中间。这是汉、唐帝国的天赐王座。

而渭河灌溉的关中平原，又是王座的天然基石。那些朴实的农民是最强战士；拥有万亩良田的豪强，则是累世勋贵的军功地主。经济和军事，一起撑起了汉、唐帝国的统治。

但是话说回来，成也地缘，败也地缘。随着定都长安的时间越长，关中越来越难以承载巨大的压力。无数良田被贵族改造成宅基地，水利设施也荒废日久。西汉时还没什么，到唐朝就出事了。曾经能灌溉秦汉帝国4.5万顷田的水利系统，到唐朝时，只能灌溉6000千顷。富裕的关中已经不能养活大唐的长安。

陕北草原也逐渐退化成黄土高坡，不仅没有畜牧产品供应，而且不足以驯养骑兵的战马。

到了安史之乱以后，繁荣的河西走廊被吐蕃霸占，长安又失去了坐地收租的资格。从此以后，长安的经济来源只有东、南两个方向。可事实证明，东面的路也被堵死了。

说到这件事，就不得不说说隋炀帝。隋炀帝为了促进内需，大力修建了京杭大运河。这条运河北起涿郡，南抵余杭，中间还能连通洛阳，基本把河北、江南、中原都连接了起来。所以，隋炀帝刚刚登基就迁都洛阳，目的就是要占据交通枢纽，能够快速消化河北和江南的资源。

后来李渊为了获取关陇门阀的信任，一定要表现得拨乱反正，于是重新定都长安，实行关中本位政策。难道就不能把运河修到长安吗？说实话，还真不行。长安和洛阳之间是崇山峻岭，根本没法挖河道，而且其中的一段必经之路全是石头。虽然仅仅几公里，但直到唐玄宗时代都没能凿通。

当长安的物资不足时，唐朝皇帝只能巡幸洛阳，到物资丰富的地方"就食"[1]。李世民、李治、武则天、李隆基都做过这件事。"安史之乱"后，河北的资源彻底断绝了，洛阳又离敌占区太近，大唐朝廷只能仰仗江南运来的粮食吃饭。有一次，江南运粮船晚点，唐德宗差点被饿死。由于战乱和河道改迁，从江南运来的粮食和物资只能汇聚在开封，然后再到洛阳，最后才能运送到长安。

仅仅依靠四川，不足以支撑长安复兴。于是，一座新兴的开封城，出现在世人面前。

既然开封成为交通枢纽和经济中心，就足以解释历史上的很多事情：朱温占据开封，就能做实力最强大的节度使，并且把唐朝皇帝拉下马；除了以复兴唐朝为己任的后唐，其他四个王朝都定都开封，为的就是在经济中心重建军政

---

[1] 指到有粮食吃的地方去。

中心；继承后周的宋朝，也定都开封，甚至当赵匡胤想迁都洛阳时，却被满朝文武批评得无话可说，只好闭嘴。

也就是说，经济中心向东移动了，西边不再是财富汇聚的经济中心，长安也永远失去成为都城的条件，只能做地域性质的省会。因此，依附于长安的太原贸易线，就不可避免地没落了。只有洛阳离开封近，才能延续繁华。

所以我们会看到，北宋的很多宰相、将军都来自河南，虽然不是全部，但是比例相当大，北宋末年还有岳飞出头。还是那句话：钱在哪儿，事就在哪儿，人才也容易在哪儿扎堆。

(04)

伴随中原经济中心东移，草原的经济中心也向东移动。还记得匈奴王庭在哪里吗？河套和阴山附近。而比北宋早几十年崛起的契丹，则处于内蒙古东部，离辽东和北平郡都不是太遥远，画一条不太垂直的线，正好可以连接开封。

游牧经济中心的东移，再加上燕云十六州的农业区，两大经济区的结合让契丹如虎添翼。他们经常南下欺负北宋。北宋直说："我太难了。"

北宋没法用天子守国门，所以不得不在河北和陕西地带屯驻重兵，以防御契丹和西夏。海量的军费和资源流向不同的方向，让本来就不再富裕的朝廷更是雪上加霜，财政永远是无底洞一般地投入。糟糕的财政，最终拖垮了富裕的北宋。

其实，苗头在唐朝已经出现了。武则天经常和契丹开战，唐玄宗时代更是疯狂地在东北、西北打仗，最终发展出河西、范阳两大军事集团。安禄山出自东北，哥舒翰、李嗣业、高仙芝出自西北。后来，安禄山造反，负责平叛的主力就是西北军队。历史兜兜转转，又在北宋回到了原点。

宋朝没有建立新的秩序，却延续了旧王朝的包袱，并且孕育出了下一个时代的内核。

北宋亡于靖康之变。虽然契丹的实力强大，但是他们被更东边、更野蛮的女真所灭。女真又沿着河北平原南下，一路攻入开封。这个时间点也很巧合。先是定都于东蒙的契丹，后是定都于开封的北宋，相隔仅仅几年，都被白山黑水之间的女真一锅端。女真先是继承了契丹的胡汉政策，后期又继承了北宋的制度建设，还没消化完，就和南宋一起被生猛的蒙古一锅乱炖了。

既然是经济中心东移，那么以长安为中心的农业经济结束后，即将开启的就是东部沿海经济。北宋和契丹不东不西，明显是个过渡。元朝定都北京以后，中国的经济、军政、地缘格局基本定型。

北京这座城市，曾经是燕国都城，已经存在两千多年了。但北京从来都是地域型城市，在元朝以前的历史舞台上存在感不强，自从元朝定都以后，瞬间变得高大上起来。

从地缘来看，北京是东北、蒙古、华北、海洋的交汇点，定都北京可以有利控制海陆的万里江山。而且江南成为新的经济中心后，资源可以通过重修的京杭大运河直通帝国的首都。这样一来，定都北京的朝廷拥有东北、蒙古、华北、江南的资源，收钱方便，花钱也方便。

但是元朝的统治术太差了，不到百年就被朱元璋赶回了老家。新崛起的明朝也不能改变经济规律，即便是朱元璋也得照章办事。朱元璋的朝廷定都南京，获得江南财富的养分，但北方的地缘板块和对外防御不能放弃啊。除了遍布各地的卫所屯军，朱元璋又把儿子们分封出去。朱家军和子弟兵一起上，双保险。沿着长城，朱元璋分封了辽王、宁王、燕王、代王、晋王、秦王，向南的中原有齐王、周王、鲁王，再往南则是湘王、楚王等。

这些藩王不仅有地位，还有兵马。一旦发生战争，藩王可以调动亲兵出征，也可以做各地军队的统帅，保卫大明江山。里三层、外三层的藩王防御线，是朱元璋留给孙子的遗产，也是经济中心的都城应对地缘板块的对策。

这套制度好吗？好，但只有朱元璋能玩得转，反正都是亲生儿子，自己又是创立江山的开国皇帝，谁敢跟他找麻烦呢？

传到朱允炆手中就玩不起来了。外地藩王都是手握重兵的叔叔，年轻小伙子心虚啊，于是开始削藩。一不留神，燕王朱棣就起兵了，这就有了靖难之役。

这场战争有很多悬念和巧合，没有太多的理所当然。问题在于，朱棣胜利之后，依然要面对藩王和蒙古的威胁。既然朱老四能起兵造反，那么别的藩王也有这样的机会。所以对朱棣来说，藩王制度不能留了。他用了20年的时间，把自己曾经反对的事情又做了一遍。

蒙古的威胁依然存在，如何保卫大明江山的安稳呢？藩王不能分封了，卫所大将又有变成安禄山的风险，朱棣只好迁都北京，自己的事情自己做。这，就是天子守国门。

所谓的南京没有王气，根本原因在于经济中心和地缘板块的割裂。想要经济中心，必然要放弃地缘板块；而拥有地缘板块，则可以把经济中心收入囊中。秦汉不存在的问题，明清以后是大问题。

(05)

天子守国门是很划算的买卖，除了直接管理、方便分配资源、不容易出安禄山之外，更重要的是可以利用首都的地位，汇聚全国资源用于外战。

国家什么地方最尊贵？当然是首都。全国的资源必然会汇聚首都，如果首都不在地缘板块的交汇点，来回运送、分配的成本实在太大。建都北京的明朝，可以及时给九边重镇援助，节省来回运送的成本。而且外敌来袭时，可以利用首都的地位凝聚人心，更容易保住重要的城市，毕竟没人希望首都陷落。

如果明朝一直定都南京，会发生什么？北京恐怕会成为蒙古的后花园，还有山西、河北也将成为抢劫的最佳地点，就算围城也不会有大军援救。勤王？嘿嘿，王在南京呢。

⑥

根据经济中心东移的规律，王朝选择北京做首都几乎是势在必行的事情。新的经济中心有新的贸易线。长安、洛阳、太原是汉、唐帝国的铁三角，经过宋朝的开封、泉州过渡之后，明、清帝国形成了更大的铁三角。

北京作为军政中心，当然是最重要的地方。扬州和苏杭逐渐形成长三角经济区，曾经的贸易城市广州也一步步做大做强。虽然个别城市有所变化，但基本上是北上广的格局。这些城市都在沿海，根据我之前的说法，钱在沿海，很多事情也必然发生在沿海。

明朝的倭寇发生在江浙，郑芝龙的霸业在福建和日本，葡萄牙人到了澳门，太平天国起自两广……明朝后期的法定货币是白银，而白银也自大海而来。

当然，沿海的不止东南，还有东北。

中原的经济中心转移到江南，草原的经济中心也转移到东北，此时的蒙古已经落伍了。满洲是渔猎民族，但水草丰美的地方总是有更多资源，比如人参、貂皮、狍子等，蒙古压根儿没有，可这些东西是稀缺品，这也是满洲超越蒙古的重要经济原因。

满洲用东北特产和朝鲜、晋商开展贸易，赚了很大一笔钱。他们用这些钱来武装军队，然后和蒙古、明朝打仗。晋商有钱很好理解，他们的钱来自贩盐和贸易。那么朝鲜的钱从哪里来的呢？其实是从海上来的。西班牙发现特大银矿，其中很大一部分流入了明朝，还有一部分流入了朝鲜。

当时的世界已经形成了巨大的贸易线，满洲也不可避免地参与了进去。他们用贸易赚到的钱抢劫中原，越抢越开心，越开心越抢，最后抢到了整个中国。东北就不用说了，人家就是从那里来的；蒙古也全部归顺，并且尊满洲可汗为蒙古可汗；还有，1644年清军入关后迅速吞并华北。

三大板块被满洲牢牢地握在手里，分散的汉人怎么斗啊？从事后诸葛亮的角度来看，经济中心东移的最终目的并不是由关中到江南这么简单，而是脱离大陆转移到海洋。但是明、清两朝违背了经济规律，止步于海岸线。既然没有深度参与世界贸易线，那么衰落则是必然的。只不过曾经衰落的是山西和关中，如今衰落的是整个中国。

那些深度参与世界贸易的国家，后来都成了强国。所以，天子再也守不住国门了！

(07)

经济中心东移的原因是气候和环境。秦、汉的关中非常适合农业耕作，周围的地理环境也特别好，就连河西走廊也很宜居，可以农耕，可以放牧，简直是开局的好地方。

唐朝的环境也很好。长安周围有很多湖泊和鱼塘，和现在的江南没什么分别。别看现在的山西自然环境不太好，可汉唐时期的太原，南边有一个湖，和如今的太湖差不多大。

我们从流传下来的壁画、侍女图中可以看出，唐人的衣服雍容大方，根本不是严严实实的。除了风气开放，主要是温度高啊。也正是从唐朝开始，中国的环境和气候开始逐渐恶化。山西和关中的湖泊消失了，甘肃和陕北的草原逐渐沙化，气温越来越冷。在农业时代，这是很要命的。

田里不长庄稼，人吃什么呢？所以大家不得不向东南转移，寻求更适合生存的地方。这种气候变化也影响着草原。看看现在遍地沙漠的西内蒙古，怎么都不像草原的经济中心，所以东方的游牧民族势必崛起。

气温在1644年达到历史最低点，也正是在那年，北京城鼠疫盛行，李自成兵不血刃地进入北京，一个月后，江山再次易主。

那么顺着思路捋下去，既然西边不适宜生存，那就向东迁徙。大力开发东部沿海的土地后，可不就是面临大海吗？

那些王侯将相的传奇，无不屈服于历史和经济的规律，而历史和经济规律又受制于环境的变幻莫测。

说什么人定胜天，鸡汤而已。

帝国的豪门、阶层和分裂

(01)

227年，诸葛亮挥师北上，誓要一统中原。临行前他给刘禅写了封信，名叫《出师表》。其中有几句："亲贤臣，远小人，此先汉所以兴隆也；亲小人，远贤臣，此后汉所以倾颓也。先帝在时，每与臣论此事，未尝不叹息痛恨于桓、灵也。"

诸葛亮向西汉脱帽致敬，又向东汉吐口唾沫。他和刘备把东汉的灭亡归咎于"小人"，而给东汉准备好棺材板的，是桓、灵两位末代皇帝。一个千古名相，一个创业皇帝，真的这么想吗？恐怕未必吧。

东汉灭亡、三国兴起的秘密他们都了然于胸，只是诸葛亮、刘备都不敢说而已。有些事可以做，但绝对不能说出口。曹操、刘备互称对方为英雄，就是因为他们都知道东汉灭亡的秘密，从而掌握了拯救乱世的钥匙。

(02)

时间回到200年前。公元39年6月，光武帝刘秀在宫中来回踱步，盛夏的蝉鸣和燥热的空气也驱赶不走他心中的阴霾。复兴汉朝15年，他终于要面对那个庞然大物。作为帝国皇帝，刘秀有一项重要工作——收税。税收主要来自土地和人口。经过多年的岗位锻炼，他突然发现："档案和真实情况不符合。"

帝国内的人口和土地是有限的，登记多少就能收多少税，可是在档案之外有很多黑户和黑田，游离在税收之外。种老刘家的地又不想交钱，世上哪有这等便宜事儿？刘秀一道诏书发下，命令各地开展人口普查和土地普查，可他万万没想到，自己一刀下去竟把帝国的脓包捅破了。

天下各地闻诏而动，纷纷揭竿而起，对抗朝廷。到第二年9月，山东、河北、江苏、河南全乱了，仿佛又回到当年诸侯割据的乱世。

只不过普查人口而已，至于造反吗？还真的至于。

帝国境内遍布大大小小的豪族，他们占据广袤良田，却只登记一小部分，剩下的都是隐藏起来不用交税的黑田。老百姓为了免税，就把户口和土地都挂靠在豪族名下，然后租地耕种，这样每年能省不少钱。豪族和百姓都得了利，只是坑了朝廷。现在刘秀搞普查，要夺回自己的奶酪，却也动了天下人的蛋糕。于是，就出现了"盛世造反"的奇观。

不久后，军队开赴各地，大肆镇压。刘秀依靠皇帝的权威赢得战争，暂时把普查开展得很成功，还增加了不少税收。可是又怎么样呢？豪族依旧占据万亩良田，百姓不管愿不愿意，都会向豪族麾下汇聚，而皇帝依然在繁花锦簇般的空中楼阁。

刘秀的命运不如刘邦。刘邦的江山虽然残破，但残酷的战争摧毁了大部分豪族，只要积蓄力量，汉武帝就可以轻易建立直接管理型国家[1]。而刘秀要面对庞大的豪族阶层。他们为了保住家业，可以让王莽当皇帝，当王莽不能满足他们的需求时再一脚踢开，转而扶持各路诸侯。光武帝刘秀，也不过是他们抬出

---

[1] 指朝廷直接管理人民，不必经过中间的阶层，比如豪族。

来的代言人。

刘秀起兵三年就能称帝，并继承了祖宗的合法性、国号、领土和制度，但同时也继承了祖宗身体里的痼疾。

可以说，东汉帝国建立之初就是60岁的老人。三国乱世，只不过是老人去世后的灵堂挽歌，司马懿家族也只是把尸体拿出来披在身上，假装复活。

(03)

东汉豪族，渊源已久。公元前134年，董仲舒上书汉武帝"罢黜百家，独尊儒术"，从此拉开了千年门阀的大幕。从那以后，汉人的个性签名改成"遗子千金，不如馈子一经"，常用的表情包是苦读、加油、打气。什么意思呢？就是即便你富甲天下，也要给孩子最好的教育。只要儒经读得好，就有机会入朝做官，这样才能光耀门楣、延续家业。

本来汉武帝的初心是好的，是给老百姓指明读书方向，好好学习，老实做人，然后在他的领导下好好干活。可"独尊儒术"还有一个小伙伴，两人一搭伙，就出事了。

这位朋友叫"察举制"。朝廷让地方官员选拔人才送到朝廷做后备干部。那年头又没有考试制度，才华不好判断，而比才华隐藏更深的是品德。都是一个脑袋俩胳膊，谁知道你的人品好坏，于是评判标准就到了地方官手中。

制度实施之初，确实为朝廷选拔了不少人才。可渐渐地，情况就变了。既然是地方官说了算，那为什么不选拔自己人呢？我照顾了朋友的孩子，他将来也会照顾我的孩子。

于是，朝廷选才制度就成了官僚的玩物。百年间，他们早已盘根错节，互相铺路，互相扶持。做官之后，家族又借其名望买良田，建豪宅，称霸地方，再加上军功侯爵、皇亲国戚，一个巨大的食利阶层横空出世。

从朝廷到乡野，他们占据所有的空间，隔绝了朝廷和百姓。就像骨骼和皮肤之间，夹杂着一层厚厚的脂肪。他们支持王莽篡汉，是希望将利益合法化。当王莽的屠刀挥下后，他们又毫不犹豫地起兵造反，挥舞着"拥汉"大旗，寻找各地的刘姓皇族。

刘秀称帝后，除了站队错误和乱世族灭的人，其他家族都凭借拥护刘秀的功绩，实现了利益合法化。

面对如此庞然大物，刘秀的一纸诏书又有什么用呢？他是开国皇帝，有威望、有手段、有能力，尚且只能维持局面，而他的子孙就只能拖着病弱躯体，走一步，算一步。

（04）

从吕太后起，汉帝国的女人就很强大。刘邦把权力分给妻子，让她来制衡功臣。从此以后，皇后家族就是帝国重要的政治力量。窦漪房、卫子夫、王政君……这些女人和自己的兄弟们，撑起了帝国的半边天。

百年后，刘秀抑制的外戚、后权，又被子孙捡起。大臣很凶悍，皇帝很弱小。汉章帝死后，新继位的汉和帝只有10岁，指望他摆弄朝政，还是算了吧。

可他有个舅舅，叫窦宪。没错，就是"燕然勒功"[1]的那位爷，他有个朋友叫班固。窦宪除了是一代名将，还是东汉权势熏天的外戚。他姐姐是当朝太后，姐弟俩长年把持朝政。

窦宪有功劳、有爵位、有权势，自我感觉良好。他和王莽一样，做起了当皇帝的美梦。结果只是黄粱一梦。公元92年，汉和帝联合太监封锁洛阳城门，羽林军四处抓捕窦宪党羽，又收其大将军印绶，窦宪被逼自杀。

---

[1] 东汉大将窦宪追击北匈奴，出塞三千余里，至燕然山刻石记功。

此后汉帝国的权力中心发生转移。为对抗豪族，皇后培养外戚，皇帝则扶持太监，东汉的局面就此进入了"二人转"时代——皇帝幼小，太后扶持娘家人执政；皇帝长大后联合太监，重新夺回政权。

豪族作为朝廷的捧哏，大部分时间和双方都可以合作。

东汉帝国为什么会有外戚和太监掌权呢？因为豪族阶层太强大，脆弱的皇权必须寻找盟友和代理人，才能达到权力的平衡。外戚、太监、大臣，又是一个铁三角。此后百年，东汉就在脆弱的平衡中维持生命，直到历史中走来了袁绍和董卓，才结束这一切。可当这一切结束后，汉朝也完了。

05

好了，历史背景介绍完毕，下面开始讲道理。

整个东汉帝国，都是不正常的状态：庞大的豪族瓜分了帝国，大部分土地也都被他们收入囊中，朝廷官职也可以变相世袭。

袁绍、杨修的"四世三公"之家，是帝国顶层豪族，他们可以利用家族财富、社会关系来影响帝国的运转。而在州、郡、县中，也都盘踞着缩小版的袁绍家族。

整个帝国的社会格局被割裂成碎片，每个碎片都是完整的个体，要想重新统一起来，必须把每个碎片都打破。这也是曹操一生都不能统一天下的原因。豪族们一旦得到司马懿共享利益的承诺，西晋很快统一了。

表面上是统一了，可实际上呢？豪族占据社会上游，老百姓就只能被压迫。之前挂靠的契约早已作废，他们的土地和身体都被豪族霸占，所有老百姓都成了豪族的奴隶。他们不能勤劳致富，不能读书做官，祖祖辈辈都看不到半点希望。有些不堪忍受的好汉啸聚山林，然而最终还是难逃被剿灭。

百姓难过，皇帝更难过。土地和人口都在豪族庄园内，这让朝廷没有足够的自耕农来保证税收，也没有足够的人口来征兵、选官。帝国有5600万人口，可属于皇帝的没多少。要人没人，要钱没钱，皇帝家也没余粮啊。

所以，诸葛亮痛骂卖官的"桓、灵二帝"，尤其是汉灵帝。他是古代有名的卖官皇帝，从三公到太守明码标价。如果不是朝廷没钱，谁愿意做这种缺德事？毕竟他们手中唯一的资源就是官职，能卖的也只有它了。东汉帝国走到这一步，神仙也没招。

184年，黄巾起义爆发，五年后，董卓进京，天下大乱。荒唐的世道逼皇帝卖官、逼百姓造反，只留下一帮豪族在乱世的舞台上，演绎着英雄的神话。

06

黄巾起义后，囚笼中的帝国终于露出一丝缝隙，阳光洒下，让心怀希望的人看到光明。曹操招募流民，耕种无主田地，开始"屯田"。他还扶持寒门出身的官员，比如张辽、徐晃、满宠。

刘备流浪多年，身边也都是寒门子弟。关羽、张飞、赵云、黄忠……都没有强大的家族依仗。马超倒是西北豪族，可早已家破人亡，阶层掉落了好几个档次。

诸葛亮治蜀，法令极严。重用的也不是四川豪族，而是从荆州跟过来的外地人。可英雄付出一生心血，也只是让历史拐了一个弯。

晚年的曹操蓦然回首，亲手扶持的寒门子弟有了豪族化倾向，最终他也失去雄心壮志，留下"分香卖履"[1]的遗言。

夷陵一把火，烧掉刘备的全部希望。而在五丈原，诸葛亮只留下仰天长啸的背影，便匆匆撒手人寰。对面的司马懿，终将接过袁绍的梦想，让历史回到原本的位置。三国这场悲剧，却是几百年间唯一的暖色。曹操、刘备逆天改命的姿态，犹如向人间播种希望的盗火者，虽然火光渐渐熄灭，却留给世人一个冲锋的背影。

天下英雄谁敌手？曹、刘。

---

[1] 曹操《遗令》中的典故，后以"分香卖履"比喻临死不忘妻妾。

创业黄金时代的终结

⓵

624年，是创业黄金时代终结的一年。杜伏威暴卒于长安，辅公祏兵败江淮，天下再没有能与李唐相抗衡的力量。再往前推几年的话，画面会更精彩：窦建德、王世充被李世民一朝击破；宇文化及、刘武周、罗艺终究是在沙滩上裸泳；还有无数的英雄豪杰，成为时代的炮灰。

时代大潮风起云涌，无数创业者白手起家，纷纷"敲钟上市"，称王称帝。当风云急转直下，创富神话就露出马脚。真是"眼看他起朱楼，眼看他宴宾客，眼看他楼塌了"，"好一似食尽鸟投林，落了片白茫茫大地真干净"。

时代造就英雄，也把草根创业的列车停在了624年。

⓶

彼时创业的风口开始自14年前。611年，隋炀帝带领百万大军东征朝鲜。我们平时几十人的春游都会折腾得鸡飞狗跳，不是水壶没带就是干粮不够，更何况百万人的武装大游行。官员们为了拉人头、攒粮食、交任务，把无数农民兄弟折腾得倾家荡产。大家心里都憋着一把火。

旧的秩序松动，往往蕴藏着无限的可能。

山东人王薄是最早看到机会的人。他号称"知世郎"，举起反抗朝廷的大旗，无意中拥抱时代，吃了第一只大螃蟹。紧接着是河南人翟让创建"瓦岗集团"，河北人窦建德在高鸡泊成立了"小作坊"。两年后，杜伏威和辅公祐也辍学创业。

在时代大潮的激荡下，没有人能抵挡得住诱惑。有能力的拉队伍当老大，能力不足的就瞅准机会加入一个有潜力的创业团队，争取拿到原始股，将来上市后好变现。这是最坏的时代，也是最好的时代。

03

开始的几年，流量很充足。和陈胜、吴广一样，王薄也没什么大本事，但就靠着风口的机遇和《无向辽东浪死歌》[1]的噱头概念，第二年，他的产品（地盘）就拥有数万付费用户（军队）。这在旧秩序时代是不可想象的奇迹。

发展最迅猛的是瓦岗集团，因为它的地理位置实在是好。众所周知，河南人口众多，意味着流量充足。而驱动这些流量的，是一种全新的模式——社交。翟让、王伯当、单雄信、徐世勣等人，不是朋友就是老乡，瓦岗集团的成员也基本上都沾亲带故。其凝聚力显然不是其他团队可比的，瓦岗很快就一枝独秀。

"社交+流量"的模式，让"瓦岗"成为最响亮的品牌、最闪耀的团队，因此，常年霸占创业风云榜的第一名。

而窦建德和杜伏威走的是另一条路子。他们身处河北和江淮，人口红利不足，自己又出身贫苦，没有社交资源，怎么办呢？他们只有靠自己的不懈努力才

---

[1] 王薄用诗的形式告诉民众已经没有活路了，号召民众一起造反。

能白手起家，所以在他们的思维里有一条定律：想要得到，唯有用力去拼。

于是，我们就看到了一些不同于其他创业者的画面：窦建德用宽宏大量的作风起步，杜伏威用亲自上阵来号召三军。他们的团队成员和用户基本没有社交关系，而是靠领袖魅力，硬生生闯出了一番天地。

当创业者们奔跑起来，两耳生风的时候，他们觉得世界都是属于他们的。

(04)

很多创业者的背后都有一个投资人——突厥。宁夏的白榆妄，山西的魏刀儿、刘武周、梁师都，甘肃的薛举、李轨，东北的高开道，都是拿到突厥的"天使投资"才发展起步的。

在那个年头，创业公司如果没有得到突厥的投资，都不好意思出门跟人打招呼。一时间，北方遍布"突厥系"。

在这种形势下，那些站在风口浪尖的大哥也必须得到突厥的投资，最起码也要挂靠在突厥的名下，毕竟，背靠大树好乘凉嘛！

窦建德、王世充、李渊……他们都是本土的创业者，如果不加入"突厥系"的大家庭，就会面临腹背受敌。除了来自突厥的直接打击，还会遭到小弟的围攻。在强大的国际资本面前，本土的豪杰生存艰难。在那个大时代，谁都没有选择的权利，只能走一步，看一步。

(05)

618年前后，创业者们集中上市，收获的季节到了。窦建德的小作坊长大了，随着响亮的敲钟声，"大夏集团"挂牌上市。眼看着股票走势上扬，投资者纷纷跟进。没多久，窦建德的身价就达到了几百亿。瓦岗集团稳坐第一把交椅，问鼎天下指日可待。杜伏威没有独立上市，而是挂靠在大隋的名下，被封为楚王。

曾经的泥腿子，赶上风口就上天了，短短几年时间，从一无所有走上人生巅峰。成功的欲望让无数人蠢蠢欲动。

617年，太原的一对父子决定创业。这时候的天下，经过几年的风起云涌，红利基本被瓜分殆尽。不过，他们好像不太着急，毕竟他们有自己的独门秘籍。这父子仨就是李渊和李建成、李世民。

50年前，宇文泰带着一帮内蒙古人到关中创业，成功以后就设立了八个柱国大将军，他们连同地方上的门阀一起垄断了所有资源。这就是陈寅恪先生所说的"关陇集团"。

李渊的爷爷李虎，就是八柱国之一。他们相互联姻、交友、做官，几十年来他们都是亲戚套亲戚、朋友加朋友。现在，他们决定重出江湖，统一中国。这就是李渊父子的第一个背景——深度社交。

可如果只有社交的话，还不足以和瓦岗集团竞争，人家的新任CEO李密也是"关陇集团"的人，凭什么听你的？

李渊的第二个绝活叫"线上+线下"。他经过实地考察和听取报告，发现了其他人的致命弱点：口号喊得震天响，可根本不能落到实处。

比如窦建德说"为农民谋福利"，可他常年处于战争状态，根本没有精力考虑农民兄弟。比如瓦岗集团，"社交+流量"的路子很顺利，却偏偏要打造名人效应，把贵公子李密推上前台。堂堂的瓦岗集团成了贵公子的独角戏，普通群众说一万句都不如人家一句响，心都凉透了。比如杜伏威在战场上很厉害，但格局小。

这样一看，问题就比较简单了。李渊出身高贵，手中掌握着大量优质的社交关系，加上摸清了时代脉搏，知道用户想要的是什么，要做的就是尽力满足他们。他还有一个"撒手锏"李世民，为他开拓市场。在别人看来红利消失的时候，创业者李渊却已经立于不败之地。

真正让李渊胜利的是第三个秘籍——买买买。

大家出来创业，都是为了混口饭吃，能和气生财，绝对不会打打杀杀。于是李渊开了一场发布会："我们是统一天下的团队，大家快来加入啊。"于是，周文举、杨士林、王薄、周法明等都来投降了。对李渊来说，虽然他不认识这些人，但也不影响双方的交易。你信任我，我信任你，就可以达成共识。想要官职的，可以入朝也可以在地方；想要股份的，看实力给爵位。

在李氏"三板斧"的威力下，仅仅8年时间，大唐集团就一统天下。

06

624年，草莽英雄的时代结束了。

杜伏威投降后，坐上了大唐的第四把交椅，其地位仅在李元吉之下。在他的心目中，35岁前退休的梦想实现了。偏偏此时他的好兄弟辅公祏在江淮扯旗造反。唐军派来讨伐辅公祏的是李靖。跟"托塔天王"打架，你以为你是孙悟空啊？不到半年，辅公祏就被传首长安，杜伏威也被赐死。再加上几年前窦建德、王世充、刘武周兵败被杀，大唐基本一统天下。

草根创业时代的结束，首先来自流量红利的彻底消失。10年前随便跑马圈地，都会有大把的流量供创业者们挥霍。而各地的人们惊奇于时代的变革，对一切都充满好奇，于是一拍即合，全天下有几百支创业团队。经过10年的大浪淘沙，创业者们经过优胜劣汰，角逐出最适合人们的产品——大唐集团。

留下有留下的道理，消失有消失的理由，最重要的是，人口没有增长，也就意味着没有新的流量涌入。而现有流量全被大唐霸占，新的创业者就没有了开始的土壤。在这样的局面下，投资人——突厥集团，也束手无策。

创业时代结束了，但新的时代正在开启，机会的大门永远不会关闭，也许只差一个转身。

07

新的时代有新的玩法，不同的人做出不同的选择。

徐世勣是瓦岗集团的核心骨干，在瓦岗败落、大唐崛起的关键时刻，他投身到大唐的阵营中来。这个华丽的转身，让他拿到了原始股。从此以后，他就安心在大唐集团努力奋斗，最终成为"凌烟阁二十四功臣"之一，被封为英国公，官拜宰相。因为功劳大而被赐李姓，后来也叫李勣。

他的新玩法属于创业变现。

那么不属于大唐朋友圈的人该怎么办呢？"五姓七家"[1]的选择是闭门读书。他们是关东的士族门阀，当初支持过窦建德，和大唐不是一个阵营的，现在索性就留在老家种田、读书、考科举，等待新的机会。

130年后，"安史之乱"爆发。这时的大唐急于寻找新的合作者，于是经过百年积累的关东门阀就趁势而起，成为大唐新的支柱。此后的150年，是属于"五姓七家"的时代。

"荥阳郑氏"连出宰相，号称"郑半朝"；"清河崔氏"有10位宰相；"赵郡李氏"连出17位宰相；"范阳卢氏"中进士者超过百人，"八相佐唐"传为佳话。

关东门阀的选择是等待机会。既然时代变化已成定局，那就只能调整自己的节奏来顺应时代。适者生存，要学会做个聪明人。

唯一不变的宗旨是活下去。只要活下去，就会有无限可能。每个时代都不缺少机会，缺的是发现机会的眼睛。

---

[1] 即五姓七望。隋唐时代，在所有尊贵的世家大族中有五支最为尊贵，即陇西李氏、赵郡李氏、博陵崔氏、清河崔氏、范阳卢氏、荥阳郑氏、太原王氏。其中李氏与崔氏各有两个郡望，所以称之为五姓七望。

安史之乱：大唐盛世的一颗毒瘤

01

大唐天宝三载，天下太平无事。李白被唐玄宗取消关注，落寞地离开长安，然后在洛阳巧遇杜甫。两双温暖的大手紧紧握在一起，碰撞出一段佳话。他们一起在河南求仙访道，秋天又遇到了高适，三个人每天除了喝酒闲逛，就剩下作诗了。

为大唐工作50年的贺知章，也骑着小毛驴回浙江老家了。此时，离生命的最后时刻不过半年。

大明宫中住着李隆基，太真观里有杨玉环。一年后，他们将走完世界上最遥远的旅程，向天下宣布他们的爱情。杨玉环的哥哥杨国忠仍然默默无闻，但后来他踩上了一条光彩大道，走向了自己也不清楚的未来。

右相李林甫在朝堂只手遮天，每次发朋友圈都能收获上万点赞，然而，他都懒得看一眼。幽州的安禄山春风得意，他刚刚接替裴宽担任范阳节度使，再加上已有的平卢节度使、河北采访使等职，大唐东北王即将加冕。

日后搅动风云的人物都已各就各位，只是他们都不知道，自己将要面临的是什么。

大唐天宝三载，天下太平无事，所有人都在挥洒自己的青春和汗水。他们坚信，如日中天的大唐将永远存在下去。然而，长安地下早已埋下了无数伏火雷，只等一丝火星。

(02)

天宝元年，长安城外的广运潭热闹非凡。从渭河而来的三百多艘船在广运潭一字排开，首尾连接数十里，每艘船上都写着大唐州郡的名称，还有各地的土特产。

乍一看，仿佛是来长安赶集的。

唐玄宗在观礼台上就座后，三百多艘船依次从台前经过，接受皇帝的检阅。潭中心有一艘船突然锣鼓喧天，陕县县尉崔成甫扯开80分贝的嗓门，唱着唐玄宗亲自写的《得宝歌》：

> 得宝弘农野，弘农得宝耶！
>
> 潭里船车闹，扬州铜器多。
>
> 三郎当殿坐，看唱《得宝歌》。

看看这词，多感人，多喜庆，一股"啊，五环，你比四环多一环"的画风，猝不及防地扑面而来。李隆基确实很开心，因为终于能吃饱饭了。

堂堂大唐皇帝不应该用金锄头种地吗？怎么会吃不饱饭？我跟你说，这都是真的。

开国初年，朝廷爱惜民力，再加上长安城人口少，一年只需要消耗20万石粮食。可在太平岁月，人们总是向往首都生活，当年在长安找机会的人，和如今的北漂没什么区别。

人口多，粮食需求就大。而造福秦汉的水利灌溉系统早已残破，曾经接受灌溉的4.5万顷田，被缩减到只有6000顷。唐朝的关中，早已不是经济重心。

知道为什么唐高宗、武则天都喜欢去洛阳吗？人家不是去搞团建，也不是去旅游，只是单纯为了吃大米、烙饼、烩面、胡辣汤……没办法，长安实在是没粮食吃啊。

就在天宝元年，广运潭把之前修建的运河连通起来，江南的大米可以直抵长安，并且当年就运来400万石粮食，李隆基能不高兴吗？

长安城解决了温饱，可大唐依然是烂摊子。《旧唐书·玄宗纪》说："天宝十三载，户981万，388万不课，530万课。口5288万，4521万不课，766万课。"

然而，这串数字已经成为历史学界的一段公案。从字面上来看，大意是：唐朝的财政税收方式是租庸调制[1]，纳入这套税收系统的人口叫课口，有课口的家庭叫课户。

大唐登记在册的人口中，40%是免税的，剩余60%人口交的税要用在朝廷开支、宫廷用度、洪涝旱灾上面，再加上在北、西、南三个方向同时开战，军费需求庞大。即便如此，正常的税收渠道都不一定通畅，往往需要朝廷派转运使之类的官员，去地方上临时疏通、压榨，才能把钱粮运往长安。

大唐盛世如繁花锦绣，可朝廷只有两个字：没钱。因为国有土地制度崩溃了。

(03)

时间回到三百年前，北魏。

"五胡十六国"时代，北方混乱了一百多年，直至草原上的拓跋鲜卑南

---

[1] 租庸调制规定，凡是均田人户，均按人口数量交纳赋税并服一定的徭役。租庸调的制定和实施须均田制的配合，一旦均田被破坏，租庸调法则会随之失败。

下，他们骑骏马、挎弯刀，很快就征服了黄河流域。虽然北方统一了，可是有个问题：北魏朝廷没有正规的税收渠道，官员也不发工资，大部分财政收入都来自于抢劫、贿赂或高利贷。

北魏太武帝年间，有一个朝廷官员到山西、河南一带出差，从大同出发时，只有一匹马，返程时却带了一百多辆车。这种行为我们叫吃、拿、卡、要。

484年，执掌北魏朝廷的冯太后在开会时说："各位，有一好一坏两个消息要告诉你们，好消息是，朝廷以后给你们发工资了；坏消息是，有工资以后，你们就不能随便抢劫了。"大臣们不知道该说什么了。

那么问题来了，朝廷也是靠抢劫为生的，仓库中没有余粮，拿什么给全体官员发工资？

不要急，有办法。从西晋的"八王之乱"开始，北方的战争就没有停止过。为了躲避战争，父老乡亲不得已到处流窜，这就有很多无主荒地和失业农民。冯太后把无主荒地全部收归国有，按照一定比例分给失业农民，他们每年向朝廷交税。这就是隋唐"均田制"的起源。

在这套系统下，门阀和贵族是免税户，只有接受国有土地分配的农民，才是国家的固定税基。那么，怎么才能管理好国有土地和农民呢？

486年，冯太后的"男朋友"李冲建议："可以在农村建立基层组织，一竿子捅到底。"于是，"三长制"华丽出炉。朝廷分5户为一邻，25户为一里，125户为一党，分别设立了邻长、里长、党长。这一套改革，历史书上叫"太和改制"。

冯太后以国有土地为基础，安顿了流离失所的农民，国家有了稳定的税收，并且加强了基层组织的管理，在乱世中重新建立起一套新秩序。

50年后，北魏早已分裂为东魏、西魏。西魏丞相宇文泰又在均田制的基础上建立了配套的"府兵制"，让朝廷有了固定的兵员和军队。均田制、三长制、府兵制，就是接下来的隋唐帝国强盛的密码。

(04)

这套制度有一个核心问题：朝廷必须持有大量土地用来分配。

我们且用初唐农民老王来举例。当老王年满18岁时，就会有100亩土地分配给他，其中20亩是永业田，可以世代传承；80亩是口分田，去世后要还给国家。接受这块土地，老王就是国家的纳税人了。

他一年四季勤恳劳作，然后按照"租庸调"的方式向国家纳税。每年交公粮两石，给官府干活20天，还需要上交三丈布。这就是老王每年需要缴纳的全部赋税。

冬天到了，他也不能窝在炕头上喝烧酒、看雪花，而是必须去指定的军府参加集训，以防将来可能上战场。闲时为农，战时为兵，兵农合一。

过了几年，朝廷突然传来命令："圣人要和突厥开战啦，你们跟我走。"于是，老王自备马匹、刀枪等装备，为国打仗。如果立功授勋，朝廷用勋田奖励他；如果升官了，也有和级别匹配的职分田。

在这样的体制下，老王和所有农民一样，可以靠努力得到土地，朝廷可以用土地来调动百姓的积极性。

可在老王去世后土地要还给官府，能传给儿子的只有20亩永业田，相当于下一代重新开始。拼命一辈子，却什么都攒不下来，凭什么？

对土地的渴望和人心的私欲，让老王藏匿土地、注销户口、私下买卖……总而言之，有太多方法让他从国家纳税人变成套现之后的黑户。再加上皇室、贵族、官僚继续兼并土地，建立庄园别墅，所以有一天朝廷蓦然发现——账本上的土地不够用了，于是，问题出现了。

新生人口没有足够的土地可以分配，于是只能浪迹江湖或者到城市谋生。

农民上战场打仗立功了，却没有土地奖励，只能用自残来逃避兵役，但是他们的户口落在本地，租庸调的赋税也不会放过他。

立功不奖励，没田还收税，农民会怎么做？他们纷纷远走他乡，私下买一块土地重新开始。因为只要不是国家分配的土地，就不会纳入府兵和租庸调的体系中。

当时的大唐有种怪现象：农民都在辛勤劳作，但是很多都不用交税，不用服兵役。天下富庶，朝廷却始终缺钱花。这种现象，在李世民时代就已经出现，在武则天时代成为社会的主流，直到李隆基时代，由于国家没有充足的土地用来分配，建立在"均田制"之上的社会秩序完全崩溃。

前面说，天宝十三年依然有60%的人口是纳税户，但这是账面数字，实际上远远达不到。

国家没有稳定的税基，没有稳定的兵员，甚至连基层组织都混乱不堪，因为农民四处流窜，管理起来难度太大。这就是盛唐的隐忧。

(05)

713年，李隆基改年号为开元。29岁的皇帝雄心勃勃，梦想建立起能和李世民媲美的功业。可现实给他浇了一盆冷水：国家税基不足，导致财政吃紧，立功后无田奖励，导致府兵逃亡。

与此同时，大唐的局势也不安稳。北方的突厥一直蠢蠢欲动，图谋恢复祖先的霸业和荣光。突厥被打压后，又冒出回纥来骚扰。东北方有契丹在谋求地域霸权。青藏高原上的吐蕃也正值鼎盛时期，他们走下雪山，积极探索四川、新疆的新世界。

为了守护疆土，大唐必须维持庞大的常备军。然而，崩溃的府兵早已不能为国争光，甚至连保卫长安都做不到，于是，延续两百年的府兵制被彻底抛弃，大唐实行募兵制。这其中就有一个问题，府兵制下，装备需要士兵自己准备，国家是不管的，但是募兵制就不同了，国家需要准备好刀枪、马匹、粮食来供养士兵。

然而，唐朝可怜的财政收入，根本不足以维持庞大的常备军。怎么办？李隆基灵光一闪，想出一个办法：没有钱，我可以给政策啊！于是，他在开元、天宝年间，先后设立了10个节度使。节度使相当于军区司令，朝廷没有多余的军费，只能允许节度使在辖区内收税。为了保障军队的管理权和财政权，朝廷又把地方监察权赋予节度使。军权、财权、监察权逐渐集于一身，节度使已经是土皇帝了。

后人都说李隆基老糊涂了，其实他也没办法。旧秩序已经崩溃，李隆基又没有能力建立新秩序，只能对破损的旧秩序修修补补，节度使就是一块大补丁。

要想让长安摆脱饥饿，就必须重新疏通水利，让江南的粮食运到关中，而这个无底洞需要很多钱。皇帝亲军、中原驻军虽然打仗不行，但也是一群"吞金兽"。李隆基和杨玉环长年累月的恩爱，不得要钱？再加上奢靡的宫廷、腐败的朝堂、纸醉金迷的社会，繁花似锦的盛世中总是飘荡着一股子霉味儿。而维持这一切的，只有日渐缩小的税基。

为什么李林甫能专权19年？为什么杨国忠可以爬到宰相这样的高位？绝不仅仅是搞斗争和裙带关系换来的，只有一个原因：他们能从老百姓身上压榨到钱财。从这点来看，所有奸臣都是相似的。李林甫、杨国忠、严嵩、和珅……都是在旧秩序崩坏时能用特殊手段解决燃眉之急的人。

有时候坏人不是骨子里坏，而是局势让他不得不坏。李林甫、杨国忠是如此，安禄山也是如此。

（06）

755年12月，安禄山起兵造反。他的父亲是西域胡人，母亲是突厥巫婆，父母给他起了一个响亮的名字——轧荦山，意思是"战斗"。

一直以来，安禄山都特别能战斗，他在幽州军中作战勇猛，仅用了10年就从一个新兵升到了平卢节度使，驻扎在辽宁。此时的安禄山，是大唐成功"菜鸟"的典范。按照一般剧本，他将成为大唐所有落魄青年的楷模，但是局势不允许他做一个好人。

大唐一直都有"出将入相"的传统。在外领兵的将军打了胜仗，一定会回到朝中担任宰相，如果再有战争，宰相也可以披挂上阵。

作为皇帝的影子，李林甫在朝中全心全意赚钱，如果有将军入朝为相，势必会分走他的权力。而严峻的财政压力，也让李隆基不能破坏现有的捞钱模式，于是君臣二人发明了一项潜规则："将军尽量用没文化的胡人，这样一来，他们就不能入朝当宰相了。"

和其他将军不同，安禄山的情商很高。他不仅作战勇猛，还特别喜欢找碴儿。搜刮的军费、战利品经常送入朝中，上至皇帝、宰相，下至中层官员，基本都收过安禄山的好处。

有能力、高情商，又有政策红利，安禄山成为"风口上的猪"。直到公元755年，安禄山已经是平卢、范阳、河东三镇节度使，全方位负责大唐东北方的战争。而大唐一共才10个节度使，也就是说，安禄山麾下有大唐1/3的兵马。历史到这里已经很明朗了。

国有土地制度崩溃，导致国家财政体系永远不健康，兵役制度也涣散了。为了应付复杂的边境战争，李隆基不得不把军事、财政、监察权力赋予节度使，培养了一堆土皇帝。朝廷为了挽救财政危机，不得不让李林甫、杨国忠独掌相权，这样才能集中力量捞钱。

李隆基的本意是让宰相和节度使相互制衡，自己高高在上充当裁判。可这样的模式，崩盘是迟早的事儿，因为人一旦尝到权力的甜头，就很难放下。

李林甫死得早，算是得了善终。杨国忠就不一样了，他仅仅做了三年宰相，迫切需要建立功勋来证明自己，而安禄山就是块最大的肥肉。

安禄山坐拥东北，早已培养了嫡系小弟。李林甫手腕高超、资历深厚，足以让他感到恐惧。可杨国忠算什么东西，想拿我当垫脚石？做梦呢！于是，安史之乱爆发了。

07

安史之乱，让那个后人只敢谈复兴、不敢说超越的大唐盛世永远留在历史的刻痕中，越来越梦幻。

千年来，杨玉环一直是替罪羊。还有人说，是因为李林甫奸诈、杨国忠误国、李隆基昏庸、安禄山狂妄……总之，把所有帽子都扣到一个人头上。然而，时代的巨变哪里是一个人能决定的。

国有土地制度在北魏呱呱坠地，经过北周、北齐的发育，终于在隋唐大放光彩，然而又在天宝十四载寿终正寝。它成就了李世民，也埋葬了李隆基。

安史之乱，只是几百年社会矛盾的总爆发，用千万人民的血与泪，结成一朵妖艳的罂粟花。

岳飞为什么必须死

(01)

1140年，注定是载入史册的年份。这一年，金国权臣完颜兀术撕毁和议，统帅大军经过开封，直扑江淮而来。宋高宗赵构不得不派兵迎战。朝廷任命韩世忠、张俊、岳飞为河南、河北诸路招讨使，并加封为太保、少师、少保的荣耀官衔，勉励他们好好干。

岳飞的任务是救援顺昌[1]，不过，他还没有到顺昌时，大将刘锜已经大败金军，完颜兀术退回开封。此时宋朝已经取得主动权，只要集中兵力北上决战，不是没有收复中原的机会。但是，赵构的诏书到了，他派司农少卿李若虚到岳飞军营，宣读诏书："兵不可轻动，宜且班师。"

大好局面，岳飞实在舍不得放弃，怎么办呢？恰好李若虚也是主战派，于是岳飞和他商量一番，决定不管朝廷诏命，以收复中原为主。

这种事是矫诏，放在平时是要杀头的。国家的百年基业在此一搏，哥儿俩也不怕杀头，于是岳飞提兵北上，李若虚回朝承担矫诏的罪名。岳飞站在德

---

[1] 今安徽阜阳。

安府[1]的城头北望中原，长须飘飘，目光坚定："十三年厮杀只为今日，放手干吧！"

02

岳飞是河南农家子弟，八代贫农，小时候没能力上学，自学成才，长大以后，早早娶了老婆生了娃，未成年就充满"上有老，下有小"的危机。

家里没钱、读书不多，除了当兵和种田，岳飞没有别的出路。他先后在河北、山西、河南入伍当兵，凭借"一县无敌"的武艺从敢死队队长一路高歌猛进，在1134年做到清远军节度使，此时岳飞才32岁。

宋朝的节度使是荣誉官衔，没有唐末五代的实际权力，但是地位非常高，大概相当于省部级。虽然宋朝在战场上一败再败，但岳飞主导的局部战场基本没有输过。要不然，没有根基的农家子弟，凭什么登上高位？岳飞的能力的确是首屈一指的。

不仅能力强，岳飞还特别会做人。他在早年间高喊"迎回二帝"，一旦金国准备扶持宋钦宗之子为傀儡皇帝时，岳飞就再也不说了，而是私下拜见赵构，请求早立太子，断绝金国的念想。

1137年，岳飞在《乞出师札子》中说："异时迎还太上皇帝、宁德皇后梓宫[2]，奉邀天眷归国。"那时宋徽宗和郑皇后已经死在五国城，所以叫梓宫，而宋钦宗只是归类到天眷之一。岳飞的意思是说，只有赵九哥才是正统皇帝，宋钦宗已经不能代表大宋了，我们都不认可他。

你说岳飞会不会做人？私下拜见赵构是给面子，请立太子是为国谋划，札

---

[1]　今湖北安陆。

[2]　梓宫是指皇帝、皇后或重臣的棺材。

子中的措辞更是明确表态，迎回徽、钦二帝也不能动摇赵构的地位。更何况，岳飞多年来一直遵守朝廷命令，让打就打，让退就退，动不动还闹辞职，表明不贪军权。这种职业经理人，谁会不喜欢呢？赵构都情不自禁地说："诸将知尊朝廷可喜……中兴之事，朕一以委卿。"

岳飞还在《乞出师札子》里给赵构列出了北伐的具体步骤：

（1）金国扶持伪齐是希望制衡，我们可以派出使者，离间齐国的父子君臣，这是在敌占区统一战线；

（2）万一有机会的话，我就提兵北上河南，汇合五路叛将，到时候河南、陕西都可以收复，山东可以交给韩世忠等人；

（3）继续分兵北上，灭伪齐，恢复大宋；

（4）局势到此时，辽国也有复兴的机会，我们可以适当给予援助，分散金国的兵力；

（5）假如刘豫实行坚壁清野，那么河南肯定不好打，我必须带兵回来，在运动中寻找战机，积小胜为大胜；

（6）如果敌人没有攻打襄阳，而是跑到江南或者四川，那我正好可以长驱直入，把"围魏救赵"反过来玩；

（7）最重要的是，必须给我足够的时间，没事别催。

1137年的岳飞，不仅规划了行动的每一步，还考虑到各种突发情况，以及应对方案，除此之外又有统一战线、联络敌后义军等策略，战略眼光显露无遗。到1140年时，计划表中的各项准备都已完毕，岳家军经过三年整顿，实力非常雄厚。对于北伐，岳飞志在必得。

03

再来看看金国这边。金国最大的问题是人口少，所以，他们很难真正控制黄河流域，只能维持，对遍地的骚扰也束手无策，比如辛弃疾的爷爷在金国任职，却经常带着孙子"指画山河"。

虚弱的统治局面，再加上金太祖、太宗的权力斗争，导致金国内部分为两派：一派主张停战。狼吞虎咽的吃相太难看，不如休养生息，积累实力，将来再南下灭宋。一派主张进取。毕竟现在的宋朝很弱啊，不赶紧灭宋，万一以后没机会了怎么办？

1141年，主和派主导金国朝政。他们和南宋议和，把陕西、河南两地归还南宋，两家和和气气地过日子。陕西、河南重新回归，朝廷大臣都说派大军北上，稳稳当当地驻扎起来，赵构不肯："意思到了就行，咱别太当真。"岳飞当时气得要辞职。

金国很多人其实不愿意议和，好不容易打下的土地，凭什么白白送回去？于是，1139年，主战派的完颜兀术发动政变，杀死掌权的主和派，成为金国新一代主战权臣，一力主张收回河南、陕西。

1140年，战争爆发，事情又回到最初。

战争的过程并不复杂。岳飞在6月北伐，顺利攻克蔡州、颖昌、陈州之后，7月收复洛阳。经过多年和北方义军统一战线，梁兴、李宝等义军领袖也组织民兵，在黄河以北进行敌后骚扰，他们共同形成六面包围开封的态势。韩世忠已经打到了连云港，张俊进军亳州，中兴大将全部向北推进，只要岳飞击败开封的完颜兀术，金国将再无可战兵团，中兴大业可成。

但是，赵构的诏书又来了。他命令韩世忠、张俊、刘锜撤军，于是岳飞成为一支孤军。正是岳家孤军，上演了最壮烈的战争史诗。完颜兀术麾下无往不胜的铁浮图[1]，遭遇岳云率领的背嵬军[2]，几仗下来完全丧失战斗力。

---

[1] 铁浮图与拐子马是金国的两种骑兵。拐子马是轻骑兵，人马不穿盔甲，以射箭为主，采用两翼包抄战术。铁浮图是重装骑兵，人、马穿着盔甲，采用列阵中间突破战术。

[2] 背嵬军是岳飞统领的一支精锐骑兵部队，代表了"岳家军"的精华所在。

颖昌大战中，岳家军杀得人为血人、马为血马，但无一人肯回头。还有杨再兴，他带着三百骑兵外出巡逻，在小商河遭遇大部金军，在杀死两千敌军后全军覆没。杨再兴的尸体火化后，烧出两升箭头。

出兵以来屡战屡败，完颜兀术都开始怀疑人生了，他根本没想到岳家军的战斗力如此强大。他把十万大军驻扎在朱仙镇，打算最后再试一次，实在不行就撤。

岳飞派出的依然是背嵬军，不过只有五百人打前站。岳飞的意思是，试试就行了，别来真的，大战还是主力来打。但五百背嵬军和金军的第一次交锋，就让金军全线崩溃。完颜兀术实在没办法了，准备拔营回师。

而在此之前，金军大将韩常曾派人请降。只要再坚持一下，岳家军就能大获全胜，收复长城以南都是完全有可能的。可岳飞没有等来援兵，而是十二道金牌。

04

金国有主战派与主和派，宋朝也有。只不过金国的主战派发动了政变掌权，宋朝的主和派善于揣摩皇帝的心思，获得了极大的支持。

宋朝的主和派首领是秦桧。此人曾经和徽、钦二帝一起被抓到五国城，后来不知用了什么办法，他一路逃回了江南。有人说秦桧带着任务，有人说秦桧是内奸，具体情况已被埋入尘土，我们不做过多的揣测。不过，秦桧确实揣测了赵构的心思。

大宋立国初年，鉴于五代十国的军阀混战，朝廷奉行用经济利益、社会地位换取军中大将权力的路子。抑制军人权力，其实是刻在宋朝皇族骨子里的基因。五代十国的教训、依靠政变立国的历史，时刻提醒赵家要对军权严防死守。

宋朝的另一项家法是："与士大夫共天下。"军人在宋朝的地位很低，岳飞那么厉害，也只有做到太尉以后才能取得和文官同等的地位特权。

赵构登上皇位以后，更是敏感至极。如果不是风云际会，做了一回漏网之鱼，皇位怎么也轮不到他的头上。登基初年，赵构的合法性是不稳固的。"靖康之变"后，天下各地都是军事武装，他们打着报效朝廷的名义，做着割据地方的勾当，最典型的就是"苗、刘兵变"。1129年，刚当皇帝两年的赵构遭遇"清君侧"，苗傅和刘正彦二人发动兵变，逼迫赵构退位，让位给三岁的太子。

熟悉历史的都知道，苗、刘二人想做曹操。幸亏他们实力不够，各地将领纷纷勤王平乱，叛乱很快被镇压下去。紧接着又是"搜山检海"[1]，赵构一路跑到大海上偷生，身边连可用的军队都没有。

祖传基因和人生阅历让赵构十分缺乏安全感，并且对军权有热切的渴望。金国俘虏"徽、钦二帝"北上，宋朝国祚被拦腰斩断，让朝廷的威严严重丧失，所以赵构的任务也很简单：恢复朝廷权威、收拢兵权。这就是议和的基础。一旦议和成功，有了金国册封和祖传基业的加持，南宋朝廷的合法性就算是重建了，不管强不强大，起码能活着。

而朝廷稳定以后，有了一纸合约，边境暂时不需要打仗，正好可以着手削除兵权，把大权集中到朝廷手中。在赵构的规划里，只要能达到目的，什么条件都可以接受。最重要的是，赵构本身没什么雄才伟略，他的出发点完全不是恢复大业，而是苟且偷生。

赵构的心思，秦桧揣摩得清清楚楚。秦桧没什么理想，更没什么大目标，他的所作所为就是为了权势地位。他顺着赵构的心思做起了主和派。秦桧要借

---

[1]　1129年，金兵五路大军直扑江南，南宋长江防线崩溃，宋高宗赵构逃往海上避难。后来金兵以"搜山检海已毕"为托词，撤兵北返。

助推动议和的政策打压主战的宰相和将军，实现自己的政治权力最大化。

于是，赵构和秦桧狼狈为奸，策划两次议和，他们只想保全江南，把个人荣辱置于民族兴亡之上。岳飞则是民族兴亡重于个人荣辱。

(05)

岳飞在朱仙镇收到十二道退兵诏书，命令他立刻班师，然后到临安朝见。那时完颜兀术已经逃出开封。河南百姓苦苦哀求岳飞留下，实在没办法，岳飞取出诏书示众："我不得擅留。"岳家军南下途中，完颜兀术回到河南，曾经收复的失地再次陷落。岳飞仰天大哭："所得诸郡，一旦都休。社稷江山，难以中兴。乾坤世界，无由再复。"

回到临安以后，岳飞变得沉默寡言，不再说慷慨激昂的话，只是请求辞职回乡。他心灰意冷，不抱什么希望了。此时的赵构还是维护岳飞的，他不允许岳飞辞职，理由是战争还没结束。这句话更加说明，赵构要维护江南朝廷，但又需要忠于自己的鹰犬。嗯，建立一个有权威的江南朝廷，已经很好了。

可岳飞的成功，让他站在了赵构的对立面。

1141年，完颜兀术给秦桧写信："必杀岳飞，而后和可成。"只要岳飞活着，完颜兀术就怕他被重新启用。一边是岳飞，一边是朝廷和军权，赵构和秦桧不难选择。

韩世忠、张俊、岳飞同时被调离军队。本来韩世忠也要死的，还是岳飞通风报信，让他有机会到宫里哭诉，勉强保住一条老命。而岳飞就没有这么好的运气。他太厉害了，只要他不死，就不能议和；如果不议和，秦桧就坐不稳，赵构的家国大业也只是镜花水月。

10月，岳飞被投入大理寺。案子审理很慢，怎么都找不出岳飞谋反的证据，不得已用"莫须有"代替。莫须有的意思是"不必有"，皇帝杀人还需要理由吗？

岳飞死了，和议再也没有障碍。秦桧取得政治斗争的胜利，继续执政14年；赵构也踏实了，一口气继续活了46年。

说到底，岳飞之死不是情商低，而是政治斗争的牺牲品。他的民族兴亡价值观，挡了赵构和秦桧个人荣辱的路，他用自己的生命和国家的前程，为君臣铺就通天路。

君臣二人也知道岳飞死得冤，一辈子都对"岳"字耿耿于怀，甚至把岳州改为纯州，还不是心虚嘛。

岳飞死后，狱卒隗顺将遗体背出城外，埋在钱塘门外的九曲丛祠旁边。这个秘密，隗顺一辈子都没有告诉任何人，直到临终时才悄悄告诉儿子。1162年，宋孝宗为岳飞平反，隗顺之子才把这事报告给朝廷。

去世21年后，岳飞才真正入土为安，被朝廷改葬在西湖栖霞岭。此后千年，岳王庙香火鼎盛。终究是公者千古，私者一时。

历史周期律：什么才是普通人最好的时代

后世称朱瞻基为太平天子，"仁宣之治"也是堪比"文景之治"的治世。这时的明朝，外没有强大的敌人，内没有农民起义，经济发展也处于平稳的上升期，皇帝和大臣只需垂拱而治，盛世就会如期到来。老百姓也没有太多糟心事，可以安心做一枚螺丝钉。

总体来说，朱瞻基的时代正处于上升期，不仅没有王朝草创时期的穷困，也没有王朝末期的绝望无助。由于经济和社会没有饱和，更没有盛世危机。这就是每个王朝最好的时代。

在历史周期律中，很多大一统的王朝都会出现这样的时期，比如汉朝的文景之治，唐朝的高宗、武则天时代，宋朝的真宗、仁宗时期，明朝朱瞻基的宣德年间。能生活在此时的人们，基本是老天爷赏饭吃，可遇而不可求。王朝起步和没落期，都是苦日子。

(02)

在历史周期律中，每个王朝的初期都很艰苦。由于多年的战争破坏，中原大地几乎是一穷二白，开国君臣需要在一张白纸上动笔作画。虽然战争缓解了土地危机，形成人少地多的局面，朝廷和臣民的危机不是特别大，但是真的穷啊。

刘邦贵为皇帝，居然连颜色一样的马都凑不出来；萧何和曹参居然要坐牛车上朝，可想而知，民间有多苦。

李世民登基后南征北战，但是老百姓也很穷困，生活质量不如隋炀帝初年。明朝也一样。朱元璋接手的更是烂摊子，不仅臣民没有归属感，而且南、北都有强大的敌人时刻威胁明朝。朱元璋要做的事很多，击北元、平西南、定制度、发展教育、丈量土地、统计人口，到晚年还得操心太子的事，不得不再次掀起蓝玉案。严峻的形势，硬生生把贫民朱元璋逼成了劳模。皇帝都累成这样，更别说老百姓了。

勤俭节约是王朝初期的特质，干什么都精打细算的，舍不得花钱，也不讲究吃穿，一切以积累为主。只有家家有余粮，账户上多几个零，才能形成大规模的商业繁荣，进一步刺激消费。缩小到个人，则是从吃饱到吃好，穿暖到穿得漂亮，然后奢侈品、房地产等才能逐渐兴起。

这种环境类似于我们的祖辈和父辈，平生没什么爱好，只喜欢存钱、存粮食、囤白菜，凡是能积累的东西，都要留一点。不是他们不懂得享受生活，实在是生存环境不允许，不存点东西，不知道什么时候就要喝西北风。

他们的使命就是积累和打基础。他们唯一的目标是过上好日子，可他们的好日子只能留给儿孙去完成，自己几乎看不到希望。

王朝初期是牛人的好时代，不是普通人的好时代。

03

那盛世也不好吗？好当然是好，只是烦恼也很多。唐朝的开元盛世，人民的物质生活极大地丰富，上至皇帝，下至百姓，都生活得很好。他们心中极其骄傲，一股大国气象扑面而来。仅国内生活好是不够的，还得万国来朝、睥睨四方，才配得上无双盛世。

北宋没有唐朝的国际地位，但富裕程度远远超越唐朝，经过160年的积累，宋徽宗时代达到"丰亨豫大"[1]的程度。可盛世正处于抛物线的顶端，辉煌之后必然是衰落。

安史之乱埋葬了长安的繁华，公卿贵戚流离失所，百姓惶惶如丧家之犬。靖康之变终结了北宋，人口百万的汴梁在金兵的屠刀下犹如人间地狱。遥远的北国，一场"牵羊礼"[2]明确告诉徽、钦二帝："你们都是失败者。"

汉朝的盛世虽然没有这么惨，但汉武帝晚年海内穷困，户口减半，当时百姓的生活也很凄惨。在明朝，盛世应该是英宗朱祁镇到武宗朱厚照之间。由于明朝没有大规模开疆拓土，所以盛世不太明显，从嘉靖起就已经走上末路了。

所以相对于普通人来说，盛世也并不完美。

那些既得利益者已经形成规模，基本垄断了可见的资源。由于古代没有科技创新，平民百姓的上升渠道已经被堵死。一层天然的隔膜，让权贵、士绅、贫民成为老死不相见的群体。不出意外，阶层固化将永远存在下去。

土地兼并盛行，很多人连饭碗都保不住。存量市场的激烈竞争，出现"笑贫不笑娼"的观念，纸醉金迷的奢侈风气盛行。很多男人为了发家致富而不择手段，很多女人为了嫁得好而费尽心机，大家都一致向钱看。

---

[1] 出自《周易》，形容富足兴盛的太平安乐景象。
[2] 牵羊礼是指当时金国的一种受降仪式，要求俘虏赤裸着上身，身披羊皮，脖子上系绳，像羊一样被人牵着，也表示像羊一样任人宰割。

普通人建不起房、娶不起老婆的比比皆是。类似的场景，在杜甫手中化为不朽的诗句："朱门酒肉臭，路有冻死骨。"盛世王朝已经处于两极分化初期，旱的旱死，涝的涝死。这条路径再往下走，便是乱世的到来。

(04)

上升期的时代为什么最好呢？因为有希望。经过朱元璋的不懈努力，明朝的一系列制度基本定下基调，以后的君臣只要不出大错，江山保几百年没问题。

财政税收和地方管理方面，有统计土地和人口的鱼鳞册和黄册，保证税收源源不断地输入朝廷。军事有卫所制，平时种田，战时打仗，养兵百万而不用朝廷花一分钱。

有能力威胁朝廷的功臣早已被杀，只有最核心功臣的子孙，再加上靖难功臣作为皇权的基本盘。而地方官吏也经过整顿，效率出奇地高。

那外部呢？

朱棣五次出塞征讨蒙古，强大的蒙古帝国终于退化成游牧部落，再也不能形成强大的战斗力。郑和下西洋，把大明朝的威名远播海外，万国来朝也出现了。再加上疏通河道、编撰《永乐大典》……大仗都被祖宗打了，小仗有文武打手，君臣按时打卡上班，做点力所能及的事就好，朱瞻基躺着就赢了。

同样的道理，唐高宗李治、宋仁宗赵祯、清高宗乾隆都是这样的。

最重要的是，国家发展依然处于增量。此时距离开国不远，土地还没有被瓜分干净，人口增长也没有达到承载极限，每年都能看到经济指标向上涨，所有人都能上车分果子。这时，开国雄主的余威还在，官吏不敢过分踩踏红线，社会风气也有勤俭节约的意思，纯粹的纸醉金迷还没有普及。

虽然沙场老将凋零，但军队的战斗力保存了下来，一些微小的边境冲突，派些军队就足以搞定。老百姓的生活也很好。他们可以真实感受到，好日子已经来临了，并且每天都在变得更好，抬头看未来，一片光明，他们挥舞锄头更用力了。

在王朝的上升期，所有人都胸怀盛世梦，齐心协力地向前奔去。他们坚信日子会越来越好。虽然老百姓也能感受到上升通道在收缩，偶尔也会焦虑，但他们不会绝望，因为留下的狭窄缝隙足以让一大批人通过。实在不行就开荒种地，希望还是有的。

此时的大明朝，没有人觉得要完，只会越来越好，越来越强大，不久后，它将位于抛物线的顶端。所以我觉得，这样的时代才是最好的。好就好在留有余地。虽然没有处于盛世，但也算摸到盛世的边了，同时还保留了开国初期的质朴与刚健。

不多不少，刚刚好。

1644年：千年国运的转折点

01

　　1528年，文徵明和王宠同游楞伽山。彼时，59岁的文徵明早已辞官归隐，放弃了一生追求的功名利禄。而王宠依然挣扎于仕途不可自拔，二人读书之余一起游山玩水。

　　那一天，他们借宿在楞伽山的寺庙中。一杯清茶、一个蒲团、一张几案，窗外是漫天飞雪，师生二人品茗谈心。此情此景，颇有魏晋遗风。看着窗外美景，王宠拿出笔墨纸砚，让文徵明帮他画下来，希望把难得的美景留存于纸上。文徵明接过纸张，开始磨墨动笔。这一画，足足五年。

　　1532年，《关山积雪图》终于完成。画中冬日群山壮阔，虽白雪皑皑，但有青松点缀，别具一格。四百年后，这幅画被收藏于台北故宫博物院。国宝诞生，也有特殊机缘。

　　明朝正值小冰河时期，气温骤降，从北京到广州，寒冷远甚如今，大雪压垮房屋也是常事。文徵明作画的五年，恰好是小冰河时期的低谷，大寒大雪给了两位不得志的文人以灵感，因此留下了这幅传世之作。

　　崇祯年间，小冰河进入极寒期，气温也降至历史的最低点。那些年，太湖也可以结出厚厚的冰层，苏州、无锡人可以驾着马车穿越湖面直达湖州，广州也不再四季如春，城内、城外的居民成百上千地被冻死。

大寒过后，往往是大旱。气温过低，天气又干燥下不了雨，导致粮食减产，本来就收入不多的百姓面对官府的逼税，只能抛家弃田，到外地求活路。茫茫四海，哪有什么世外桃源。老百姓成群结队在中原大地游荡，犹如鬼魅。实在饿极了，只好举刀砍向身边人，人相食早已司空见惯。

大明江山，已是修罗场。

02

1629年，刑科给事中刘懋上书，建议整顿全国驿站，这样一年下来能省几十万两银子。

说是整顿，其实是裁撤。得到崇祯皇帝的许可后，刘懋雷厉风行，很快就裁撤全国大部分的驿站，虽然每年可以节省68万两银子，却也砸了几十万人的饭碗。

砸人饭碗，犹如杀人父母，李自成就是失业大军中的一员。他失去了糊口的工作，而且没有任何失业补助。人才市场也人满为患，他连大门都挤不进去。此时正好是小冰河的极寒期，饥荒开始在陕北蔓延。饥民成群结队地去挖野菜，野菜吃光就只有树皮、观音土，反正走投无路，他们只能自力更生。

李自成带着侄子李过到甘肃当兵，不求升官发财，只想混口饭吃。可他不知道，军队也没有余粮。卢象升当宣大总督时给朝廷写报告："所辖之军，其饷银自去年十一二月到今，分毫未领也。各军兵虽复摆墙立队，乘马荷戈而但有人形，全无生趣……况时值隆冬，地居极寒，胡风朔雪，刺骨寒心。微臣马上重裘，犹然色战难忍，随巡员役，且有僵而堕马者。此辈经年戍守，身无挂体之裳，日鲜一餐之饱。夫独非圣明宇下苍生、臣等怀中赤子乎？铤而走险，所不忍言，立而视死，亦不忍见。一镇如此，三镇可知。"

意思是说，大同军队已经一年没有军饷了，为了养家糊口，武器装备都已经被卖了，即便如此，也没有多余的衣服御寒。大同的冬天经常是零下二十多摄氏度，这么冷的天气，卢象升穿着裘皮大衣都冷得不行，何况那些穿着单衣又吃不饱饭的士兵？大同号称重镇都是如此，何况甘肃。

李自成所在的军队因为缺衣少食，不得已杀官造反。他们终究没有逃脱时代的宿命，从此以后，李自成加入农民起义军，从队长、闯将一直成为闯王。他们没有理想和目标，只是被时代的洪流推着向前，生或死，成与败，都不由自己做主。他们最初的动机，不过是想吃饱饭。

当然，崇祯皇帝也给过他们机会。1631年，三边总督杨鹤对崇祯皇帝说："饥民造反是因为没饭吃，只要拨款赈济，一定能平定叛乱。"他主张三分军事，七分政治。崇祯拿出十万两私房钱，交给杨鹤用来招抚。不得不说，这一招效果很好。除了渡过黄河的李自成、张献忠等人，留在陕西的起义军大部分都投降了，排队领到救济补助后，纷纷回老家安顿家人。

不过，有效期只有半年。半年后，他们的补助早已用完，但地里没有庄稼，再过一段时间还得交公粮，而崇祯再也拿不出钱了。怎么办？只有重操旧业。这是一个无解的死局。从此以后，农民军在中原纵横多年，犹如熊熊烈火，始终不灭。

杨鹤失败后，朝廷主剿派上场。他们极力攻击杨鹤的绥靖政策，于是杨鹤被朝廷革职拿办。对于杨鹤的结局，他的儿子杨嗣昌很痛心。1637年，杨嗣昌出任兵部尚书，并在第二年进入内阁，成为皇帝的头号亲信。他提出"四正六隅、十面张网"的策略，想把农民军一网打尽。

除了作战计划，杨嗣昌还有口号："不做安安饿殍，犹效奋臂螳螂。"意思是说，农民不在家老老实实地饿死，还敢出来螳臂当车？！

可见，杨阁部真的不懂这个世界。

（03）

然而，不懂这个世界的，还有崇祯皇帝。

原本按照朱元璋的设计，明朝应该是武将、文臣、藩王相互制衡，这种权力结构可以保证皇帝大权独揽。可日后的历史走向，却出乎朱元璋意料。

藩王和武将都被废去了"武功"，只留皇帝和文臣相互博弈。为了寻找盟友，皇帝不得不培养太监。明朝的太监被人骂了很多年，可有一个不争的事实是：太监强势的时期，也是皇权鼎盛的年代，比如刘瑾、魏忠贤时期。崇祯皇帝不懂，他一出手就把魏忠贤废掉了，但是他又没有培养出自己的盟友，因为他相信，文臣都是正人君子，值得信赖。

从这一点来看，崇祯有点像王莽。他抱着理想主义的心态去闯荡现实主义的世界，结果一定会头破血流。于是，他在17年内更换了18个内阁首辅，杀了好几任兵部尚书、巡抚、总督，却始终不能贯彻自己的意图。不论是财政还是作战，他孤身一人面对庞大的文臣豪绅。他可以轻松撤掉任何一个人，但对整体无能为力。

当然，崇祯的人品也有问题。1638年，卢象升在河北和清军作战，但是大部分兵力被太监高起潜分走，最终力竭战死。最后高起潜投降清朝，依然过着好日子，卢象升却被"八十天不准收尸"，连抚恤都不给。

1642年，松锦战役失败，辽东门户大开。崇祯暗示兵部尚书陈新甲跟满清议和。陈新甲办事很利索，马上就准备签约了。恰好，陈家仆人在收拾书房时看到了议和的草案，转头就当作大新闻给说出去了。结果崇祯不承认有此事，一刀就把陈新甲给砍了。换作是你，遇到这样的老板你不辞职吗？

再说说"君王死社稷"。

1644年，李自成即将进入北京，江山马上就要易手。崇祯也想效仿宋高宗，到江南建立流亡政府。但是他不自己说，好几次上朝，他都暗示大臣请他南巡，然后自己再批准。陈新甲的前车之鉴就在眼前，所有人都知道他的意思，但就是没人帮他。崇祯气得冲下去一人一脚。

南下渡江的计划在君臣的推诿中蹉跎了一个月，直到李自成兵临城下，他们依然没有做出决定。崇祯等不及了，他要自己行动。但他哪里还能走得了？各门的禁军都忠于职守，死活不让皇帝出宫，最后实在没办法，才去景山自缢。

明朝灭亡，崇祯至少要负一半责任，另一半则是祖宗留下的烂摊子。

04

明朝的烂摊子，恰好清朝都能医治。努尔哈赤的祖父觉昌安是建州酋长，也是明军都指挥使，在李成梁"养寇自重"的自保策略下，苟且偷生于辽东。

1583年，李成梁攻打古勒城。城主阿台是觉昌安的孙女婿。为了孙女的性命，觉昌安就和儿子塔克世入城劝降，结果明军突然攻城，父子俩都在城中被明军杀死。

为了给父祖报仇，努尔哈赤以十三副遗甲起兵，踏上创业开国的不归路。他创业成功的关键，是优秀的组织制度建设。女真人很原始，基本没有社会组织。于是，努尔哈赤就把部族人口全部组织起来，分别用正黄、镶黄等八旗命名，其下有甲喇、牛录等单位，分层级管理。在旗之上，努尔哈赤又让子侄分别担任旗主、贝勒，家族成员牢牢掌握管理大权，这就是"八旗"制度。

八旗不仅是军队管理方式，还兼管女真的民政、司法、财政。换句话说，女真的所有社会资源，都被纳入了八旗中。有了八旗制度，女真虽然弱小，但也可以集中全部资源，用于战争，甚至开疆扩土。明朝虽然资源多，但是都分散在豪绅和藩王之手。明朝的军饷、人事、派系都十分散乱，就像一个虚弱的胖子，所以在局部战场上总是失败。

1619年的萨尔浒之战，再次证明了这一点。一年前，努尔哈赤誓师讨伐明朝，接连攻破抚顺等地。万历皇帝感觉事态很严重，于是决定派兵支援辽东。援兵从四川、甘肃、浙江、福建和朝鲜而来，不熟悉环境又没有充足的粮食和军饷，最重要的是，将帅都互相掣肘。这还怎么打？

努尔哈赤说："凭你几路来，我只一路去。"但这种战术的前提是集中。除了兵力，粮食、军饷、纪律都要统一，才能"集中力量办大事"。

明军兵败如山倒，女真崛起。此后，努尔哈赤的子孙以满洲为族名、大清为国名，他们击败林丹汗，横扫漠南蒙古，结成满蒙联盟。在1644年前，清朝已经是横跨内蒙古、东三省的巨无霸。而巨无霸的大本营虽然有时也闹矛盾，但在大方向上都很团结。

明朝和汉人，就是输在不团结。

(05)

洪武十八年（1385年），朱元璋请茹太素吃饭。赏赐了一杯御酒后，他突然说了一句文绉绉的话："金杯共汝饮，白刃不相饶。"意思是：即便酒桌上的关系再好，但是该杀你全家还杀你全家。而茹太素的回答也挺有意思："丹诚图报国，不避圣心焦。"我只求报效国家，你对我好不好都没关系。

一语成谶。朱元璋屡次掀起大案，诛杀无数官员，但明朝依然收获了无数刚烈、正气的大臣，比如于谦、方孝孺、王阳明……皇帝动不动就在朝堂上把大臣的裤子扒开打屁股，依然不能阻止他们忠君爱国的小红心。但这一套在明末就不灵了。

1642年以后，李自成在河南、湖北接连取得大胜，一年后打败孙传庭回到陕西，这时三分天下已有其一，改朝换代的局势已经很明朗了。文官和士绅

121

开始投靠李自成，希望能保全自己的家业，也想在未来的新王朝中谋求有利的位置。

李自成宣布农民三年免税，但庞大的军队和政府也需要粮食和白银啊，于是，他的军队到什么地方，都要屠杀当地的宗室藩王，把藩王多年积攒的粮食和财富全部充为军费。

1644年农民军进入北京后，追赃助饷的范围已经不止于藩王，而是扩大到了勋贵和全部官员。中堂10万两、部院7万两、科道5万两、翰林3万两……至于累世公侯之家，务必要人财两尽。不到一个月，抄家就得到7000万两白银。这可是和全体官员为敌啊！

于是，当初把李自成比喻为"沛上亭长、太原公子"的士大夫们，转身就骂他贼性不改，并且十分怀念明朝。同一时刻，远在辽东的吴三桂已经准备投降了，他甚至在卢龙县张贴告示："我是来朝见新皇帝的，都是自己人，你们千万不要惊慌。"吴三桂和其他人一样，也希望在李自成的新王朝立足，况且他的爵位和实力足够高，很可能成为新王朝的新贵。

可是从北京传来的两个消息让吴三桂很是担忧：第一是陈圆圆被刘宗敏抢走了；第二是追赃部门要求吴襄吐出20万两。吴襄是吴三桂之父，相比陈圆圆来说，他爸的事才是最重要的。

可以肯定的是，吴三桂从这件事就能知道，李自成和自己不是一路人。再加上追赃助饷的消息不断传来，吴三桂终于下定决心，他带着部队向东而去，攻破山海关后立刻给清朝写信，请求摄政王多尔衮出兵救援，并且拍着胸脯保证："如果肯来的话，我带路。"

事实证明，清朝早已做好了准备。多尔衮收到信时，正好是动员八旗倾国而来向山海关进军的路上。

李自成得知吴三桂攻占山海关的消息后，立刻整顿兵马，带着吴襄和明朝太子北上平叛。双方一见面就打得天昏地暗，当天晚上吴三桂就撑不住了。

多尔衮没有出动，而是在欢喜岭等待时机。他怕吴三桂是诈降，想看看李自成和吴三桂到底是什么关系。吴三桂没办法，只得亲自到欢喜岭求见多尔衮，请求八旗军队援助。这时多尔衮这才相信他。为了和李自成的军队区分，他让吴军在肩膀上绑上白布，以免误杀，随后便带着军队进入山海关，和吴三桂并肩作战。

二打一，李自成根本扛不住，只好连夜撤退。正是这一天的战斗，多尔衮封吴三桂为平西王，相当于在爵位上连升三级。

事实证明，吴三桂不是一个人在战斗。多尔衮和吴三桂向北京前进时，李自成已经向西安撤兵。城中的官员传言："吴大帅打败李自成，迎接太子回来登基了。"于是，朝中大员带着礼器到郊外迎接吴大帅，没想到，迎面走来的却是清朝的八旗军队。他们马上修改台词："恭迎王师定鼎京师，万岁万岁万万岁。"

他们也换来了丰厚的回报，多尔衮承诺明朝官员，只要归顺就可以官复原职，被农民军追讨的家产也物归原主。从此以后，中原各地冠冕依旧。

李自成兵败如山倒，只带着少量兵力逃回北京，匆忙举行登基典礼后，又带着财物奔向西安。没有文官和士绅的支持，他已经无法在北京立足。

1644年，士绅有两张面孔：在李自成的占领下拼命造反，在清朝的占领下一腔热血地表忠心。矛盾吗？一点儿都不矛盾。他们很清楚谁是真正的朋友，谁是真正的敌人。至于国家危亡、民族大义什么的，他们已经顾不上了。

06

1644年，北京是一座大舞台。崇祯皇帝收拾好道具，放下话筒，结束了明朝276年的表演，向台下观众鞠躬致敬，走向了景山的歪脖子树；李自成立足未稳，被观众用臭鸡蛋、香蕉皮轰下舞台；多尔衮带着清朝倾国而来，优雅的舞姿魅惑人心。满洲人获得了舞台的使用权，将继续为观众表演绝活。

有欢笑，也有泪水；有人离场，有人进场。无论舞台上有怎样的风云变幻，观众席始终是一样的人。唯一不变的是他们都保持统一的审美，一起鼓掌，一起愤怒。

令贵妃的争宠记，大清国的贸易战

01

在紫禁城的东六宫内，有一座宫殿叫延禧宫。这里曾经住过乾隆的令贵妃、嘉庆帝的母亲、晚清六代皇帝的老祖宗魏佳氏。如果权倾朝野的慈禧太后见到她，也得恭恭敬敬地跪下磕头，甜腻地说一声："曾祖母安康。"

魏佳氏的出身低微，不出意外的话，她的祖辈也是贫下中农，后来在大清入关的剧烈变革中，被抓到八旗汉军中当包衣奴隶。奴隶生下的孩子仍然是奴隶，正所谓子子孙孙，无穷匮也。

在那个想当奴隶而不可得的时代，魏佳氏比较幸运地得到了旗人的身份，虽然是最低等的包衣，但依然有参加皇宫选秀的资格。因为长得美、头脑灵光，她顺利打败了其他竞争对手，开始迈步走上人生的巅峰。

魏佳氏的人生到底有多成功呢？在清朝，如果包衣出身的宫女被皇帝宠幸，也是可以做"王的女人"，但最高只能做到贵人。而魏佳氏在乾隆十年（1745年）被宠幸后，直接被封为贵人；板凳还没坐热乎呢，三个月后就成为令嫔；乾隆十三年（1748年）又被提升为令妃，堪称清朝后宫的"火箭提拔"。

一人得道，鸡犬升天。魏佳氏在后宫获得了极大的成功，她的娘家也被"抬旗"，脱离了包衣的奴隶身份，进入镶黄旗世袭官职，正式成为统治阶级的一员。这还没完呢。在以后的人生岁月里，魏佳氏接连坐上了贵妃、皇贵妃的宝座，甚至还生下了后来的嘉庆皇帝，成为乾隆朝最有地位的女人之一。如果考虑到乾隆后期没有册立皇后，我们也可以把那个"之一"去掉。这可是妥妥的跨越阶层的励志传奇啊！

（02）

当魏佳氏在后宫努力奋斗时，她的丈夫乾隆皇帝，也在人生的星光大道上策马奔腾。

乾隆最大的文治功绩，便是编纂了《四库全书》。

1772年，安徽学政朱筠向他汇报工作："明朝的《永乐大典》已经有很大一部分丢失了，这可怎么办呀？"乾隆的回答很简单："重新编一部就好了。"第二天，他就下令把各省的藏书和武英殿的书籍全部汇集在一起，重新编一套百科全书，名字就叫《四库全书》。

官方藏书毕竟有所缺漏，所以向民间"征集图书"。这一步也最难。乾隆雷厉风行地下令：凡进书500种以上者，赐《古今图书集成》一部；凡进书100种以上者，赐《佩文韵府》一部。

在优厚的奖励之下，全国热心人民纷纷把家中藏书捐赠给朝廷。1781年，历经9年的漫长时间，经过征集、整理、抄写、校对后，第一部《四库全书》新鲜出炉。《四库全书》收录3462种书籍，共79338卷，总字数近8亿，分别藏于北四阁：紫禁城文渊阁、沈阳文溯阁、圆明园文源阁和承德文津阁；南三阁：扬州文汇阁、镇江文宗阁、杭州文澜阁。

这部书在编纂的过程中，成功地实施了无数次"文字狱"，消灭了反对者的肉体和灵魂，最大限度地传承中国书籍的同时，也最大限度地删除了不利于统治的思想。一眼望去，遍地花团锦簇，拨开花蕊，却是风声鹤唳。文人再也不能随意发表意见，舆论的大棒纵横四海八荒，人们的脑海里只能有一种思想："万岁万岁万万岁。"

乾隆文治璀璨，武功更是赫赫威风。

1792年，坐在紫禁城的大殿内，乾隆回想起一生的南征北战，不禁发自肺腑地骄傲："我平定了大清国所有的敌人。自古以来所有的帝王，谁有这样的成就？"于是，他提笔写下一篇自我夸耀的《十全记》："十功者，平准噶尔二，定回部一，打金川为二，靖台湾为一，降缅甸、安南各一，即今之受廓尔喀降，合为十。"他还在上面盖上两方朱印："八徵耄念""自强不息"。

连年征战之后，朝廷在西域设立了帝国的新省份——新疆；西藏也牢牢地被朝廷掌控，地区宗教领袖要接班，必须朝廷批准；再加上蒙古、东北、台湾等地区，帝国的疆域达到了惊人的1380万平方公里。

一切都是那么令人心醉，仿佛空气中都飘荡着成功的味道。外无敌人，内无矛盾，经济富庶，人口众多，所有人都在兢兢业业地工作，帝国的一切都掌控在乾隆的手中。他仿佛感觉到，自己统治着有史以来最强盛的大帝国。

(03)

乾隆和魏佳氏都陶醉在辉煌的成就中，可当我们把目光放到全世界，大清朝就显得有些暗淡了。此时，英国的工业革命已经如火如荼地展开，纺织机带来了经济发展，大航海带来了殖民地的资源，英国的农民、工人每天都能吃上面包、火腿、猪肉等，他们有了足够的精力去应付繁重的工作。

大清国的农民收入却降到历史最低点，保证最基本"活着"的要求都很勉强，稍微有点旱涝灾害，就得卖儿卖女。这时的大清国就像一个脓包，看着红润鲜艳，可只要一戳破，就会脓水四溅、臭不可闻。

魏佳氏的成功、乾隆的功业，都只不过是这个脓包结出的罂粟花，无比鲜艳，却也是最后的回光返照。

（04）

公元1792年是一个非常重要的年份，英国政府正式任命马戛尔尼为使者，以庆祝乾隆八十大寿为名，正式访问大清国。庞大的使团中有数学家、艺术家、医生等，他们携带天文地理仪器、科技书籍、大船模型、先进的武器，希望英国的实力能够得到大清国的认可，成为各自的贸易伙伴。

当马戛尔尼的使团来到乾隆所在的承德避暑山庄时，他满怀希望的心情被当头浇了一盆冷水。他们将当时世界上最先进的科技结晶——前膛枪、望远镜、地球仪、炮舰模型一一呈送给乾隆时，只换来一句评语："所称奇异之物，只觉平常耳。"

在伟大的皇帝眼中，这些东西很平常，还没有宫中的珠宝装饰好看。大清国能有现在的成绩，靠的是"以骑射立国"，这些火器炮舰有什么用？

马戛尔尼等不死心，从承德返回北京后，又邀请大将军福康安观看英军卫队的军事表演。英军卫队卖力地表演了列队、前进等军事动作，展现了线性步兵、三段式射击法等战术，希望能在装备弓箭大刀、火绳枪的清军面前找回一点面子。

表演结束后，马戛尔尼深刻体会到什么叫"对牛弹琴"。福康安和清军根本就不懂现代军事，前膛枪、三段击的战术早已风靡欧洲，配合大炮能将游牧民族的骑兵打得落花流水。可在福康安眼里，这些不过是几声巨响而已，吓唬谁呢？千军万马冲过来，你能打倒几个？他轻蔑地撇撇嘴："我看也罢，不看也罢，火器也没什么稀奇的。"

英国人知道了，这样的访问是不会有结果的，这根本是文明维度的差距。

1794年3月，英国使团离开中国。后来副使斯当东在回忆中国之行时，写下了触目惊心的文字："清国的贫穷令人惊讶，一路上我们丢掉的垃圾，都会被生活在底层的百姓捡回去，当美味一样吃掉。而清军的穿着，也如同叫花子一般。

"房屋都是木结构，没有天花板，只是在房顶铺上茅草，地面是夯实的泥土地，从房梁上垂下的一个个草席，将房间分割成若干个屋子。大街上也看不到马车，唯一能见到的运输工具是独轮车。

"农民把所有的精力都放在土地上，精细化的耕作让植物间不留缝隙，从来不浪费一点点。只希望能在少得可怜的土地里，尽量多长一点粮食，以便填饱肚子。"

这就是伟大的"康乾盛世"。当大清满足于"自古以来最伟大"的成就时，却不知道世界已经变了。

(05)

1792年，中国。

魏佳氏带着她毕生的成就离世了17年，她优秀的儿子永琰在战战兢兢地等着继位。乾隆沉醉在"十全武功"的美梦中难以自拔。他把大清国的事务都交给一个叫和珅的人打理，而这个人却把大清国当成自家的后花园，榨取的财富甚至让他成为"全球六大富豪"之一。

1792年，法国。

波旁王朝被推翻，资产阶级大革命达到高潮。一个叫拿破仑的人正在努力奋斗，在以后的十几年中，他用枪炮把科学、自由、民主等先进思想传播到了欧洲每个人的脑海中。

1792年，英国。

马戛尔尼、斯当东兴奋地为东方皇帝准备礼物，他们发誓要为英国开辟一块巨大的市场，也将英国的科技、文化传播到东方去。面对中国所展示出来的强大实力和对世界新事物的蔑视，他们将在50年后用一种新武器将其彻底摧毁，那种武器叫作鸦片。对远征大清国叫嚣最积极的，恰恰是斯当东的儿子——小斯当东。

同一个世界，同一片天空，三个国家所经历的不同际遇，将结出三种不同的果实。不论是苦是甜，他们都没有选择是否咽下的资格。然而，历史的转折，也在悄然发生。

第三章 改革篇

我们的脚步，永不停歇

当旧事物不能适应时代时，就需要改革，正所谓世异则事异，事异则备变。

　　秦始皇"焚书坑儒"和汉武帝"专卖盐铁"从来不是孤立的事件，它们都是分裂走向大一统的阶梯。

　　王莽的纯儒家改革，是汉朝国运日衰的新探索。宋朝是农业国，王安石却试图运用金融的力量打造一只看不见的手。只有不停地改革，才能适应新时代。

秦始皇为什么焚书坑儒

公元前221年，秦统一全国。面对亘古未有的大一统江山，秦始皇建立了全新的制度。

为了体现宏伟的功业，他以"皇帝"取代"秦王"，自称"始皇帝"，并且废除谥法，不允许后人评论皇帝，后世子孙以二世、三世为皇帝称号。

五德轮回中，秦国属于水德。秦始皇让所有官员都穿黑色衣服，城墙上悬挂黑色旗帜，物品规格以"六"为标准——六寸冠、六尺道路、六匹马拉车。一切都是新的，一切都需要和旧时代切割。

其他人没有如此宏大的气魄，他们觉得某些旧时代的东西有必要保留。丞相王绾说："燕、齐、楚国太远了，不如分封藩王吧。"王绾的建议得到了很多人的附和。因为秦国实在太特别了，一点儿都不符合成功学的标准，从来没有人这么做过，到底能不能成功，他们心里也没底。

秦始皇的本意是不分封，但是大臣的意见如此统一，自己总不能亲自下场和官员对骂吧，就让大臣讨论一下。大臣们纷纷称赞王绾，只有一个人例外，他就是廷尉李斯。

李斯说："周朝倒是分封子弟，可是血脉关系疏远后照样打仗，也没什么用。如今好不容易统一，要不就算了吧。"

秦始皇等的就是这句话，于是，他马上站出来说："李斯说得对，我们不要分封。"一锤定音。

这件事表面上看起来很简单，似乎只是君臣之间的一次开会讨论。实际上，这件事透露出一个问题：很多大臣不认同以法家为主导的新制度，反而认同旧时代的旧制度。换句话说，他们并不认同秦始皇的变革。

这个问题看起来并不严重，秦始皇和李斯已经摆平了。可平静的湖面之下依然暗流汹涌，并且在某种程度上，秦帝国也因此而分裂。其实后面的很多事情，都与此有关。

02

公元前213年，暗流涌现。秦始皇在咸阳宫大摆宴席，请朝廷大臣吃饭。大家吃好喝好，玩得很开心。仆射周青臣称赞道："秦国当年又穷又弱，还是陛下厉害，带领我们打败关东诸侯，才有了富强的秦国，为陛下庆贺。"

秦始皇仰天长笑，脸上的皱纹掩饰不住内心的得意。博士淳于越却出来唱反调："当年的周朝有诸侯国作为帮手，陛下的儿子却是匹夫，如果有大臣谋反，该怎么办呢？"

还是开国时的议题，大家都没有忘记，只要有机会，他们就会谋求表达自己的主张。那么，秦始皇对这个议题是什么心理呢？

我们不妨分析一下。自从商鞅变法之后，秦国就没有实封的说法，而是力求大权集中于朝廷，充分调动资源来兼并诸侯。这是一种法家思潮，有存在的基础和必要。秦始皇就是朝廷集权的支持者，他想把这套模式运用到天下，建立一个与众不同的新帝国。

新帝国不仅统一土地，也统一了文字、度量衡、道路，让天下的文化、贸易、交流都没有任何障碍。软件和硬件都得到统一，才叫大一统。而且没有诸侯国的存在，连百年后的潜在隐患都消除了。

这么好的事情，为什么很多人不理解？秦始皇想不通。那时他已经47岁了，在那个年代属于快要正常死亡的年龄，眼看时间不多了，自己毕生理想却依然不能实现。如果把收尾工程交给下一代，他们能行吗？秦始皇不由得有些焦虑。他想在有生之年让理想落地，再不济也得打好基础，让下一代沿着他的道路前进。如果重新回到旧时代的老路上，他认为自己就是历史罪人。

秦始皇的格局很大，他已经看清了时代的走向。他知道以后是大一统的时代，过去的分封已经落伍。在地广人稀的周朝，诸侯国可以安分几百年，可人口繁盛的秦帝国，他们又能安分几年？

更何况，希望分封的人有私心。他们要求分封只是借口，是用来撕开法家大一统铁幕的借口，其真实目的是通过分封制引入儒家，重新改造秦帝国。而经过改造的秦帝国，只会是周朝的翻版。什么变法、耕战、统一……全部都将成为镜花水月，春秋战国的一切探索，都将变得毫无意义，秦国战士的鲜血也白流了。

所以分封事小，背后的图谋甚大。这是两条路线的斗争。或许淳于越、王绾根本没有这种心思，他们只是觉得新物种太陌生，想遵循历史惯性而已。可秦始皇推断出日后的变化，他绝不允许有人开历史倒车。那就趁自己的身体还可以，用最后的时间做最后的搏斗吧。

(03)

和秦始皇一起战斗的依然是李斯。那时，他已经成为丞相。他站出来反驳淳于越："陛下创建大业不是你们能理解的，再说三皇五帝是很多年前的事了，根本没有可比性。时移事异，什么年代做什么事。

"如今的学者都喜欢厚古薄今，让老百姓无所适从，一定要禁止，不能让他们妄议朝政。

"除了《秦记》，其他诸侯国的史书都烧掉，不是专门的学者，也绝不允许私藏诗书，只留下医学和种地、植树的技术类书籍。"

秦始皇说："照办。"这就是焚书事件。

皇帝和丞相亲自下场，进行了一场文化清理运动，他们希望在文化领域也能实现大一统。

他们只留下秦国史书，其他的诸子百家和诗书，只能在咸阳图书馆存一套，民间好好生产就行。站在秦始皇和李斯的立场，可以理解。

如果不消除人们心中分裂的种子，大一统始终流于表面，只要有合适的机会，帝国就将重新面临分裂的危险。而学者妄议朝政，则会消解朝廷的声音。民间百姓的文化水平不高，不可能看清时代的转折点，他们只关心自己的一亩三分地。但是一旦学者用利益煽风点火，百姓很可能就会站在朝廷的对立面。

为了朝廷大计，他们只能让学者闭嘴。不仅不允许乱说话，连书都不能看，这样一来就彻底消除了文化界的不安定因素，等下一代人成长起来，帝国的新制度就落地了。

如果百姓想学习法令，也要以吏为师。他们学习法令之后，可以帮助官府治理地方，也可以成为干部队伍的后备军，大大扩充帝国的执政基础。

这些就是秦始皇和李斯的想法。谈不上好，也谈不上坏，只是在特定的历史进程中，他们做出的选择。

当然，天下的书也不是都烧了。所有经典书籍都在咸阳有备份，只是随着项羽焚烧咸阳，那些书籍也全部付之一炬。"大火三月不熄"，飘荡着一股竹简味儿。

04

在帝制国家中，有一个特点是家国一体，朕即天下，天下即朕。

由于权力集中于皇帝，导致皇帝的一举一动都会对帝国产生影响，不论歌颂或者批评，凡是涉及皇帝，就会涉及全国。

周朝不是这样的。周朝是分封制，诸侯国之下又有拥有城池的士大夫。如果百姓不满意，只会反对士大夫，根本不会找国君的麻烦。士大夫有意见，才会向国君申诉。这样的层级管理，让周天子高高坐在王座上，既不用管天下事，天下也没人理他。"我的附庸的附庸，不是我的附庸。"所有的麻烦，都在士大夫的层级消化。

可秦帝国不一样。所有的官员都是秦始皇派出去的，那么闯祸之后，当然是秦始皇来扛。

如果秦始皇做错事情，直接受批评的也是他。但皇帝不能被批评。由于大权在握，皇帝就是国家的形象代言人，如果皇帝受到批评，岂不是国家也有问题？

家国一体，需要皇帝成为圣人。秦始皇是圣人，也是人。他希望能够长生不死，于是就让术士炼仙丹、找仙药，为此耗费了大量人力、物力。可找了很多年，依然没有找到。

这件事本来就不可信，术士只是编故事向秦始皇骗取财富和地位，眼看谎言要被戳破，有两个术士就跑了。他们在逃跑之前还吐槽："始皇帝太过分了，大权独揽不给别人机会，这样的人怎么配长生呢？"这就属于不但骗秦始皇的钱，还骂秦始皇是傻子。

事情传到秦始皇的耳中，他顿时感觉自己被人羞辱了。他说了一句话："今乃诽谤我，以重吾不德也。"这句话才是秦始皇的心声，你仔细品。他心疼的不是钱，而是被术士诽谤，让自己的名声受损。皇帝无德，那秦帝国算什么？时间久了，人心就会动摇。

于是，秦始皇派人审核咸阳的"诸生"，包括术士、学者、学生等，最后查出诽谤过皇帝的有460多人。为了惩戒后世，他们被坑杀于咸阳。所谓的"坑儒"不是坑杀儒生，而是诽谤秦始皇的人，其内核则是家国一体的帝制禁脔[1]，焚书坑儒是秦始皇维护大一统的手段。

(05)

秦始皇怎么都不会想到，寄予厚望的长子扶苏，居然也是另一条路线的人。本来希望下一代能够坚定地走下去，等到成长于新时代的年轻人成为主流，也就没有人会怀念战国诸侯的年代。可接班人被和平演变了。扶苏说："诸生都是孔子的门徒，陛下却严惩，天下人怎么会安心呢？"

扶苏不知道老父亲要干什么，于是他被派往上郡，做蒙恬的监军。从此以后，扶苏就不再是帝国的接班人，而是失去宠爱的皇子。

新的接班人在两年后出现。那年，50岁的秦始皇出巡，丞相李斯陪同，少子胡亥也想出去见见世面，秦始皇答应了。

既然可以跟随在父亲身边，可能平时也颇受宠爱，不然的话，也不可能在秦始皇面前撒娇。

胡亥希望跟着父亲见见世面，或许秦始皇也在刻意培养胡亥。他有那么多儿子，为什么宠爱胡亥？因为胡亥的学历和专业。胡亥是跟随赵高学习狱法的，相当于法律专业中的监狱法，属于秦国最根正苗红的专业。

一般来说，学生不会违反本专业的知识。即便别人再怎么吐槽，那也是自己的"亲娘"，只能自己骂，不能别人说。而且胡亥是年轻人，具备可塑性。

---

[1] 禁脔（jìn luán），比喻某种珍美的、仅独自享有的，不容别人染指的东西。

他还没有成熟定性的世界观，也没有被分封的旧思想污染，秦始皇完全可以按照自己的意愿来塑造。或许在他心中，胡亥才是合适的接班人。

最终秦始皇死在沙丘，再也没回到咸阳。李斯和赵高替他写下遗诏，立胡亥为太子，并赐死蒙恬和扶苏。这里又有一个疑问：官场沉浮多年的李斯是老油条，怎么可能被资历尚浅的赵高欺骗呢？答案只能是，李斯也看中了胡亥。

李斯和秦始皇都希望法律专业出身的胡亥能坚守法家，把大一统的宏大事业进行到底。但他们都不会想到，年轻的胡亥居然不成器。

世事如此诡异。秦始皇希望大一统要坚持，法家不能输，胡亥要成器，结果什么都没有得到。李斯心心念念的功成名就，也没有圆满的结局，一把鬼头刀斩断了他的所有幻想，只能看着黄狗和故乡逐渐远去。

赵高想要的权势滔天，却输给了子婴的伪装。子婴多么渴望重振江山，却不得不亲眼看着刘邦兵临城下。他只能带着玉玺素服跪迎，宣告江山易主。

这真是一场活脱脱的悲剧。

大汉帝国的财政和国运

汉朝初年是典型的"小政府、大市场"格局，刘姓诸侯王各占一国。他们有自己的政府、军队、法律，除了礼仪和血缘，基本和朝廷没太大关系，关起门来就能过自己的小日子。

天下40郡，朝廷直辖15个。官员俸禄、功臣赏赐、朝廷财政等开支，都包含在这15郡的税收之内。本来就穷，又有庞大的负担，真的太难了。如此局面，足以碾碎任何一个雄主的野心。换言之，汉初就不具备诞生雄主的土壤。

于是，朝廷只好省吃俭用，一点点积攒家底。杀伐果决的统治者，突然具备了极大的耐心。刘邦死后，吕太后掌权。北方草原的冒顿单于写信给她："你没男人，我没老婆，咱俩凑合过吧。"

吕太后深吸一口气，忍。忍耐换来安定的社会环境，"政不出房户，天下晏然"。直到汉文帝时代，朝廷又把已经极低的税收再次压低，三十税一，恐怕再也没有比这更低的税收了。汉文帝甚至一次次免税，只为让子民的日子可以过得宽松一点，至于朝廷用度，以前的积蓄已经够用一段时间了。

历史告诉我们，有利益的地方就有争夺。政府不参与，民间就会自动介入，总之，不会有人放任不理。

汉初的社会，天下赤贫。大家一样穷，都处在同一条起跑线上。没有祖辈的积累，没有人脉的制约，也没有世俗的焦虑，能穿多大的裤衩，就看自己有多大的屁股。

勤劳而头脑灵活的人迅速占据先机。有人努力开垦土地，有人从事手工业，有人煮盐炼铁，都迅速积累了大量财富。他们大都依靠头脑和机遇起家，在政府退出的空白市场占据了有利位置。这样的时代，可遇而不可求。

蜀中卓氏，山东刀氏，关中田氏、杜氏等，都依靠当地的盐、铁、粮食、马匹等贸易积累了巨额的财富。工商业收入甚至和田税相差无几。

没发家的普通人也过得不错。只要蛋糕做大，哪怕只分一点，也足以小康。那些年，出门骑母马都会被人耻笑。就好像现在，出门相亲时，开跑车和坐公交车的区别。

大市场做了大蛋糕，朝廷也尝到了甜头。《史记·平准书》记载："京师之钱累巨万，贯朽而不可校。太仓之粟陈陈相因，充溢露积于外，至腐败不可食。众庶街巷有马，阡陌之间成群，而乘马牝者摈而不得聚会。"大意就是：厉害了，我的汉！

02

民间用头脑发家，贵族则借权势敛财。汉文帝在岗位上小心谨慎，衣服上的补丁一层盖一层，就算帷帐破了洞也舍不得换，凑合着用吧。可这样的皇帝，也亲手打造了一位首富。这位首富叫邓通，他是汉文帝的"男朋友"。

邓通是农村人。那时，汉朝没有基层教育全覆盖，也不搞送书下乡的活动，所以邓通读书不多，因为经常去河里玩，练就了一身划船的本事。老父亲给了邓通一笔钱，打发儿子到长安谋官。他运气很好，到长安不久就在宫中找到了一份工作——黄头郎，专门给宫中贵人划船。

话说，有一天汉文帝做了个梦。他想上天成仙，却怎么都上不去，突然有人从背后踹了他一脚，"咣"，从此位列仙班。汉文帝回头一看，竟然是一个黄头郎。第二天，他来到未央宫沧池边，盯着划船的黄头郎仔细看。突然，邓通划船路过，和他梦中的人一模一样。

不久，一个算命先生对汉文帝说："依我看，邓通恐怕会饥饿而死。"汉文帝很生气："我的人怎么会饿死？你是在藐视我的权威啊。"于是，他赏赐给邓通亿万家财，还把蜀中的一座铜矿送给了邓通，允许他自己铸钱，想铸多少就铸多少。这相当于送了他一台印钞机。

邓通还是很有职业素养的，他铸的钱分量足、质地纯，是全国人民都喜欢的硬通货，号称"邓通钱"。那些年，"邓通钱"占据了汉朝金融市场的半壁江山。换言之，他已经控制了大半货币的发行量，处于资本市场的上游。

另一位权贵资本的代言人是吴王刘濞。刘濞是汉高祖刘邦的侄子，年纪比汉惠帝刘盈还要大6岁，是正儿八经的皇亲国戚。

公元前196年，英布造反，刘邦御驾亲征。半年后，英布被诛，刘邦衣锦还乡。喧嚣热闹中，他忍不住发出"安得猛士兮守四方"的哀叹。其实，不用刻意寻找，他身边就有一位。那年刘濞21岁，小伙子年纪不大，却十分生猛，他早已追随刘邦征战多年，积累军功至骑将。刘邦宽厚的大手搭到刘濞肩上："就你了，好好干。"于是他被封为吴王，统辖三郡53城，定都广陵，也就是现在的扬州。

东南水陆纵横，两千年前的海面离广陵也不远，这是一座近似于海边的城市，拥有无穷的商业潜力。长安朝廷连直辖的郡县都不严管，更顾不上遥远的吴王刘濞。在"小政府"产生后，刘濞迅速抢占"大市场"，开办了一系列产业，煮盐、炼铁、开铜矿、铸钱币……垄断了民生、工业、矿产、金融等赚钱的生意。

吴国之富庶，竟可以免除百姓的农业税。朝廷和封国，邓通和刘濞，都能依势取财，吃定上游生意，直至富甲天下。

（03）

汉朝立国60年，可谓国泰民安。战争的伤痕早已远去，曾经刻骨铭心的记忆也变得模糊，经历过苦难的人逐渐凋零，汉朝人不再对当年感同身受。

新一代的孩子生来就活在太平盛世，他们不知道曾经的苦日子，只能感受到大汉的兴盛。这是不完美的，必须加以改进。

北方的匈奴，把汉朝当作待宰的羔羊，只要有需要，就骑马而来痛宰一顿。南方的百越，蕞尔小邦也敢挑衅大国威严，甚至还有尾大不掉又藐视朝廷的封国、盘踞郡县的富豪、武力称雄的游侠黑帮，这些都是大汉帝国的毒瘤，为盛世添上瑕疵。

衰弱的国力一步步恢复，让汉人有了底气，甚至有了一个朦胧的大国梦。尾大不掉的封国，让朝廷产生加强权威的决心。拖朱曳紫的富豪、依仗武力的黑帮和承平日久的官员，就像一片绿油油的韭菜，呼唤酷吏登场。

这是最好的时代，也是最坏的时代。伟大功业中隐藏着万丈悬崖，斑斓世界里又有吞噬一切的黑洞。万江奔腾，沿着河岸上溯，终有源头，即是开国之初，刘邦在卧榻上做出"休养生息"的那一刻。

此时，历史的舞台迎来了汉武帝刘彻。他终将被人心裹挟，活成别人希望的模样，又在辗转腾挪中，夹杂着自己的私心。

都说英雄成就历史，可历史的车轮滚滚向前，英雄也只是其中的一部分，他必须用自己的才智服务于大势，回报则是可以拥有改变车轮走向的机会。

(04)

如今，只要说起汉武帝，人们就会想到他南征北战的赫赫武功，和"不可一日无妇人"的风流韵事。可汉武帝一切功业的前提是整顿内政。

公元前154年，吴王刘濞等七个封国起兵造反，虽然汉景帝成功平定叛乱，但诸侯国的势力依旧强大。对朝廷来说，强大的地方永远让人如芒在背。

卧榻之侧，岂容他人酣睡！公元前127年正月，一个叫主父偃的大臣上书："不如允许藩王将国土封给子弟，如此，封国越来越小，朝廷越来越强。"一个有雄心的帝王，是不可能拒绝任何一个削弱地方的机会，"大政府，小地方"格局初露端倪。

然而，等待诸侯死去还是太慢了。16年后，汉武帝再次举起屠刀对准王侯。那年，他要祭拜宗庙，按照惯例，刘姓王侯也要奉献黄金，一起向刘邦问好，可他看到的是黄金成色严重不足。对待赏赐饭碗的祖宗都不上心，还能指望你们对朝廷效忠？汉武帝很愤怒，但愤怒的面孔下，仿佛隐藏着按捺不住的笑意。

这个天赐良机，他已经等了很久。借"不忠不孝"的名义，他免除106位刘姓侯爷的爵位，有封国的王也被削减封地，实力再次缩水。没有明确的标准和红线，王侯犯罪与否，都看皇帝的心思，说你有罪你就有罪，说你是好人你就是好人。

雷霆雨露，均乃天恩！横行90年的诸侯王，彻底退出历史舞台。从此以后，朝廷是唯一说了算的人，再也没有力量可以对他造成威胁。

地方上的敌人，除了封国还有游侠、豪强。现在封国完蛋了，对其他人是不是就没有办法了？不着急，慢慢来。

汉朝皇帝在继位第二年就开始修建陵墓，直到去世为止。汉武帝的茂陵整整修建了53年。堂堂皇帝，总不能孤零零地自己住吧？朝廷就发明了一举两得的办法：迁徙天下富豪，在陵墓周围居住，这样既削减了地方势力，又为陵墓增加了人气。

公元前127年、公元前96年、公元前73年，累计迁徙财产三百万以上的富豪数十万户，前往茂陵居住。每当成长起来一批富豪，就会被迁往关中，然后带着财产重新开始。

汉朝的社会为什么稳定？因为郡县中没有豪富之家，由官府直接管理百姓，二元制社会中百姓的潜力达到最大化，官府的动员组织力也达到最大化。

(05)

在"小政府"时代，民间商业富豪如过江之鲫，他们是享受鲜花和掌声的时代佼佼者，也是后辈青年为之奋斗的目标，豪宅美姬是人生标配。但当大国博弈激烈时，撒向战场的铜钱如流水，60年积累起来的国库，很快就空空如也。这时，手握资金和产业的富豪，就成为待割的"韭菜"。

这是脏活，也是技术活，一般人干不了。好了，终于轮到我们的重要嘉宾出场了，有请桑弘羊。

桑弘羊是洛阳神童，和贾谊是一个等级的。13岁时就因心算厉害被招入皇宫，做了太子刘彻的伴读。两年后，刘彻继位为帝，桑弘羊也水涨船高，成为从龙之臣。

公元前120年，桑弘羊开始参与朝廷经济事务。他为皇帝谋划了一系列刺激财政的规划：算缗告缗、均输平准、盐铁官营。这三项政策都是为了建立国有经济、充实国库，具体措施前面已有叙述，不再赘述。

桑弘羊的三板斧下去，朝廷国库迅速充盈，代价则是来自权力和垄断的不可避免的腐败。盐铁价格高就算了，咬咬牙也就买了。可不能忍的是，官营产品的质量奇差，根本不能满足日常需求，而节省下来的成本都进入了官员的腰包。

朝廷富裕，官员发财，只坑百姓。

酷吏杜周，年轻时只有一匹马，退休时却有万贯家财。他赚钱最多时，是执行"算缗告缗"的三年。

当朝廷拥有天下的利益时，也就有了天下的麻烦。

06

汉朝的财政转折迅猛如虎，让很多人不理解："为什么不坚持走无为而治的路子呢？好好过日子不好吗？"因为英雄也只是历史的一部分。

可以说汉武帝好大喜功、杜周杀人如麻、桑弘羊是经济沙皇，但不能说他们专门在折腾国家，谁都不是吃饱了撑的神经病。因为真正左右一切的东西，叫局势。

转折点来自公元前133年的马邑之围[1]，韬光养晦了70年的汉朝，已经有足够的底气去争取国家尊严，而汉朝要想成为真正的大国，匈奴是永远避不开的大山。

这一年之后，国战大幕缓缓拉开。民心、国力、敌人，三种力量交织成一个巨大的棋盘，中间是无比幽暗的黑洞，吞噬一切可见的光明。棋盘上没有棋手，只有棋子，有的人自以为是棋手，却终究会被现实打醒。

权势滔天如汉武帝，渺小如升斗小民，他们都在局势的棋盘上辗转腾挪，寻找着自己的位置，也付出自己的一切。这就是汉武帝那一代人的宿命。

---

[1] 汉武帝时，朝廷策划引诱匈奴至马邑进行围歼，后因消息泄露未能完成伏击。自此，西汉开始与匈奴大规模交战。

意识形态是把刀

01

公元前134年，汉武帝下诏求贤良。46岁的董仲舒受到推荐，当面向汉武帝讲述了自己的主张。他们先后聊了三次，宾主尽欢。

这几次谈话的内容就是《举贤良对策》。其中有一项政策很重要：罢黜百家，独尊儒术。从此以后，儒生走上帝国的舞台，开启他们的表演。

在汉武帝的计划中，儒生只是理论工作者。他们用文章为皇权加持，到地方去宣传朝廷的恩德，然后用儒学教化百姓，让大汉帝国呈现出一片和睦的气象就行。

可儒生们不是这么想的。他们觉得：周朝才是梦幻天堂，那时的一切都是大家共同所有，没有贫富差距，没有不公现象。

对于这种想法，军人和酷吏都嗤之以鼻。可儒家就是有市场，毕竟"鸡汤"最养人。在汉武帝去世后，大汉帝国的主线就是文法吏[1]和儒生的斗争史。文法吏与儒生一直争斗，直到王莽篡位，儒生大获全胜。

---

[1] 汉代称"文法吏"为"文史法律之吏"，或简称为"文吏"，是与儒生相对而称的。

儒家崛起，有很长的路要走。公元前81年，霍光以汉昭帝的名义召集了60多名贤良文学士[1]来长安，对汉武帝时期的政策进行了一次大讨论。

贤良文学士主张缩小政府的规模，放弃盐、铁等垄断行业，重农抑商，让利于民，再次实现文景盛世。但桑弘羊反对。他认为政府应该积极参与社会事务，用强制手段调节社会需求，最终达到富国强兵的目的。

双方互不相让，从2月争论到7月，最终，贤良文学士取得胜利。大汉帝国也因此废除了酒类专卖和关内铁官。第二年，桑弘羊也因谋反罪被霍光处死。

在60多名贤良文学士中，有一位学者叫桓宽。他回家后，把会议的过程和结论整理成了一本书，起名叫《盐铁论》。不论是会议还是《盐铁论》，表面上讨论的是经济问题，但背后却是意识形态的争论。

桑弘羊是法家，贤良文学士是儒家。他们争论的焦点远不止眼前的政策，而是大汉帝国以后的指导权，理论、财富、权力、人事，一切都将取决于这次会议。

这场博弈太激烈了。最终法家失败，儒家取得空前的胜利。不过法家和文吏的传统势力很庞大，"盐铁会议"后儒家只是平分半壁江山，想要一统天下，还需要机遇。而他们的机遇来自于几十年后的皇帝父子。

汉宣帝其实是汉武帝、桑弘羊一脉，他重用酷吏，打击豪强，加强朝廷权威，缔造了大汉最后的辉煌时期。可太子却是标准的儒家学子。太子对汉宣帝说："老爸，你的做法太残酷了，不如用儒生吧，以仁义教化天下多好。"

汉宣帝一听就生气了。汉朝的制度是霸王道杂之，也就是一手面包，一手

---

[1]　贤良文学是汉代选官取士的重要科目之一。

钢刀，听话的吃面包，不听话的吃钢刀。他本来想废掉太子，但一想到曾经和皇后走过的艰苦岁月，还是下不了决心，听天由命吧。汉宣帝叹道："乱我家者，太子也。"

太子登基后，就是汉元帝。在汉元帝的领导下，儒家取得压倒性的优势。儒生认为汉朝虽然强大，但不够完美。他们强调个人道德的力量，反对政府对社会的过度控制，他们希望把政府改造成周朝的模样。但是法家官吏的势力始终存在，他们从不谈理想，敢作敢为并且不在乎任何道德的束缚，只根据法律的标准做实事。

按道理说，儒生是很难和法家对抗的，毕竟没有武器嘛，可帝国的民间社会提供了最广阔的市场。那些年土地兼并严重，农民耕种的一点点田地，本来收成就不多，却要拿出一半来交税，再刨除来年的种子，就剩下一点粮食，肚子都很难吃饱。

而占据大片田地的豪族，却有很多办法偷税漏税。朝廷官员穷奢极欲，地方官员只知盘剥，外戚、贵族没有前辈的本事，却依然霸占朝堂。学子如果不行贿、巴结，根本没有入仕的渠道。

除了既得利益集团，所有人都希望有一场变革来改变现有的一切。儒家即将一统天下，唯缺一个领袖。此时，王莽迎面走来。

03

王莽出身于帝国最有权势的家族。他的姑姑王政君是汉元帝的皇后，按照汉朝传统，皇太后将享有巨大权威。于是，王政君在汉元帝去世后，提拔王凤为大司马大将军，其他六个兄弟都被封侯，连同母异父的弟弟，也做了水衡都尉。

王氏家族之富贵震动天下。虽然王莽的父亲去世早，没有赶上这一波红利，但出生在这个家族，本身就是巨大的胜利。更何况，他还是一个标准的儒士。

从小，王莽就跟随名师学习《论语》，学术水平相当高。他的哥哥早逝，留下妻子和遗腹子。王莽谨记"兄友弟恭"的教训，坚持供养寡嫂和侄子，很快就成为青年道德楷模。

王莽到叔伯家做客时也恭敬有加，屁股只坐沙发的一半，喝酒碰杯也一定要放到最底下，出门会一直退出去。

不要以为做这些很容易。王莽明明有权有势，可以飞扬跋扈，他却偏偏用最严格的姿态要求自己，这怎么能不让人产生好感？富家子弟稍微谦逊一点，就能博取很多人的好感，何况是大汉第一家族的王莽。

人穷的时候，自律不算什么，当他有资本时依然自律，才是最大的本事，也最让人崇拜。那些年，王莽是大汉的国民偶像。

王莽封侯之后，有了丰厚的收入，全家却依旧艰苦朴素，妻子连丝绸都舍不得穿，客人都以为她是家里的老妈子。

儿子失手杀死奴婢，在别人家不算什么。奴婢而已，只是私有财产，她的生死和人生都是主人一句话的事。大不了暗箱操作一下，给儿子洗白。王莽不行。他一定要逼儿子自杀，以第一家庭的名义，维护法律和道德的权威。

在那个年代，王莽不是沽名钓誉的小人，而是时刻以儒家标准要求自己的君子，而这个君子年仅38岁就当了大司马。有权势、有信仰、有能力的儒家信徒，太符合帝国儒生的期望了。于是，新圣诞生了。

所以，当王莽官场受挫时，就会有无数人出来请愿，把他送回朝廷的权力中心，每次都是如此。

做皇帝之前，他基本没遇到过大困难。从朝廷、贵族到乡野，几乎所有人都支持他。虽然贵族和豪强的目的不纯，但儒家信徒是真的希望和王莽一起建设梦幻中的天国。

理论中的东西，王莽信吗？我觉得，他真的认为自己的信仰是真理，只要把理论落实，就一定能实现人间天国。

04

公元8年，53岁的王莽代汉称帝。这不是他一个人的成就，而是天下儒生的胜利。他们用改朝换代的方式，彻底打败了法家这一宿敌，成功组建了纯儒家政府。百年恩怨，到此为止。

西汉末年是儒家最需要领袖的时候，而王莽恰好生在最有权势的家族，自己又是恪守道德的儒家信徒，可谓风云际会。

好了，一切都开始吧，向天国前进。

当皇帝的第二年，王莽就开始大刀阔斧地改革，理论依据则是儒家经典。首先是最核心的土地问题。

王莽规定，天下土地和奴婢全部收归国有，不允许私人买卖。八口之家的土地数量不能超过一井，多余的必须充公，由官府重新分配。

看看名字——井，明显的井田制复辟。王莽希望用实力让理想落地，从此再没有大富大贵的人家，每个人都能吃饱穿暖，最终达到大同世界。

可问题来了：自己的土地凭什么无偿交给官府，还要免费分给别人？豪族用了几代人才积累下如今的家业，您老人家一句话就要拿走，连个招呼都不打，太欺负人了吧。再说了，没有土地怎么养活奴婢？

于是，地主豪强起来反抗王莽，甚至连大臣们也不理解。是啊，不是所有人都为了理想而活，他们追随王莽只是想多捞好处。土地公有制只会让既得利益者不满意。

两年后，王莽取消了土地和奴婢政策。这下连穷人都不满意了："说好的分田又反悔了，你是个骗子吧？"动了既得利益者的蛋糕，又失去了穷人的支持，王莽和儒生的理想在现实面前，撞得头破血流。

其次是实行政府专卖制度。

在"盐铁之议"上，儒家因反对官营而取得胜利，如今又在财政压力和大同理想的驱使下，恢复官营专卖制度。在这项改革中，王莽恢复了均输平准法。他在长安设立两个市场，派遣官员征收交易税，顺便平抑物价，又把盐、铁、酒、铸币全部收归官营，然后向医生、裁缝、渔民等人收税，以及由官府直接放贷等等。这项改革称为"六莞"。不出意外，这项改革也破产了。

在汉武帝和桑弘羊时代，朝廷用"以商制商"的策略来推行官营制度。拉拢一部分商人，让他们担任商业官员，打击另一批大商人。

商人懂得市场经营，也知道对手的软肋，再加上遍布朝野的酷吏，让汉武帝和桑弘羊取得极大成功。可王莽是君子，他没有这套手段。他只是单纯的发布命令，派遣官员去执行，结果就是官员腐败、商业萎靡。到头来，不仅朝廷没有得到财政收入，连所有商人都得罪了。

更要命的是货币改革。直接说吧，王莽的货币改革就是洗劫民间。当然，货币的形式也来自儒家经典：刀币、贝币、龟币、金币、银币、铜币……他先后发行了4套货币，每次发行新货币就会规定"可以兑换多少旧货币"，相当于一句话就把旧货币贬值几倍到几十倍。

假如一个人有一百旧钱，今天还能买一袋大米，可明天新货币发行后，按照规定的兑换率，只能买一个烧饼。缺德不缺德啊！

币制混乱造成严重的通货膨胀，当国民经济一片萧条时，王莽想洗牌财富的初衷也成为镜花水月。王莽、儒生、纯儒家政府的第一次理想实践，已经彻底失败。

05

有人说王莽是穿越者。其实这个说法最早的起源是胡适："王莽是中国第一位社会主义者，竟没有人替他说一句公平的话。"

王莽不是穿越者，只是儒家信徒改革者。从汉朝开国起，儒生就谋求参与社会管理。他们在汉武帝时代获得阶段性进步，在经过盐铁之议、儒法争锋后，终于在西汉末年取得全胜。儒家风气养育了王莽，王莽又回报了儒家。王莽几乎没有阻力地登上皇位，除了儒生的支持，当然还有世家门阀的默许。

汉宣帝口中的"汉家制度"是王霸道杂之，王道负责舆论和教化，霸道则是任用法家酷吏，血腥清理一切不安定因素。而地方的豪族、门阀首当其冲。

虽然汉宣帝以后再无雄主，可一旦再出一个生猛的皇帝，利用汉朝的权力结构和制度来收拾他们，也是非常迅速的事。在"汉家制度"的话语体系中，豪族没有丝毫安全感，想要保住自己的家业，最好的办法就是改朝换代。儒家正好是法家酷吏的死敌，支持儒家，是豪族门阀必然的选择。

所以啊，世界上从来没有无缘无故的爱，也没有无缘无故的恨，一切都是基于自身利益的选择，或是现实的，或是理想的。

王莽的改朝换代就处于纠结当中。豪族门阀希望支持王莽来保持现状，儒家希望支持王莽来改变世界。而王莽选择了后者，这本身就是一种悲剧。

儒家的理想太丰满，根本不切实际，可儒生和王莽死不回头。理想化的改革没有丝毫效果，却伤害了豪族的利益。于是，天下皆反。

有的豪族亲自起兵，而有的豪族则选择支持刘姓宗室，大家都在为未来拼命。最终，获得南阳和河北豪族支持的刘秀成为胜利者。

当初为王莽唱赞歌的儒生又聚集在刘秀麾下，歌颂新世界。他们当初的理想和反叛又有谁会记得，或者又有谁会提起？

当然，王莽被杀时依然有千余人追随，他们自愿和皇帝一起赴死，他们都是理想的殉道者。

王安石变法：农业和金融的碰撞

　　1068年，宋神宗第一次见到王安石。早在当皇帝之前，他就经常听身边人说一些关于朝政、经济、社会的犀利观点，当他虚心求教时才知道，那些观点全部来自王安石。

　　彼时，王安石只是外地小官。22岁考中进士后，他没有争取留京指标，而是背起包袱走向地方，那是最接近泥土的第一线。26年来，王安石在基层努力工作，发现了很多帝国的病灶。

　　王安石给每一个病灶都开出了药方，而且都能药到病除。前人使用过的青苗法、农田水利法等，被他试验过无数次。于是，他向朝廷分享自己的经验和方法，建议在全国推广。当时的皇帝是宋仁宗，他被接班人的问题搞得焦头烂额，哪有心思管这些事情。

　　事情虽不成，王安石却已经名满东京。宋神宗登基几个月后，就把王安石召回朝廷，任命为翰林学士。

　　有一天散朝后，宋神宗把王安石单独留下私聊。王安石说："陛下，大宋有很多问题。士兵大多是无赖，官员尽是庸人，至于理财不说也罢。幸好周边国家也是半斤八两，要不然我们就危险了。"然后他斩钉截铁地抛出结论："大有为之时，正在今日。"

不久后，在宋神宗的支持下，王安石变法正式拉开大幕。

02

宋朝穷，不是说宋朝经济已经到达了崩溃的边缘，而是朝廷需要花钱的地方很多，造成财政匮乏。

宋朝采取"与士大夫治天下"，优待官僚集团。在宋朝，只要一人当官，全家都能受益。从宰相到大夫，都有资格让子孙、亲戚做官。开国功臣曹彬去世，换来家族20多人做官的资格；李继隆去世后，也荫庇了几十人。再加上科举扩招、卖官鬻爵、商人授官，宋朝官员的数量急剧膨胀。

宋真宗年间的官员数量是9700多人，到宋仁宗年间就涨到17000余人。这还只是有级别的正式官员，待岗、候补的更是不计其数。

更重要的是，朝廷给官员的工资都很高。据史书记载，宋朝工人、农民的平均月收入是1800钱，只够一家人糊口。而一名九品官的工资能达到12000钱，宰相就更夸张了，月工资是40万钱，这还不算其他补贴、福利。都说宋朝是读书人的天堂，由此可见一斑。

相比冗官，冗兵也是大问题。

宋朝初年，边疆有辽国、西夏在闹事，朝廷不得不在边疆屯驻重兵，再加上中原无险可守，只能增加禁军数量来保卫东京。为了防止农民起义，每逢灾年，朝廷都会到灾区招兵。把青壮年都安抚好，想起义都找不到人。

宋朝逐渐形成辽国、西夏、东京三大重兵区。有多少人呢？100多万。

宋太祖年间，全国士兵共有37万，其中禁军19万。仅几十年后，这个数字就翻了三倍。宋仁宗年间，全国士兵共125万，禁军82万。125万士兵的粮草、后勤、补贴、装备在任何时代都是一只吞金兽，在农业社会足以拖垮整个国家的财政。

冗费则来自皇帝、官员的奢靡浪费。

皇帝嫁女儿、娶儿媳要气派吧？庆贺太平盛世要办舞会、酒宴吧？各部门要不要经常考察、旅游啊？除了正式官员以外，那些办事员、科员等"吏"是没工资的，但也得养家吧？只能靠贪污受贿了。

教科书上把"冗官（员）、冗兵、冗费"说得干巴巴的，可一旦设身处地地想想，真是不寒而栗。宋朝经济再发达，也承担不起这么重的负担啊！

03

宋朝的花费很大，可收入有限。

780年，宰相杨炎建议唐德宗施行"两税法"，废除"租庸调制"，只根据土地占有量和财产多少来收取地税和户税。后来因为家庭财产根本没法统计，只能计算看得见的土地，所以"两税法"逐渐只征收地税。

为了扩充财源，唐朝建立起盐铁专卖制度。进入五代十国，各个军阀为了筹措军费，把专卖制度更加发扬光大。而这一切都被宋朝继承了下来。

反正是按照土地收税，只要有人种地就能收到钱，也就没必要搞什么分田地之类的事了，这也是"不抑兼并"的国策由来。可问题是，有一帮人不需要交税啊。那几万名官员和亲戚、朋友占尽国家红利，却不用付出一点代价，而兼并土地的急先锋也是这帮人。

宋朝初年，交纳地税的自耕农占人口的一半左右，到宋仁宗末年只剩下三分之一，不用交纳地税的耕地占70%。根据"与士大夫治天下"的原则，地税只能减少，绝对不会增长。

幸好还有专卖制度。除了盐、酒、茶等人民群众的刚需产品，朝廷把矾和香料也纳入了专卖体系，或直接垄断，或寻找代理商，反正能赚钱就行。垄断的利益是巨大的，宋朝把专卖制度发展到极致后，收入一度占到财政总收入的60%到70%，地税只占一小部分。

宋朝的富裕和商业繁荣大抵来源于此，在那个没有产业升级和技术改造的时代，一旦把垄断做到极致，专卖的潜力也就挖尽了。

红利消失殆尽时，大致是宋仁宗末年。几年后，宋神宗继位称帝，面对的是一幅惨淡光景：地税早已枯竭，能维持下去已经不容易，均田免粮是想都不敢想的事情；专卖制度也没有增长点，红利到头了。可朝廷的开销在不断增长：官僚体系越来越庞大，朝廷越来越奢侈，军费开销有时占财政收入的80%……所谓"百年之积，唯存空簿"是也。

这样的大宋朝，可真是穷到家了。

04

每一个封建王朝走到中期，都会面临一个选择：变法。

在地税枯竭、专卖无法增长的既有情况下，王安石另辟蹊径，提出"理财"的概念，想在既不增加地税伤害农民，又能增加财政收入中寻找新的平衡点和增长点，也就是"民不加赋而国用饶"。

说起来复杂，其实也简单。方田均税法：清查土地占有情况，向既得利益集团开刀，让多占田者多纳税，少田、无田者减轻负担。

青苗法、市易法、均输法：都是之前王朝用过的办法，朝廷把仓库中的粮食和钱拿出来，直接参与市场经济，既便民，又生财。

保甲法、保马法：建立严密的基层组织，可在必要时征召庞大的民兵队伍，又把经营不善的国营马场下放给基层经营。

免役法（募役法）：出钱免除劳役，官府再雇人干活。

王安石希望用国家的力量来影响市场，最终达到民间和朝廷力量的再次平衡。虽然不像汉武帝一样搞得"中产之家皆破"，但足以为帝国续命。

变法铺开以后，"青苗法"每年能带来将近300万贯收入，"免役法"也能带来将近400万贯，各项变法收入加起来，最终积蓄了可供朝廷使用20年的财富。但这也到此为止了。"王安石变法"触动了利益集团的表面，却远远没有触动灵魂。

（05）

马克思说："为了100%的利润，资本就敢践踏一切人间法律，有300%以上的利润，资本就敢犯任何罪行。"

有资本的，往往是既得利益集团。东方和西方不同，基本没有宗教战争，东方的变法和造反几乎都是为了重新分配利益。王安石自诩"理财"，其实还是劫富济贫。在他的理想中，老百姓是不用加赋的。但财富总量是固定的，既然不从老百姓手里拿钱，那就只能从利益集团手里要钱。

在变法的过程中，迎接挑战、攻击是必然的，这时就需要有一个强大的人来支持王安石。很不幸，宋神宗不是一个好领导。

满朝文武和天下富人都是旧体制的受益者，现在突然冒出来一个王安石，怎能容你？于是所有人都反对变法。司马光公开批评王安石，韩琦上书否定变法，富弼辞职，就连苏轼都差点因为"乌台诗案"送命。

面对这样的攻击，宋神宗扛不住。站在宋神宗的角度上看，其实也能理解：所有朝堂重臣和一个王安石，到底该如何取舍，其实不难。不是所有人都有魄力用自己的牺牲来换取后代的幸福。如果有一个强力的君主支持，王安石就能成功吗？至少有一部分不行。

"王安石变法"的内容和商鞅、杨炎、刘晏都不一样。他们或是砍掉既得利益阶层，或是重新建立财政来源，只要有强力君主支持，是可以办到的。而王安石是用市场来调节。根据现代商业的经验，要想完全市场化，就需要有完善的金融机构。存钱、贷款找银行，损失理赔有保险，对不对？

按照变法的内容，青苗法、市易法、均输法等法令，应该由银行、国企来执行，他们具有专业的知识和信誉。变法的一部分内容本质上是商业行为，可宋朝毕竟是古代王朝，没有先进的金融机构，除了垄断专卖，也没有繁荣的工商业，因此只能交给官吏来执行法令。

用行政命令直接指导商业行为，往往会产生腐败、粗暴、强制性摊派等问题。比如青苗法，官吏怎么能知道谁需要贷款呢？如果不是需要贷款的农民主动，即便他们一家一户查找，官吏也不会知道到底该把钱借给谁。由此造成指标摊派，随便找几个人算了。需要的人借不到钱，拿到钱的不需要，真是缺了大德了。

归根结底，是这部分法令太超前，宋朝的社会组织根本不兼容。就像一台20世纪90年代的电脑，都老掉牙了，你非要拿来玩最高配置的《王者荣耀》，不死机才怪。

没有强力的君主支持，没有健全的金融机构来运营，不论是地税或理财，都没有成功的可能。王安石没错，他只是生错了时代。

06

变法，往往会引起党争。当司马光、韩琦、欧阳修等朝廷重臣都反对变法时，王安石只能找吕惠卿、章惇、曾布等人寻求帮助。

两派人围绕变法斗得腥风血雨，有的人是理念不同，但大部分人只是单纯争夺利益。权力、地位、家产、土地……每一项都值得以命相搏，更何况他们各自身后都有庞大的追随者。

司马光经常批评王安石，其中有一条很搞笑："闽人狡险，楚人轻易，今二相皆闽人，二参政皆楚人，必将援引乡党，天下风俗何由得更淳厚！"表面来看，地域歧视实在不符合司马光的修养，可如果把党争放到利益之争中，就明白了：只要把对方打倒，不惜一切代价。

日积月累，新旧党争形成了惯性。宋神宗去世后，高太后启用司马光打击新党；高太后去世后，新党复辟，向太后随即扶持旧党，宋徽宗扶持新党蔡京。

高层不稳，政策没有连续性，什么都干不成。宋朝在"新旧党争"中折腾，错过了最后的机会，再加上宋徽宗奢靡无度，就是神仙也没办法。

(07)

60年前，王安石对宋神宗说："国家能太平无事，只是辽、西夏也好不到哪里去，大家都是半斤八两而已。"言犹在耳，女真人崛起于白山黑水之间，起兵、灭辽、攻宋一气呵成，再也不是当年比烂的时代了。

1127年，开封城破。宋徽宗、宋钦宗、皇后、亲王、公主、驸马和满朝文武等几千人，全部被押送到北国，4月到达黑龙江会宁府。徽钦二帝、宗室、后妃、公主全部袒露上身，披着羊皮，在完颜阿骨打的庙前行牵羊礼，有人因受不了侮辱而自杀。

千里之外的中原，享受170年朝廷福利的士大夫们，也被金兵肆意屠戮，犹如砧板上的猪羊一般。没有胜利者，所有人都是失败者。

这一切在赵匡胤黄袍加身时就早已注定。但在60年前，宋朝有一次改变命运的机会，所有人都没有珍惜。

站在三岔路口，天空依旧像往日一样沉闷，当时还以为只是漫长时光中的普通一天。回首看，命运已转弯。

蒙古人的图腾——成吉思汗

公元前215年，蒙恬率领30万大军北逐匈奴七百里，攻取河套地区，让匈奴不敢南下牧马。随后秦始皇命令蒙恬修筑长城，秦、赵、燕国的长城被连接起来，成为"西起临洮，东止辽东，绵延一万余里"的万里长城。

一条长城，分隔了两个世界。从此以后，中原始终是汉族的基本盘，不论国号如何更改，中原始终为汉人所统治。

然而北方草原风云变幻，秦汉时是匈奴人，南北朝时是柔然人，隋唐时是突厥人、回纥人，宋朝时是契丹人，仿佛草原人始终没有固定民族。不过，这一切都被成吉思汗结束了。

成吉思汗之前，他们有五花八门的名称，可在成吉思汗之后的八百年里，草原上只有一个名称：蒙古。蒙古帝国不必说，随后的瓦剌、鞑靼、察哈尔、准噶尔等都是部族名称，或是国号，在他们内心深处有一个骄傲的名字：蒙古人。

草原有了精神图腾、共同记忆，才能形成一个固定的民族。

02

在匈奴、突厥时代，部落首领具有相当大的独立性。单于、可汗的家族和部落是统治的核心。他们的部落往往不是人口最多、文明最昌盛的，他们是通过战争来征服其他部落。被征服者投降后，换一面旗子即向新领袖效忠。什么都没有改变，只是换了统治家族。

在单于、可汗之下，每个部落都是世袭领袖的私人财产，他们的牛羊和牧民，单于和可汗都没有权力直接调动。单于和可汗只有赢得部落领袖的效忠，才能维持统治。那时的草原，各部落是独立的诸侯国，而单于和可汗只是"周天子"。

1206年，铁木真在斡难河源头加冕，蒙古诸王、贵族、大臣为他奉上"成吉思汗"的尊号，"成吉思"在蒙语中的意思是"强大"。

45岁的成吉思汗将和前人不同。他没有和之前的大汗一样，让部落首领继续当独立诸侯，而是把所有部落的牧民全部打散，编为95个千户，88个功臣被任命为千户官，统领95千户。在此之上还有万户、诸王。而众星拱月的成吉思汗对万户、千户拥有绝对的调动权。

他们的职位可以世袭，但必须得到大汗的认可，驻地和牧场也由大汗分配。这是政治、军事、经济合一的体制，经过成吉思汗的改造，草原版郡县制出炉。

中原的郡县制两千年不衰，草原的千户制也凝聚了蒙古人的全部力量。此时的成吉思汗，是草原的秦始皇。

03

成吉思汗有了组织制度就成功了吗？当然不是，他还需要软实力。草原部落的记忆都来自口口相传，只要一个部落被灭，他们的荣耀和苦难、悲伤和爱恨、来路和远方统统化为乌有。

没有文字，就没有文化。在讨伐乃蛮部的战役中，一个名叫塔塔统阿的畏兀儿人被俘虏。后来，成吉思汗让他用畏兀儿字母拼写蒙古语。

塔塔统阿的文字，让蒙古文化有了载体。成吉思汗的命令和法律可以记录在册，以供后人使用。由新文字写成的《蒙古秘史》让民族有了共同的记忆。牧民不再是无根野草，而是同文同种的同胞。共同记忆，才是一个民族的源头。文字给了蒙古人下限，辉煌武功则提高了蒙古人的上限。

成吉思汗的大纛[1]下聚集了十几万蒙古骑兵，他们来去如风，西夏、金国、花剌子模都在蒙古的铁骑下灰飞烟灭。随后几十年，蒙古铁骑攻灭数十国，版图扩张到三千万平方公里，最远处兵锋直抵维也纳城下。

蒙古帝国东、西长16000里，海滨东方早已月上枝头，西方边境才正值烈日当空。数千年历史上，人类从未有过如此浩瀚的国度，那是欧亚民族的苦难岁月，也是蒙古人的黄金时代。

成吉思汗及其子孙的时代，成为蒙古人心目中不可磨灭的烙印，也是一座高大雄伟的丰碑。先辈的辉煌武功，让他们感到无上荣耀。此时的成吉思汗，是草原的汉武帝。

04

2010年，我在内蒙古生活了几个月，才真实地感受到什么叫作"成吉思汗崇拜"。稍有档次的场所，会悬挂成吉思汗的画像，庄严肃穆到让人恨不得一进门就三鞠躬。文印品上有头像，广场有雕塑，我想买几幅毡画带回去，选来选去，80%的图案都是成吉思汗。长城以北，成吉思汗早已和土地上的人们血脉相连，因为他缔造了蒙古族。

---

[1] 大纛指古代行军中或重要典礼上的大旗。

对比一下汉族，我们的精神源头和历史记忆来自炎黄二帝。在炎黄之前，没有所谓的汉族，只有遍布中原的部落。那时的先辈茹毛饮血，如同野兽。炎黄二帝征战千里，或驱赶，或同化，把周围的部落全部纳入中原的框架中，然后兴农业、劝织布、修兵甲，才形成汉民族的基本盘。

炎黄二帝就是汉族的神明，那么成吉思汗在蒙古的成就，不亚于炎黄二帝。我们有多么崇敬炎黄，蒙古人就有多么信仰成吉思汗，他们都是民族的创世神。

(05)

所谓民族，到底是什么？血统、种族、姓氏或者地域？没错，这些都可以成为民族的标志，但这绝不是根本。以血统、种族区分的只能成为部落，高大的门槛横亘在那里，把门里、门外分成泾渭分明的世界，也把想容纳进来的潜在人口排除在外。这样的部落发展终究有限，真正构建民族内核的是精神图腾和共同记忆。

在万里草原，成吉思汗的乞颜部依然是大海中的水滴，蒙古部族也只是草原的一分子。他用制度、文字和武功构建了所有部落的共同记忆，然后自己又化身蒙古的精神图腾，真正把所有部落熔为一炉。

人类未来，是否会继续演进呢？肯定会，只是民族的演进过程极为漫长。个人的生命短暂，犹如白驹过隙，只是参与其中的小水滴，根本看不到一丝一毫的改变，但不可否认，这个过程仍在继续。

千百年后的世界，我们已不能想象。变化的是名字、口音，不变的是完成演进的精神内核。

历史进程中的燕云十六州

（01）

五代十国时期，河东节度使石敬瑭和朝廷闹了点矛盾，为了换取辽国的支持来保命，野心勃勃的石敬瑭不惜割让燕云十六州。这块地包括山西北部、河北北部，大同、北京等重镇。

签署条约之后，辽太宗耶律德光率领五万兵马南下，和石敬瑭一起击败后唐，然后以新王朝的爸爸自居，时刻准备插手中原内政。

和中原领土相比，燕云十六州并不大，但其地理位置极其重要。燕云十六州易守难攻，从后晋到北宋，历代君王都没能用军事行动收回来，而辽国可以顺利进入河北和山西，屯兵汴梁城下。这相当于在中原王朝的头顶悬了一把利剑。敌人想什么时候来就什么时候来，而中原要想面对辽国骑兵，还得克服崇山峻岭等障碍。

燕云十六州自从被石敬瑭割让以后，中原王朝四百多年都没能收回来，辽、金、元却数次从燕云十六州南下，夺取中原。直到明朝建立后，徐达和常遇春攻克元大都，才算再次收回了遗失的土地。注意这个细节：收复燕云十六州不是明朝的目标，而是打败元朝之后，顺手搂回来的。这个主次关系很重要。

(02)

被北方少数民族统治的时间久了，当地人对自己的身份就会感到困惑。这其实不难理解，燕云十六州都曾经历过中原王朝，很多老人甚至在唐朝生活过，对他们来说，自己的身心都在中原。而这些老人在宋朝逐渐去世，燕云新一代根本没有中原的概念，自从出生以来，他们就是以辽人自居。

长大以后，燕云新一代耳濡目染的是辽国的风俗，接受的是契丹的文化教育，听到的消息也是萧太后多么英明神武。他们和宋朝没有半点交集，如何会产生认同感呢？这个道理和"五百年前是一家"类似。既然在自己成长的过程中没有出现，那么五百年前的事和我又有什么关系？

人的生命很短暂，活在当下似乎更能让人感同身受。

虽然燕云新一代在辽国长大，但他们毕竟是汉人，在正儿八经的契丹人眼中，他们依然是异族。实际上他们自己也经常感受到这种差异。同样是辽国的臣民，契丹人就有优越感，在燕云汉人面前趾高气扬，一副大爷的派头。炙手可热的职位、通畅的晋升渠道、车水马龙的商铺都属于契丹人，燕云汉人即便侥幸入朝做官，也很难得到和契丹人同样的晋升机会。

他们也想做辽国的好公民，可地位天然不平等，让燕云汉人逐渐产生低人一等的心态。能怎样呢？这里的一切都是契丹人的，汉人得到的一点点资源，也是契丹人用来笼络上层精英的手段，燕云十六州的命运不在他们手中。

(03)

既然燕云十六州的命运不在自己手里，那么谁能决定其命运呢？宋、明和辽、金、元。

燕云十六州是弹丸之地，资源、实力都有限，他们不足以对抗任何一方。再加上土地的历史渊源，中原王朝也不可能允许其自成一家，它只能在大国之间求生存。如果宋朝能够横扫八方，把辽、金打败，区区燕云只能依附于宋朝。可问题在于，在国家博弈方面，宋和辽势均力敌，暂时都还没有全面碾压对方的资本。

燕云十六州的纠结也源自于此。大宋虽然经济实力很强，但在战场上屡战屡败，这很难让燕云子民对其产生信心，也很难使中原产生向心力。而这种实力不强的现象，又会让燕云加深对辽、金的依附，时间一久，这种心态变得根深蒂固。之后金国占据黄河以北，元朝统一天下，再次加深他们的这种依附心理。

在元朝的"四等人"制度下，北方汉人处于第三等，略微超过第四等的江南汉人。

人类有一种从众心理，如果所有人都是相同的处境，或者做同一件事，那么他们就不会有任何异样感，反而觉得不那样做的才是异类，所以元朝的大部分人会以蒙古人为尊。

大部分人皆是如此，更何况是天子脚下的燕云。毕竟国力不如人，整个江山都输了，再争论燕云十六州实在没必要。他们拥汉也好，崇蒙也罢，都是在历史大势之下的选择。

输了大势，何谈局部。

(04)

朱元璋建立明朝的意义，远远被低估了。他本来是江南的第四等人，连辛苦耕作的农民都不是，开局只有一个破碗，吃饱饭都成问题。生于风云际会的元末乱世，朱元璋为了活命而投身军旅，凭借一步一个脚印的努力奋斗，终于成为九五至尊。

毛泽东读冯梦龙编的《智囊》时评价说："自古能军无出李世民之右者，其次则朱元璋耳。"朱元璋用军事能力打下江山，重新建立汉人王朝，已经是很厉害了。但朱元璋此后还做了一件更重要的事——重建制度。

成吉思汗在蒙古高原崛起，带着十几万骑兵东征西讨，打下五百万平方千米的江山。在这样的基础上，成吉思汗的子孙们继续奋斗，终于在亚欧大陆囊括广袤的版图，成为世界级的帝国。

没有人能反抗蒙古帝国，但凡冒头的都兵败身死。虽然后来蒙古分裂成数个汗国，却也有千丝万缕的联系。

统治中原的元朝也不例外。那时，北方宋人只是第三等人，他们崇尚元人风俗，以说胡语、穿胡服为荣，虽是宋人血统，但已经是精神上的元人。当朱元璋的义军在南方征战时，北方汉人豪强纷纷组建军队，誓死保卫伟大的黄金家族。这是不是很不可思议？

南方汉人站起来恢复江山，北方豪强却要与其为敌。他们已经不再认可自己祖先的事业。

所以，朱元璋的事业很艰难，他不仅要在战场上击败强大的元帝国，还要重建遗失的汉人制度。这是弱势国家走向富强的必经之路。相比之下，军事胜利已经算是最简单的了。

朱元璋击败陈友谅和张士诚后，命令徐达和常遇春在山东、河南、陕西剪除元朝羽翼，然后直捣大都。至此，明朝对元国取得压倒性胜利。而当国力对比颠倒之后，曾经的燕云十六州再也不是问题，徐达顺利地进入了北京。至于元顺帝，早就搬家跑路了。

这也是我们说的，局部的焦点不是根本性问题，问题的根源在于互相博弈的大国的实力对比。在这样的历史大势之下，不论燕云十六州的人如何留恋过去，都只能被历史的车轮无情碾碎。

那么收复国土之后该怎么办呢？那些说胡语、穿胡服的北方人总要想办法收拢吧？这是农业文明和游牧文明之争，丝毫马虎不得。

朱元璋的办法是恢复汉家衣冠。他用自古以来的传统，重新构建王朝的精神共同体，找到南北、胡汉的平衡点，让大家能够有对话交流的平台。他既要团结汉人，也要拉拢元人。这种对话交流的平台不仅是维护中原王朝的纽带，也是王朝走出国门的必需品。要想让万国来朝，必须能说出打动人心的故事。

明朝的故事是仁义与和平。

朱元璋列了很多不征之国，朱棣时代的郑和下西洋也是以和平为主，他们用故事向追随者宣布："我们是朋友。"

元朝的管理很粗暴，用色目人做包税人，让地方豪强管理基层，结果导致朝廷的存在感很低。如果继承元朝制度，明朝的江山也会风雨飘摇。

于是朱元璋用毕生精力，建立起如臂使指的政府。如果有必要，皇帝说的每一句话都能传到农村，让每一个人都知道。强大的政府让朱元璋可以调动明朝的每一个铜板、每一个人，同时也让军事行动、文明教化更有成效。

所以朱元璋要做的事情，是从里到外重新改造中国。一旦成功，所有失去的东西都能夺回来，可要是失败，如今拥有的也可能会失去，而燕云十六州只是其中的一环。

因为当时的局面不仅是元、明争锋，也是农业文明和游牧文明的竞争，胜利者可以获得一切，失败者则将失去所有。残酷的是，这场竞争没有退出的资格，一旦站上擂台，想活下去，就只能成为最后的赢家。

05

历史不会重复，但一定会相似。类似于燕云十六州的事情，在历史的进程中比比皆是。它们从来都不是故事的主角，历史不会记住它们的悲欢离合，只会留下胜利者的荣耀。想留下自己的痕迹，一定要选对车。

　　而对于主角来说，与其把目光聚焦于局部，不如放眼全局。那些被人忽视的东西，往往是影响成败的关键。

　　然而历史的进程波涛汹涌，无数铁甲战舰蓄势以待，我等皆是水手。

张居正：一代名相的宿命

01

1368年，41岁的朱元璋在南京登基称帝。随后，无数份官职任命书从南京发出，快马送往大明各地。湖北秭归的张关保也收到了一份。

15年前，朱元璋率领三千人的小分队进攻定远，张关保为了混口饭吃，扔下锄头，扛起大刀，懵懵懂懂地参军入伍，如今被封为世袭归州守御千户。

命运的钟摆拨弄着所有人的命运，偶然间的无意晃动，就会抖落一颗种子。160年后，张关保家族生下一个男孩，起名叫张居正。他的祖父是家中次子，因为没有资格继承千户职位，于是从秭归县搬到江陵，另立门户。

后来，张居正一直说："我出身寒门。"

寒门子弟想出人头地，除了读书，没有第二条路可走。幸好张居正天赋聪明，12岁考上秀才，16岁中举人，23岁举进士。由于写的文章能一针见血、直指人心，张居正从小就得到许多大官的赏识，从荆州知府李士翱、湖广巡抚顾璘，直至后来的内阁首辅徐阶。

薄薄的宣纸上，一种由可怕天赋凝聚而成的文气，让他们预感到："此人的功名不在我辈之下。"

(02)

北京的紫禁城中，嘉靖皇帝终年不见天日。人生苦短，而修道事业却无涯。他心中没有百姓、国事、大臣，只有经文、金丹和修仙，朝廷大事则遥控严嵩和太监们处理。

巴结严嵩的官员们以京城为中心，沿着大明帝国的血管向外蔓延，最终成为盘踞在帝国躯体上吸血的"严党"。太监们也生活得很滋润，他们在京城开发房地产，修建了精美的别墅，还把相好的宫女接来同居，和平常夫妇没什么两样。虽然没有儿女，但想做干儿子的大有人在。

权势、前程和利益，足以让人忘记尊严和骨气。

帝国的躯体之下，是为生计苟延残喘的升斗小民。他们沿着长街乞讨，只要能有一口饭吃，不惜卖儿卖女。天气寒冷、气候干旱、水灾蝗虫，都可以让一个完整的家庭变得空无一人。城墙里，朱门外，总有奄奄一息的人在等死。

帝国身上的脓包发出娇艳的红光，远看依旧光鲜，走近却只有恶臭扑鼻。

后来严嵩倒台，嘉靖驾崩，太监也换了一茬又一茬。新皇帝隆庆和新首辅徐阶、高拱也不能改变什么。

脓包依旧在，只是换了马甲。

(03)

1572年，48岁的张居正出任内阁首辅。新官上任，他就掏出手术刀挑破脓包，施展精湛的医术为帝国疗伤，这把刀的名字叫改革。

第一招叫作考成法。张居正命令六部监督地方，六科[1]监督六部，那么谁监督六科呢？不好意思，只有内阁亲自上马了。而内阁中唯一说了算的只有张居正。这样做的目的是为了政令统一，不至于像以前那样，所有人都能插嘴。很快，大明帝国就"虽万里外，朝令夕奉之"。

四年后，山东、河南的19名官员没有完成征税任务，被革职、降级处理。身家性命都快不保了，甩开膀子玩命干啊。结果第二年的税收就达到430万两，比前任皇帝在位时增长74%。

第二招叫作一条鞭法。在这之前，明朝的税收是征收实物。种田的交粮，织布的交布，捕鱼的交鱼，反正手里有什么就交什么。但这种方式存在一个问题：征收的过程中有太多的"可操作"空间。比如，官吏为了贪污，会指责交上来的粮食成色不足，重量不够，让老百姓多交粮。多余的部分，官吏收入自己的口袋。很多老百姓因此破产，被逼无奈，只好去当流民。

现在张居正改用白银征税，算是统一了标准，同时使地方官员难以作弊，进而增加财政收入。很多事情，其实不是怕要求严格，而是怕标准不清晰。在"一条鞭法"的标准下，老百姓可以清楚地知道自己要交多少钱。

第三招叫作清查土地。在过去的很多年里，大明朝究竟有多少耕地，朝廷是模糊的。很多豪门地主为了少交税，就利用关系网少报或瞒报。很多人为了不交税，也把田地挂在地主名下。

账册上的田地少，交税就少，政府对人口的控制就弱，造成的后果就是官府不能有效控制基层。张居正下令清查土地，政府控制力急速增强。

三项大招施展开，张居正整顿了官吏，安抚了民众，充实了朝廷，完成前人从未有过的功业。朝野上下，赞誉极高。

---

[1] 明、清官制设有六科给事中，简称六科，掌侍从、规谏、补阙、拾遗、稽察，分察吏、户、礼、兵、刑、工六部之事，纠其弊误。

(04)

日月并明，万国仰大明天子。

丘山为岳，四方颂太岳相公。

这是一位官员写的拍马屁对联，他用黄金制成后送给张居正，而张居正又堂而皇之地挂在自家客厅。狂吧？还有更狂的呢。16岁的万历皇帝想给母亲重新装修一下宫室，毕竟操劳了一辈子，好不容易熬成了皇太后，也该享享清福了。张居正说："不行，祖宗们营造的宫殿已经很完美了，不必乱花钱。"

张居正的母亲从老家进京，马上就被接到皇宫，得到了皇太后的接见。她们手拉手说着家常话，仿佛相见恨晚。

而半年前，张居正回乡葬父更是气焰煊赫。他乘坐三十二人抬的豪华轿子从京城出发，一路翻山越岭回到江陵。轿外有戚继光派来的火枪手忠诚地执行护卫工作，轿内有两个少年仆人在卧室伺候。千里路程，所到之地都有官员在路边迎接，就连藩王也必须低下高贵的头颅，给这位出身寒门的名相挤出笑脸。

此时的大明帝国，唯张居正独尊。万历皇帝说："先生之忠上薄云天。"皇太后说："没有张先生，哪有我们母子。"官员们说："张先生身负不世之才，是明朝的大救星。"

当然，也有改革的受害者对其恨之入骨，但他们能发出的声音实在太弱小，早已被淹没在一片赞颂声中。

此时的张居正，身上没有一点纤尘。他是普照大地的骄阳，是皎洁无瑕的皓月，是降临在人间的天使，所有人的赞颂声都千篇一律。

(05)

1582年，张居正去世。做了十年首辅，他耗尽所有精力才留下高效的政府、富庶的仓库、干练的队伍和知足的百姓。

他早年间曾许下宏愿："愿以深心奉尘刹，不予自身求利益。"可在此时，张居正头上的每一个光环、被赞颂的每一件事，都成为摆弄权柄、谋求利益的罪证。首先发难的，正是万历皇帝。他发布诏书："以前清查田地期间，有很多不法行为，所以那次登记造册的数据是不准的，作废吧。"

皇帝用一纸诏书撕开口子，天下人统一跟进。曾经兢兢业业执行考成法、一条鞭法的官员，如今变成恶棍张居正的帮凶和走狗，必须下岗让位给"贤才"。曾经办事不利的庸人，如今却变成不和坏蛋同流合污的"民之父母""国之干城"。他们现在是皇帝拉拢提拔的对象。

半年后，张居正彻底变成臭狗屎。大明百姓骂他是人渣、败类，官员骂他是独夫、民贼，皇帝认为他是言行不一的伪君子，就连官方的盖棺定论，也是欺君、受贿、结党。当初夸张居正清廉、洁身自好的群众，也自动出来揭发："他有几十个老婆，戚继光成天给他送海狗鞭。"王世贞专门写文章："日饵房中药。"

黑白变化如此之大，不过生死半年间而已。

(06)

在张居正的尸体上，所有人都能得到想要的一切。

自从继位起，万历皇帝就再也没有看见过太阳。张居正巨大的身影笼罩了紫禁城，皇帝的权力、威望、话语权都被他收入囊中，万历生活得胆战心惊。

打倒张居正，万历将继承一切。张居正的身影有多高大，万历收获的经验值就有多丰厚。就像战场上的将军，越强大的敌人越能成就自己的功勋。

官员们将获得光明的前程。张居正已死，他再也不能为帝国和自己带来好处，那就不妨追随皇帝，爬到张居正的尸体上啃两口。啃多少不重要，关键是态度："陛下，我选择了您的队伍，以后就是自己人啦，有好事可别忘记我啊。"

位高权重的官员，还可以趁机给追随张居正的人下绊子，然后扩大势力，安排自己人。曾经努力工作的好官员为什么被扣帽子？还不是为了给别人腾地方嘛。

最基层的地主，纯粹是为了私利。你不是清查田地、搞一条鞭法嘛，让土豪老爷们少赚多少钱？身价缩水多少倍？打倒张居正，才能回到阳光灿烂的日子。

至于老百姓，很多人看不懂张居正的谋划，他们只是盲从，枯燥的生活和逼仄的眼界，让他们渴望看到大新闻。而权威的坍塌，更是让荷尔蒙飙升的兴奋剂，大人物秘史是他们最喜闻乐见的东西。

可想而知，当张居正的流言满天飞时，这部分人看热闹到停不下来，还会两眼发红地嘶吼："再来点猛料！"

飓风过岗，无人能回头。张居正的同路人早已被剥夺了话语权，发出的微弱声音早已被咆哮淹没，他们只能等待命运钟摆的审判。

$$07$$

1584年，朝廷派人去荆州张居正老家抄家。抄家共搜出白银十万两，还有万历皇帝赏赐的四张书法，纸张上写满了"忠"字。张居正的弟弟和两个儿子被发配充军，长子张敬修被逼自杀，死前留下的遗言是："告知山西蒲州相公张凤盘，愿他辅佐圣明天子于亿万年也。"

张凤盘，就是现任内阁首辅张四维。对了，还有张居正的战友冯保，他被万历皇帝宣布有十二大罪证，最终被软禁在南京明孝陵。

一个时代过去了，明天将升起新的太阳。阳光下的人们会讲述新的故事，偶尔还会对张居正的往事津津乐道。

生前，他好像天使降临人间；死后，他如同恶魔走出深渊。

权力的游戏：慈禧和光绪的二人转

01

1889年正月，光绪皇帝有点蒙。年仅19岁的他，不得不陷入文山会海之中，并且娶一位不太漂亮又没感情基础的老婆。没错，光绪亲政了，但慈禧太后依然要训政。

按照大清礼法，小皇帝长大后就要走到第一线，太后再也没有垂帘听政的理由，而其间的分界线就是大婚。

1861年，咸丰皇帝去世后，慈禧联合慈安、恭亲王奕䜣发动了"辛酉政变"，一举推翻顾命八大臣，掌握了实际权力，至此已经29年了。29年的资本积累，哪里是说退就退的，不仅跟着混饭吃的大臣不愿意，慈禧也不愿意啊。玩弄天下于股掌间的感觉，多美妙啊。

光绪亲政没几天，醇亲王就带头给慈禧上书，求老太太再训政几年。他言辞诚恳，仿佛慈禧不训政的话，大清就完蛋了。老太太看到人心所向，只好勉为其难："哎，年纪大了还要操心琐事，一点儿都不让人清净。"

为了慈禧的训政大业，朝廷专门制定了《训政细则》，明文规定皇帝和太后的权限：凡是需要皇帝主持的仪式，比如给优秀大臣颁奖、慰问退休老臣等，都交给光绪出面；其他的行政事务，则需要慈禧监督。

而最重要的任免权和批阅奏折权，依然在慈禧手中。老太太大权在握，不论是出于拍马屁还是明哲保身，大家都满意了。

于是刚刚亲政的光绪皇帝，只能捏着鼻子接受。其实这也可以理解，光绪只是19岁的年轻人，让他处理庞大的帝国事务，谁会放心啊。康熙够英明神武了吧，刚亲政还不是着急地削藩，逼反了吴三桂。如果平叛不成功的话，"刚愎自用"的评价是跑不掉的。

两年以后，训政结束，局面依然没有改变。每天的日常事务，光绪都可以单独决定，但事后必须向慈禧汇报，军机处也会呈送前一天的简报请老太太过目。没有什么事情可以瞒过她。

慈禧可以直接向光绪下达命令，贯彻自己的意志，比如朝廷大臣的人选、重大事务的处理意见等。也就是说，光绪皇帝是总经理，慈禧太后是董事长。皇帝可以在第一线感受荣耀，但真正说了算的，依然是幕后的太后。

(02)

身处权力场，但凡手中有点资源，必然会引来无数人投靠，更何况是大清帝国的皇帝呢。

在光绪处理政务的过程中，其周围逐渐形成所谓的"帝党"。他们希望帮助光绪争取实权，同时打通自己的上升通道，这可是从龙之功，属于最大的功劳。这批人以帝师翁同龢为首，包括珍妃的堂兄志锐、文廷式、状元郎张謇等文人清流。他们是朝廷的在野党，努力争取话语权。

经过多年的苦心经营，满蒙亲贵、封疆大吏、汉族地主都紧密团结在慈禧的周围，组成实力庞大的"后党"。他们占据最重要的官职，拥有一言九鼎的话语权，很多官员都是其党羽。任何事情只要"后党"说不行，那就真的不行。

一群大男人，为什么要匍匐在慈禧的裙下？

"辛酉政变"之后，同治皇帝只是小朋友，大清由慈禧、慈安、恭亲王组成权力铁三角。由于政变中表现出来的心机和手腕，慈禧成为最重要的一角。拥有高位就是拥有资源，再加上权谋手段，慈禧一点点抛出诱饵，逐渐培养了很多自己人。后来慈安去世、甲申易枢[1]，另外两极也倒下，放眼朝廷，已经没有人能和慈禧抗衡。

光绪亲政前，慈禧的权势扩张到了极点。当初不听话的都被打趴下了，留下来的都是听话的自己人，也就是说，慈禧代表了大部分官员的利益。对他们来说，维护慈禧，就是维护自己。

多年来，慈禧一步步走向胜利，所有人都见识到了她的狠辣，大家想投机之前，也要掂量掂量后果。另外，慈禧惯用"拉一派，打一派"的手段。她只会制衡，而不是亲自下场，比如让李鸿章和清流对立、满洲大臣和汉族地主对立。任何人想投机，很快就会被另一派围攻，他们丝毫没有赢的机会。

在这样的环境下，光绪的"帝党"想上位，简直比登天还难。

但是，很快机会就来了。日本发动甲午战争，这让"帝党"成员看到了翻盘的希望。

03

1894年7月，甲午战争爆发。由于日本蓄谋已久，而清朝仓皇迎战，这场战争以中国战败、北洋水师全军覆没而告终。

---

[1] 甲申易枢是指1884年，慈禧突然颁布懿旨，将以恭亲王奕訢为首的军机处大臣全班罢免的事件。

当时的"帝党"和"后党"都是主战的。光绪是为了保卫祖宗江山，慈禧是为了能够好好过生日。后来北洋水师战败，日军攻入辽东半岛，慈禧太后转变立场，希望赶紧议和了事。

议和符合大多数官员的利益。打仗要死人，要花钱，稍有不慎，乌纱帽都保不住，甚至还会连累派系利益。保持现有的格局不变化，成了"后党"的基本诉求。但光绪的"帝党"是想求变化的。如果继续死水一潭，"帝党"成员这辈子都别想出头。所以，现实诉求迫使光绪和"帝党"成员极力主战。只要仗打赢了，什么都可以有。这是光绪的理想照进现实。

操盘政治斗争的大哥，基本不会亲自下场博弈，而是通过推动某项政策实施，最终赢得政策的主导权，以及日常事务的话语权。胜利的一方会以此为突破口，进一步扩大战果，失败的一方往往日薄西山。

对日的战与和，就成为"帝党"和"后党"的博弈点。按照光绪和"帝党"的设想，甲午战争是自己的立威之战，一旦获得成功，便可以掌握朝廷的话语权，再不济也能获得自由，就像康熙擒鳌拜一样。再加上翁同龢和李鸿章有私仇，所以他们不停地催李鸿章出战，最好能把北洋的家底拼光，再把日本阻拦在国门之外。

在全民亢奋的时候，"后党"不得不暂时退让。但光绪和翁同龢不知道，北洋水师的装备已经落伍了，不论船速还是大炮，和日本都不在一个档次。而大清的官僚体系也烂到家，贪污腐败、贪生怕死成为官员的顽疾。

日本在进攻朝鲜时，总指挥叶志超不停向朝廷要钱、要粮，可日军攻入平壤时，搜出价值一千万两白银的金锭和金砖，留下的粮食足够日军吃一个月。反观清政府一方，朝廷各大官员在煤矿等企业都有股份，他们宁愿把优质的五槽煤卖掉换钱，也不愿意卖给北洋水师，导致军舰只能使用劣质的八槽煤，航速只有设计航速的一半。

一处如此，处处如此。

从这方面来看，后党主和也不是单纯的卖国，而是他们知道自己有多少家底，与其拼光，不如留着当花瓶看。光绪和"帝党"的夺权计划，遭遇遍地都是蠢队友的困境。随着战争失败，主战派的话语权再次被削弱，主和的"后党"再次成为朝廷的主心骨。光绪和慈禧的第一次交锋以光绪失败告终。

甲午战争在权力斗争、家事不和、公报私仇的纠葛中落下帷幕，李鸿章在日本签订了《马关条约》，赔款2.3亿两白银。日本获得持续发展的巨额横财，大清则扯下了同光中兴的遮羞布。被迫在条约上签字时，光绪皇帝"绕殿急步约时许，乃顿足流涕"。

这一刻，我相信光绪是为国而哭。

04

下一轮较量来自变法。

甲午战败之后，大清朝野都被日本震惊了，区区东瀛小国，居然可以打赢大清帝国，到底是怎么回事？仔细研究之后才恍然大悟："原来日本变法了，看来大清也需要变法。"

此时朝野已经取得变法的共识。共识归共识，具体怎么操作、由谁主导，是需要争夺一番的。假如没有慈禧，那么一切都不会有问题，所有事都有一个主心骨，可以按部就班地推行下去。问题就在于，朝廷是双头格局。大象在草原吃得很开心，蚂蚁也想多吃一点，双方的矛盾不可调和，只能有一个胜利者。

没错，慈禧和光绪的关系是很好，但前提是光绪愿意做傀儡，老太太去世以后才能接手家业。只要慈禧活着一天，她就不愿意退位，"后党"成员也不愿她退位。更何况，此时已经由不得慈禧了。

既然慈禧代表了那么多人的利益，她就不是她自己了，而是众多利益汇聚在一起的符号。她想做什么也由不得自己，只能被众人推着向前走。顺应人心时，慈禧是执刀人；一旦不能顺应人心，慈禧也无能为力，就像后来的袁世凯。

戊戌变法和甲午战争一样，是光绪和慈禧、"帝党"和"后党"的斗争，他们为国家，也为自己。

变法的第一步是练兵。1895年年底，袁世凯接替不熟悉军事的胡燏棻，正式在小站练兵，开启了近代陆军的先河。此时的袁世凯不知道，三年后维新派想利用这支军队，让谭嗣同找他商议"围园劫后"的事情。

第二步则是更改制度。经过甲午战争的惨败，上至朝廷，下至民间，大家都对变法抱有极大的兴趣，尤其是刘坤一、张之洞、李鸿章等封疆大吏。

1898年6月11日，光绪皇帝颁布"明定国是"诏书，变法开启。他们在短短三个月的时间里发布了一百多道诏书，想要彻底改革大清帝国，迅速搭建好强大帝国的架子。

然而，9月21日凌晨，慈禧突然从颐和园返回紫禁城，限制了光绪的自由，紧接着便将光绪囚禁在瀛台，再次宣布训政。这一百多天里，到底发生了什么？

(05)

除了鼓励办企业、开放言路、建立国会等明面文章，我们一定要知道，水面下又有怎样的暗流汹涌。

首先是掺沙子。光绪提拔杨锐、林旭、谭嗣同、刘光第等人为四品官衔，参与新政，并让宗人府保荐宗室成员。他要干什么？组建班底呗。就像汉武帝成立内廷一样，把朝堂大权夺回到自己的小圈子里来，让品级不高的人执掌大权。光绪皇帝撇开老油条，提拔了一堆新手，他是想组成以自己为主导的班底，一方面推进变法，另一方面增强话语权。

然后是裁撤部门。那年7月，光绪下诏裁撤通政司、詹士府、大理寺、光禄寺等部门，并把这些部门的职权划归内阁。这只是朝廷的部门，地方上还有一大批等着砍呢。

好家伙，这么多部门养活多少人啊，您一句话就全部砍掉，让人家全家老小喝西北风啊，工龄也不算，退休金也不发，到底要闹哪样啊，给点补助也好啊。

这些等待下岗的人，就成为讨厌变法的第一批人。他们到处拉横幅喊冤，迅速引发了一股恐慌的风气。众多不明真相的群众一看，嚯，变法就是要砸吃饭的锅？是可忍孰不可忍。很多封疆大吏坐不住了，做了一辈子官，搞了一辈子政治，从没见过有人这么玩的，胡闹嘛不是，一点儿都不稳重。

最后是另立朝廷。9月初，光绪想开懋勤殿，作为变法的统一指挥机构。看看名字就知道了，类似于唐朝的政事堂，聚集宰相等人员处理政务。一旦懋勤殿成功建立起来，便会迅速成为大清新的权力中心，那么军机处、内阁的老臣就将成为摆设。

老臣们奋斗了一辈子，却被年轻人嫌弃。"敢情皇帝是要把大家都踹开啊！不能忍，不能忍，走，咱们找太后评理去。"慈禧听说以后，立刻阻止。

光绪和"帝党"的"戊戌变法"，迅速把所有人都推向了对立面，导致大家为了生存，不得不求慈禧充当代言人。本来大家都蛮热心的，皇帝要变法了，他们仿佛看到官位和银子唱歌跳舞地跑来。老臣们挺想上车，可变法狠狠抽了他们一个耳光："原来我们才是变法的阻碍啊。"

说到底，年轻的光绪太把皇位当回事了。他以为皇帝的圣旨有很大的分量，发到哪里都会被严格执行。"嗯，我是皇帝，你们都是奴才。"他认为权力是自上而下的，有了职位必定有权力。其实，权力是自下而上的，有了权力才有职位。光绪把先后顺序搞混了。

身边有多少人，在朝廷有多少话语权，在宫门外有多少影响力，这才是实实在在的权力，有了这些，自然就有了职位，而不是有了职位，才顺便有了这些东西。

光绪皇帝本来就没多少嫡系和话语权，想通过推进变法迅速赢得权力，却忽视了自己的根基薄弱，就好比妄图一口吃成胖子，结果只能嘣掉门牙。他最好的办法是团结大多数，拉拢满洲亲贵和汉族地主，大家一起在变法的列车上吃香喝辣，然后各取所需。

既得利益者发现皇帝不是自己人，只好按捺上车的心，默默站在"后党"的队伍之中。"戊戌变法"，真的是天下无人不"后党"。

如果说这些只是内部矛盾的话，慈禧还可以容忍："年轻人嘛，总要多锻炼，边做边学，不碰钉子不成材。"

然而，最大的麻烦来自康有为。据说这个一辈子七次上书的乡间老书生，在公车上书中，临阵退缩，却将公布上书当作自己的政治资本。后来假传圣意，自吹自擂。老太太坐不住了，连夜赶回紫禁城。此时的光绪还没有被废，估计慈禧还有扶上马送一程的想法，只是担心光绪做得太过分，回宫亲自监督，有什么事情也可以兜底。

然后轮到袁世凯出场。光绪之前召见过袁世凯，见见面，聊聊天，试图把袁世凯培养成自己人，以此，掌握一支可用的军事力量。后来谭嗣同也私下拜访袁世凯，撺掇他起兵勤王，包围颐和园以及杀荣禄。袁世凯听完，没说什么就回天津了。

直到慈禧回宫以后，袁世凯害怕了。万一他们把这事说出去怎么办？那还不如先下手为强，活下来最要紧，于是才有袁世凯告密的桥段。这是压倒光绪的最后一根稻草，光绪触碰到了慈禧的底线。

至此，"百日维新"结束。

第四章 奋斗篇

王侯将相，宁有种乎

在困难面前，有人选择苟且偷生，有人选择迎难而上。

一无所有的刘备，一生奋斗不息，终于从织席贩履之辈，成为开创蜀汉的昭烈皇帝；武则天一介女流，抓住人生的每次机会，在男权为尊的唐朝逆流而上，犹如冲锋不止的战神；清末商人乔致庸，从落后的山西起步，最终完成汇通天下的宏大梦想。

中国人从来不相信上天赏赐，他们只相信自己的力量。

年少只知项羽勇，中年方懂刘邦难

01

小时候的语文课外阅读中，有一篇叫《高祖还乡》的元曲作品。作者借用熟悉刘邦底细的乡民口吻，从头到尾把汉高祖刘邦调侃了一遍。其中有这么两句：

你本身做亭长耽几盏酒，你丈人教村学读几卷书。

曾在俺庄东住，也曾与我喂牛切草，拽坝扶锄。

……

只道刘三，谁肯把你揪捽住，

白甚么改了姓、更了名，唤作汉高祖。

堂堂的汉朝开国皇帝，被戏谑得体无完肤，哪有一个君临四海的帝王之相。相比之下，他的竞争对手项羽就英武、伟岸多了。《资治通鉴》中是这么说的："籍长八尺余，力能扛鼎，才气过人。"

项羽不仅长得帅气，还有一身的神力。更重要的是，人家爷爷是楚国的大将军，亲叔叔是反秦起义军的带头大哥，彻彻底底的官宦世家。

而项羽也很快在秦末乱世崭露头角。24岁，项羽刚参加工作就做了项梁起义军的副将，起点极高。经过两年的艰苦磨炼，项梁牺牲后，他在前线军营里发动了一次兵变，从此掌握了数万大军的指挥权。

26岁，项羽以主将的身份指挥了影响天下局势的"巨鹿之战"，并且在第二年成为威震天下的西楚霸王。青春年华时，项羽已经"醒掌天下权，醉卧美人膝"了，简直是人生赢家。

英勇霸气的项羽，已经成为后世无数人心中的偶像。

02

可是，官宦世家、长得帅、才华高，并且年纪轻轻就功成名就的，世间能有几人？我们大部分人都是在社会底层挣扎的普通人，没有世代做官的祖辈，没有高起点的工作，甚至没有巨大的力气，面对项羽这种老天爷赏饭吃的骄子，我们只能抬头仰望。

在历经世事艰难后，我却越来越能体会到刘邦的难处。刘邦开始创业时已经48岁了，已然人生过半。虽然快到退休的年龄，但他还在混基层，丝毫没有创出伟大事业的预兆。不过，他的前半辈子也没闲着。

那年，刘邦18岁了。他打起背包，告别父母，千里跋涉来到魏国，想到信陵君门下做一名门客。都怪那时通信不发达，懵懵懂懂的刘邦来到魏国时，发现信陵君已经去世好几年了。这时，有个叫张耳的人对他说："走吧，跟我去外黄[1]，包吃包住。"刘邦的命运就此发生逆转。

在那个闭塞的年代，增长一段阅历，多读一本书，多认识一个朋友，就足以在人生的赛道上超过很多人。这个道理现在也同样适用。

---

[1] 外黄，古代县名，在今河南省商丘市民权县境内。

凭借着去魏国游学的经历，回到沛县的刘邦被任命为一名基层干部——泗水亭[1]长，主要工作是维持乡村治安。有陌生人来到属地走亲戚，他得去登记姓名；张家大妈丢了一只锅，他得帮忙去找锅；李家大爷被人偷了五毛钱，他还得负责抓贼。干过基层工作的人都知道，这些工作有多烦琐。

刘邦就这么干下去，并利用工作关系结交了萧何、曹参、樊哙、周勃等朋友。这些人有多重要，不用多说了吧。

日子一天天过去，刘邦也很烦躁。他已经不再年轻了，做游侠纵横四海的理想，早已被藏在心底的某个角落，烦琐而无趣的工作，什么时候是个头？在曹寡妇的酒店里，他经常喝得酩酊大醉。也许只有在醉梦里，他才会成为那个如风般奔跑的少年。人到中年，最怕的就是在日复一日的琐碎工作中消磨掉仅有的激情。可是只要咬牙熬过最苦的那段日子，付出的努力，命运才会慢慢回报给你。

（03）

公元前209年，陈胜、吴广在大泽乡起义。中原大地一呼百应，大家纷纷起来造反。有实力的人就拉起一帮人马占山为王；没实力的人就加入别人的创业团队，拿到原始股份。

刘邦在沛县也拉起了三千子弟兵，投靠了附近最大的创业团队——项梁和楚怀王。也许是命运的奖励，也许是刘邦眼光的独特，这个决定直接导致他得到了人生中最大的机遇。

楚怀王跟大家约定"先入关中者为王"，但他把先入关中的机会送给了"宽厚长者"刘邦，项羽却被派到河北，营救被秦军围困的赵国。一年后，刘邦带着从沛县出来的兄弟，站在了咸阳的皇宫里。他很开心："我们先入关

---

[1] 泗水亭位于徐州市沛县。

中，灭了秦国，从此以后，这片土地就是我们的了。"

然而，在这个世界上，一切都要靠实力说话。在河北地区的项羽率军破釜沉舟、九战九捷，打败了不可一世的秦军，也缔造了楚军神话。当他站在胜利的战场上转头西望，看到的却是刘邦占领了咸阳。

义军诸侯们也愤怒了："岂有此理！我们在这里血流成河，他们却轻轻松松占据了咸阳，等着那唾手可得的王位。"刘邦占据了关中，就意味着他们的灭秦大功被稀释。大家都是出来混饭吃的，凭什么刘邦独吞功劳？

于是，十几路诸侯组成的40万大军，在项羽的率领下浩浩荡荡开进关中，要请刘邦"吃饭"，并且要好好谈一谈。他们还选了一个好地方——鸿门。如果你是刘邦，你是奋起一博，还是乖乖过去认尿？

我想，大部分人都会像刘邦一样，进门就跪下磕头，装孙子装到底。其实都不用装，在利益不均衡、实力不对等的情况下，刘邦就是孙子。都说刘邦脸皮厚，可如果不是生死存亡关头，谁又愿意给人下跪磕头呢？磕下去的是头，抬起来的是命啊。

结果，饭还没吃完，刘邦就偷偷溜了。随身带来的礼品都不敢亲自送给项羽，因为他怕项羽不让他走。人生在世，谁又能活得潇潇洒洒？在现实的困境面前，人人都得认尿。

$$04$$

公元前202年，定陶县，刘邦坐在皇位上俯瞰天下。八年征战，终于换来今日的万人瞩目。就在不久前，他终于打败了项羽，成为天下的半个主人。为什么是半个？因为他的盟友们也要享受胜利果实，分走了大片的土地，并且时刻威胁长安朝廷的安全："大家都有军队，凭什么都听你的？"

都说皇帝享受三宫六院、吃着山珍海味，可到了刘邦这里，他仍然要在平叛的道路上奔波。公元前196年，当各大诸侯逐渐被平定后，淮南王英布害怕了。他索性扯大旗造反，理由很简单："想当皇帝。"

多年的征战、平叛，早已耗尽了刘邦的精力，他只想休息一下，享受皇帝的生活。所以，刘邦想让太子刘盈带兵前去平叛，顺便锻炼一下接班人。

可刘盈才15岁，让他带兵打仗纯属开玩笑。吕雉哭哭啼啼地去求刘邦："英布是天下猛将，用兵很厉害。让太子率领桀骜不驯的武将们，肯定是打不过的。"然后，吕雉说了一句让人心酸的话："上虽苦，为妻子自强。"意思是说，皇上虽然不容易，但是为了老婆孩子，还是要辛苦你一下。

刘邦还能怎么办？他身边没有一个信得过的人，自己留下的烂摊子，得自己收拾。他骂骂咧咧地回了一句："吾惟（唯）竖子固不足遣，而公自行耳。"意思是说，我就知道这熊孩子靠不住，还是我自己去吧。

刘邦拖着带病的身体，疲惫地趴在车上，就这么硬撑着来到前线，打败了一生中最后的敌人。人到中年，上有白发苍苍的父母，下有少不更事的孩子，身边还有日渐憔悴的妻子，而自己，是他们唯一的依靠。除了日渐疲惫的身体属于自己，其他的都属于别人。

生活太艰难，唯有拼命去做，才能寻找到出路。

(05)

人生在世，如项羽那样璀璨的人生，毕竟是凤毛麟角，大多数人都是在社会的泥潭里艰难地挣扎。奋斗、努力、低头、认怂、拼命，最后仍然留有遗憾，这就是一生的宿命。

仰不愧对天，俯不愧对地，照顾好身边的人，善良地对待这个世界。就像刘邦回乡后，跟父老乡亲喝酒时唱起的那首歌："大风起兮云飞扬，威加海内兮归故乡，安得猛士兮守四方。"歌中有胜利的欢喜，有游子归故乡的荣耀，也有事业未尽的遗憾。

如此，足矣。

曹操，带着一身烟火乐在人间

李白在《侠客行》中有过一段热血沸腾的描述：

> 赵客缦胡缨，吴钩霜雪明。
>
> 银鞍照白马，飒沓如流星。
>
> 十步杀一人，千里不留行。
>
> 事了拂衣去，深藏身与名。
>
> ……

然而，在李白写诗的六百年前，大侠曹操就过着这样的生活。

曹操从小就不喜欢读书，从早到晚就知道舞刀弄棒，跟小伙伴袁绍呼啸间里，看见垃圾桶都恨不得上去踢两脚。他不努力的样子让关心他的人恨得牙痒痒。身边的人经常告诉他："你将来是不会有任何出息的。"曹操听后也一笑置之，丝毫不以为意，依旧没心没肺地混着。

那年，洛阳街头锣鼓喧天，大红的马车穿街而过。藏在路边树下的曹操和袁绍眼珠子一转，顿时想出了一个坏主意——劫新娘。他们偷偷跑到新娘的洞房门口，大喊一声"捉贼啊"，全家人都朝着袁绍手指的方向追去。

说时迟，那时快，曹操冲进房间，扛起新娘就跑，脸上还露出坏笑。没想到新娘家人发现上当后立马追了过来。在逃跑的路上，袁绍掉进了路边的坑里。眼看就要被抓住，曹操指着袁绍大喊一声："贼在这儿呢！"估计那时袁绍的心里正在骂他。

曹操不仅偷新娘，还敢搞刺杀。他听说大太监张让坏事干尽，就在怀里揣了两把手戟，翻墙潜进张让家。或许是因为他身材敦实，所以走路的脚步声比较重，惊动了张让家的保镖。保镖一看："哪里来的土行孙，都杀到家门口了，这还了得？"赶紧拉响了警报。

曹操的刺杀行动宣告失败，他抡起两柄手戟杀出一条血路，朝原路翻墙跳了出去。劫后余生，曹操终于找到了走向人生巅峰的方法："一人敌不足恃，当学万人敌。"

02

对曹操来说，这辈子最重要的转折点就是找到自己喜欢的事情，并且持之以恒地做下去。

长久的江湖生涯，刀光剑影带给他的快感在逐渐消退，于是在练习格斗之余，他竟然开始读书了。《孙子兵法》《司马法》《六韬》《三略》，还有《诗经》《尚书》《周易》，他一本也不放过，一本接着一本地读下去。曹操甚至在读书时，还会把自己带入将军的角色中，在沙盘上论证兵书中的理论和古代战例。不论输赢，结束后他都要乘兴作两首诗，一抒胸中块垒。

看到曹操的改变，旁人就在背后议论："好好的一个人，怎么说疯就疯了呢？"他们特别不愿意相信，一个不学无术的人突然就能改邪归正。其实不是曹操改邪归正了，只是很多人一辈子都不知道自己喜欢什么，甚至不知道自己要追求的是什么。

《士兵突击》里有这样一句台词："他每做一件小事的时候，都好像抓住一根救命稻草，到最后你才发现，他抱住的已经是一棵参天大树了。"曹操不知道这句话，但他确实这么做了。

兵书一本一本地读，战例一个一个地研究，诗文一首一首地作，日积月累，大侠曹操已经用理论武装了自己的头脑，在同龄人中一骑绝尘。

184年，曹操的机会来了，承平日久的大汉帝国爆发了"黄巾起义"。因为家族的关系，曹操被任命为骑都尉，随皇甫嵩出征。

当他骑着高头大马从洛阳城出发时，他大概不会想到，他这一生都将与刀剑为伍，与战马为朋。讨黄巾、战中原、伐乌桓、征江南……直到去世的前一年，他还在跟刘备打擂台。

从青年时期读书开始，到一生征战打下北方大地为止，曹操在军事上是极其成功的，属于站在金字塔顶端的那个人。有人说他运气好、手下人才多、会耍诈，其实只有曹操自己知道："所谓的好运气，不过就是自己的努力碰上了好机会。"

03

曹操看到东汉末年诸侯混战、人民流离失所的景象，他有感而发，写了《蒿里行》：

白骨露于野，千里无鸡鸣。
生民百遗一，念之断人肠。

　　在这样的局面下，曹操给自己树立了奋斗的目标："扶危济困，安定民生。"既然世道不平，那就用掌中槊、跨下马去平定天下，让老百姓能吃饱穿暖，让人才都能实现价值，让坏人都得到应有的惩罚。从这时起，这个默许的"初心"，曹操一辈子都没有忘记。

　　大汉帝国的衰落，不只是皇帝的问题，而是社会制度出了大问题。于是曹操在兖州时总结出两个解决问题的办法。

　　第一，屯田。原本是国家赋税来源的自耕农，大部分都被豪强纳入自家的庄园中，成为奴隶。所以曹操就将无主的田地收为公有，发放给无田可耕的流民，让他们重新做自耕农，成为国家直接掌握的税源和兵源。

　　第二，求贤。汉朝选拔人才的"察举制"早已败坏，人才能否走入上升通道，基本以家族在当地是否有势力为标准。曹操决心打破这种扭曲的人才选拔制度，不问背景、财富、品德，只看是否有才能。在这种"唯才是举"的制度下，典韦、满宠、温恢等一大批实干型人才崭露头角，成为曹操事业的支柱。

　　就靠这两招，人才、粮草、兵员源源不断地聚集到曹操的手中。再加上曹操惊才绝艳的军事才华，一个又一个强敌在他的手中灰飞烟灭。他的地盘也从兖州一隅，扩张到豫州、冀州、并州、凉州、徐州、幽州。曾经遍地荆棘的北方大地，在曹操的治理下蒸蒸日上，充满勃勃生机。

(04)

　　在敏感多疑的曹操心中，也许只有刘备才是他一辈子的精神上的朋友。

　　那年在许昌的高楼上，他用青梅煮酒招待俘虏刘备。闲聊中他们纵论天下英雄，结果袁绍、袁术、刘表、孙策都不被曹操放在眼中，只有落魄的刘备被他视为知己："天下英雄，唯使君与操耳。"

刚读《三国志》时，我不明白曹操为什么这样说，直到看到刘备在西川[1]的所作所为，我才恍然大悟。刘备打下西川后，实行的政策也是与豪门争夺人口、土地，恰如曹操在中原的所作所为。他们两人就像是名医，面对重病的患者都开出了同样的药方，想不惺惺相惜都难。

两个40岁的中年男人在青梅煮酒时都没有谢顶，手中也没有上色包浆的核桃，更没有高谈"养生""佛系"，只有心照不宣的一腔热血和雄狮般的斗志。都说"油腻的中年人"，可油腻和年纪真的没关系，而是在于精神状态。

像刘表那样在舒适区待久了，不思进取；像袁绍兄弟那样的小富即安，就会优柔寡断，他们才叫油腻的中年人。而像曹操、刘备这样改天换地的英雄，他们的一生就像《龟虽寿》中所说的：

老骥伏枥，志在千里；

烈士暮年，壮心不已。

05

197年，曹操西征张绣。眼看大军乌泱乌泱地压来，张绣的小心脏受不了，就投降了。没想到，就在张绣投降的当天晚上，曹操把他婶婶邹夫人叫去睡觉了。

张绣受不了侮辱，拉起队伍半夜就杀过去了。经过一番混战，曹操侥幸逃脱，大将典韦和长子曹昂、侄子曹安民却均战死。一觉睡走三员大将，曹操欲哭无泪。

如果说对邹夫人是"食色，性也"的本色，那么对原配丁夫人的态度，恰

---

[1] 指益州，东汉十三州之一，其范围包含今四川、重庆、云南、贵州等地。

恰是这个男人"可爱纯情"的一面。

丁夫人没有孩子，曹昂生母也去世较早，于是丁夫人就收养了曹昂，从褓襁中养到能征战沙场，感情早已与生母无异。曹昂战死后，丁夫人指着曹操的鼻子大骂："你杀了我的儿子！你还我儿子！"骂完之后，一气之下就回娘家了。

一代枭雄曹操居然像个做错事的孩子，驾车来到丈母娘家请媳妇回家："我错了，咱回家好不好啊？"然而，回应他的只有丁夫人冷漠的背影，还有织布机上"咔哧咔哧"的声音。

他来回抚摸着丁夫人的背，就像平常夫妻般亲昵，也像犯了错的男人般手足无措。可丁夫人心里恨透了曹操："你不要脸就算了，还搭上我亲手养大的儿子，这事搁谁身上都是'男人沉默，女人流泪'的悲剧。"

面对曹操的求饶，丁夫人头也不回，她决定从此一别两宽，各自安好。曹操也只能一步三回头地默默离去。这时的曹操哪有杀人如麻的枭雄风范，明明就是个普通的居家男人。

卸掉霸气十足的面具，回归田园生活的宁静，做一个有血有肉的凡人。也许丁夫人才是他心里最柔软的地方。她不图他的权势和地位，他也不恋她的美貌才情，如普通人一般，合适就在一起，不合适就分开，当年的感情就放在心里，遥祝安好。

（06）

219年，曹操西征归来路过洛阳。这一年他有点背，一生被他压制的老朋友刘备突然翻身，攻占汉中成了汉中王；多年的大将夏侯渊被黄忠斩首；关羽还在荆州水淹七军威震华夏，他一生的事业在这一年遭遇到了极大的挫折。

虽然吕蒙袭击荆州消除了关羽的威胁，但曹操感觉累了。当年发誓要还天下朗朗乾坤，要让农民吃饱饭，要让读书人有工作，可现在看来，理想依旧遥远。他消灭了一批旧豪门，新的豪门又成长起来；稍微有风吹草动的天灾人祸，农民就只能躲到豪门的庄园里寻求庇护；寒门读书人要想实现人生价值，更是难上加难。

在洛阳驻扎时，他下了一道命令："重新修缮洛阳北部尉衙门，要比过去好。"在这里，他又想起了45年前，意气风发走马上任的那一天。

乌黑的青丝变成满头白发，光洁的脸庞也沟壑纵横，唯有一颗赤子之心，依旧鲜红如初。时间改变了曹操的模样，曹操却没有让皱纹刻在心头。他这一生都在走上坡路，如擎着大山逆风前行，每走一点都步履维艰。可人生哪有事事如意，曹操也只能一声长叹。

回到洛阳不到一个月，曹操就去世了。他留下的《遗令》也很有意思："我的妻妾都很勤苦，可以安置在铜雀台上，不要虐待她们啊。""剩下的那些香，可以分给夫人们，留作纪念吧，别浪费了。""夫人们要是没什么事的话，平时可以做做鞋，也能卖不少钱呢。"絮絮叨叨地啰唆了很久，曹操才恋恋不舍地闭上眼睛。

这封《遗令》中没有什么大道理，也没有留下最后的指导意见，只有普通老头的喃喃自语。可生活本就是一种烟火气，它藏在一粥一饭之间、爱人的一颦一笑之中、自己的一言一语之内。少年时意气风发，不知天高地厚，许下诺言后努力奋斗，直到懂得天地自有其规律，看着到手的成果，再留下些许无奈，这不就是人生吗？

到头来，再成功的人也是一介普通人。而最好的成功，其实就是做好一个普通人。

刘备的奋斗，才是你最该喝下的鸡汤

01

在汉末三国的大乱世中，有一个很有趣的现象——从头到尾都是一帮官宦子弟在争奇斗艳。

袁绍张口闭口就是："我家四世三公。"袁术还因为跟他争身份闹得分道扬镳。曹操的父亲是汉朝的国防部部长，虽说是用钱买的官职，但家族地位确实也跻身一流豪门。其他如孙坚、公孙瓒、刘表、马腾等，祖上三代无不是吃着汉朝的皇粮，最差的也是地方豪族。

与其他人相比，刘备既没有高官父亲，也没有豪门亲戚，可谓贫寒。虽然他自称中山靖王之后，但这时家道中落，跟普通百姓没什么区别。

他从小家里穷得念不起书，不得不靠练摊卖草鞋为生，还是亲戚们凑钱帮他完成了读书识字的基础教育。靠着低起点，刘备硬是在豪门遍地的汉末三国打破了森严的阶级壁垒，成为坐拥万里江山的帝王。

02

184年，幽州涿郡，在一片桃园中，刘备跟关羽、张飞正在商量创业计划。当时黄巾军到处抢占地盘，幽州也不能幸免。如果打败他们，就能拿到汉朝的事业编制。虽然级别不高，但起码捧上了铁饭碗。

大家都是贫寒子弟，想要出人头地，就必须拿命去拼。经过一番创业路演，他们融了一笔小钱就招兵买马，开始了一生的征程。

一番浴血奋战，刘备不仅在战火中活了下来，还得到了安喜县尉的职位。还没等哥仨庆功，朝廷就下达了命令："凡是凭军功当官的，一律免除。"啥意思？用完就卸磨杀驴？刘备默默地说："天下不太平，到处都有盗贼，总有我们的用武之地。"

他们没有靠山，唯有手中的拳头和心中的勇气。

03

刘备这一辈子，实在是太背了。他带着关羽、张飞离开涿郡后，半路加入了一支剿匪队伍，就这么莫名其妙地被拉到徐州。又是一番血战，挣到了下密县丞的官职。

一个外来的年轻小伙，带着两个小弟就想当过江龙？想多了。没多久，刘备就被本地土豪给轰走了。随后几年，他一直奔波在剿匪、当官、离职的路上。

创业屡次失败，一般人早就崩溃了。而刘备只是默默地擦干眼泪，站起来再出发。平原县令就是他当过的最大官职，而这时的曹操、袁绍早已是坐拥数座城池的诸侯了。可这又有什么关系呢？丰富的经验、广阔的阅历、不屈的意志才是事业成功的基本素质。经过十年历练，刘备早已超越了无数的同龄人。

194年，刘备跟随青州刺史田楷救援徐州。一见面，徐州刺史陶谦就觉得这个年轻人不一般。他说："我的两个儿子都不行，只有刘备才能安定徐州。"

第二年，陶谦去世。因为有他的遗嘱，再加上陈登和孔融的支持，刘备接任了徐州刺史。一个基层干部突然成了一方诸侯，刘备没有任何不适应。工作的方法论他早已在基层时就学会了，现在不过是套用在更大的地方而已。

这一次，刘备、关羽、张飞仍然没有开心多久，因为吕布反了。原本出于好心，刘备收留了无家可归的吕布，谁知道他却恩将仇报。吕布号称"当世虎将"，在战场上还没怕过谁。根基不牢的刘备只要在战场上失败一次，就没有翻盘的机会。好不容易事业有了起色，却再一次成为镜花水月。

创业15年，每当有所成就时就会遭受更大的失败。如果是其他人，也许早就认命了："算了吧，我就没有成功的运气，还折腾什么？"可刘备说："人生嘛，醒着就要拼。"

几年后，刘备更加落魄，落魄到只能跑到荆州刘表那里混饭吃。

有一次，他跟刘表坐在一起聊天，旁边还有吕布的谋士许汜。许汜就吐槽当年的那些破事："陈登是个江湖人士，一点儿都不懂尊重别人。当初我路过他家时，他竟然酒都没给我喝一口。这也就算了，他居然自己睡在豪华别墅里，却把我安排到招待所，真是岂有此理！"

刘备一听就火了："如今天下大乱，你身为谋士却不思救国，成天想着买房赚钱，谁看得起你？要是我的话，就自己睡到百尺高楼上，把你扔到地上去。"

"以天下为己任"，短短六个字，说着容易，做起来难啊。只有胸怀大志者，才能忍受眼前的失败，百折不挠，在困境中寻找光明。

刘备为什么屡战屡败，却能屡败屡战？因为他求的从来都不是自己的荣华富贵，而是"天下太平，道义永存"的宏伟抱负。他的一腔热血不仅感染了当世的无数英豪，更被一千年后的辛弃疾化作笔下的八个字："怕应羞见，刘郎才气。"

（04）

当你认清了生活的残酷真相后，还能否对这个世界抱有最大的善意？

刘备真的做到了。他还在平原县当县令时，就埋头苦干，为大汉基层建设添砖加瓦。在他的治理下，平原县不仅摆脱了贫困，仓库里还堆满了粮食。而平原县的人文建设更是一绝。刘备不仅允许平民百姓随意参观县令办公室，还要把他们带到县衙食堂里，陪着吃饭拉家常。

有才能的人，总是会被人嫉恨。

有个叫刘平的人，是平原县抬杠成瘾的人。他就瞧不上刘备这套"假仁假义"的模样，于是撺掇了一个刺客混进县衙，想把刘备给杀了。刘备根本不知道来的人是刺客，仍然客客气气地招待他，陪他吃喝聊天。

不管在哪个年代，当刺客的肯定不是富贵人家出身。一个县令能够放下身段对待老百姓，顿时就把刺客感动哭了。他流着眼泪对刘备说："我是奉命来杀您的刺客，我错了，您杀了我吧。"刘备盯着他看了半天，并没有动手，而是好言好语地安慰他："这件事错不在你，你走吧。"

如果你闯荡江湖多年，留下了无数的传说，还能否对年轻人表现出足够的人格尊重？刘备又做到了。

208年，在荆州混了八年的刘备，听说有个人叫诸葛亮。大家都夸他是个人才，如果能得到他的辅佐，将来一定能成就大事业。

那年诸葛亮才28岁，而刘备已经48岁了。面对这个年龄能当自己儿子的年轻人，刘备不是让人力资源部去招工，而是亲自跋山涉水登门拜访。他带着关羽、张飞去了两次，都吃了闭门羹。

大家都以为他是在做姿态，想收到"千金买马骨"的效果。但刘备用第三次拜访告诉别人："我不是做姿态，我是真的很欣赏诸葛亮，我希望他能够帮我。"

这一次，诸葛亮在家，但他在睡午觉。刘备、关羽、张飞三位江湖大哥就在门外等着，直到诸葛亮睡醒了他们才进去，该喝茶喝茶，该说话说话。

那天，诸葛亮被感动了。直到多年后，他还反复回味这一幕："先帝不以臣卑鄙，猥自枉屈，三顾臣于草庐之中，咨臣以当世之事，由是感激，遂许先帝以驱驰。"这个世界上总有一种情感，能够超越时间的流逝而越发厚重。因为你的真心，会让人倍感温暖。

如果你半生奋斗却事业无成，生活安逸却离死亡的日子越来越近，你是否还有勇气再奋起一搏？刘备又做到了。

那一天刘表做东，请刘备吃饭。大概是上了年纪，又喝了点酒，刘备想到当年烈马奔驰，如今却寄人篱下，安定天下的大业仍然看不到希望，自己的人生却已然走过大半。刘备不禁问自己："刘玄德，你的人生就是个悲剧吗？"他太委屈了，委屈得让一个厮杀半生的汉子，哭得像个孩子。

25年的颠沛流离，刘备都熬了过来，可什么时候是个头啊？

208年，刘备迎来了人生中最大的机遇。曹操率领大军南下，想要一统江山，如果让他成功了，江南的英雄豪杰都要去许都朝拜新主。大部分的人都觉得无所谓，不过是换个老板而已。只有刘备、孙权、诸葛亮、周瑜觉得："自己的命运，要自己做主。"

事情的结果我们现在都知道了，曹操在赤壁折戟沉沙，孙权保住了东南半壁，而刘备在乱局里火中取栗，从此蛟龙入海，以荆州为跳板，拿下了号称"天府之国"的益州。从此，汉末乱世形成三足鼎立的局面。

这个世界上总有一种信念，能够支撑起一个人生命的价值。因为你的热血，终会爆发出最强大的战斗力。

(05)

　　我们印象中经常哭哭啼啼的刘备，丝毫没有男子汉大丈夫的气概，可那何尝不是中年男人面对挫折的发泄。

　　难过了，他不能向关羽和张飞吐槽；委屈了，他不能和老婆诉苦；受伤了，他必须假装坚强，只能在心里憋着。实在憋不住了，就放声大哭一场。哭过之后，该走的路还是得继续往前走。

　　靠着一股不服输的韧劲，刘备从一个毫无政治资源的寒门子弟，最终成为名留青史的汉昭烈皇帝。

桓温的魏晋风度

356年，桓温第二次北伐，途经金城时，来到年轻时历练的地方凭吊往昔。早已不再细腻的大手，抚摸着同样粗糙的老树干，桓温不禁悲从中来："树犹如此，人何以堪。"

当年自己才24岁，正是意气风发、风华正茂的时光。如今22年过去，当年亲手种下的小树苗已十围粗壮，而自己也将成为年过半百的老翁。当年一腔豪情，折腾半生却终究是一场空。时光如流水，任你英雄豪杰、风华绝代，到头来终究逃不过生命短暂，青春难驻。

桓温的一声叹息，在千年后引起辛弃疾的共鸣。他在建康赏心亭挥笔写下一首《水龙吟》：

> 休说鲈鱼堪脍，尽西风，季鹰归未？
> 求田问舍，怕应羞见，刘郎才气。
> 可惜流年，忧愁风雨，树犹如此！
> 倩何人唤取，红巾翠袖，揾英雄泪？

美学家宗白华在《美学散步》中说："晋人向外发现了自然，向内发现了自己的深情。"在魏晋风流人物中，从没有一个人如桓温这样：浓烈欲望和恪守底线纠结在一起，热爱生命和杀伐果决齐头并进，赳赳武夫和风流才子融于一身。

桓温这一辈子，奋斗过，失败过，得意过，落寞过，最终，以热烈奔放的生命色彩，成为男人真正的标杆。

（02）

312年，桓温出生在一个囚徒之家。他的高祖父桓范是曹魏的大司农，因为站错队伍而被诛杀，龙亢桓氏就此沦为刑家。到"永嘉南渡"[1]时，他的父亲桓彝带着家族男女老少跑到江苏。初来乍到，桓彝到处请客送礼拉关系，凭着一手优秀的清谈功夫，挤进了"江左八达"[2]的权贵圈子。

桓温刚出生那年，正好太原名士温峤来家里做客。温峤看到襁褓中的桓温，就忍不住逗他："来来来，哭两声听听。"

温峤是司徒温羡的侄子，桓彝得罪不起，就赶紧抓起儿子的屁股狠狠地打了两下。顿时，一声嘹亮的哭声响彻卧室，温峤一听也惊呆了："这孩子将来了不起，不如就起名叫温吧。"从此，桓温才有了正式的名字。

长大后的桓温何止了不起，简直太厉害了。父亲桓彝在宣城被江播叛军杀害，15岁的桓温就此成为孤儿。他看着父亲冰冷的尸体喃喃自语："父亲，我一定为你报仇。"

仅仅三年后，杀父仇人江播就去世了。桓温装扮成吊丧的宾客，怀里揣着

---

[1] 历史上把西晋永嘉时期北方汉人大量南渡的现象称为"永嘉南渡"。

[2] 东晋时期，谢鲲、毕卓、王尼、阮放、羊曼、桓彝、阮孚、胡毋辅之等名士经常聚在一起饮酒放歌，高谈阔论，时人称为"江左八达"。

一把刀混进灵堂。在人群混乱之际，他眼一瞅、腿一蹬，就冲过去把江播的大儿子捅死了。江播的另外两个儿子看样子不对劲，撒腿就跑。桓温追上去大开杀戒，一会儿工夫就把江播的三个儿子全给杀死了。

在别人的灵堂前，让人家断子绝孙，在现代社会绝对是犯法的事。但在那个年代，则是为父报仇的"孝行"，马上就成为当时的轰动新闻。再加上小伙子长得英武、行为果敢，皇帝司马衍对他抛出了橄榄枝："我有个妹妹，要不许配给你吧？"这种事还用考虑？桓温在大仇得报之后，马上迎来了"洞房花烛夜，人生小登科"。

(03)

在北方胡人肆虐、南方内斗不休的东晋时期，桓温是一股"泥石流"。他一个猛子扎进了时代的大潮中，从此再也回不了头。

娶了公主的桓温被皇帝司马衍寄予厚望，希望他能做皇室的臂膀。24岁时，桓温就被派到北方前线琅琊郡，担任内史，正厅级干部。那个出身刑家的孩子，少年丧父的孤儿，从此一飞冲天，当过辅国将军、徐州刺史、荆州刺史、安西将军……到35岁时，桓温就彻底把持了长江上游的兵权。

346年，桓温把一封《成汉军政实力分析》的报告发给朝廷后，没等领导签字就率领军队向四川出发了。当时成汉政权腐败不堪，军队也毫无战斗力，正是统一西南的大好时机。在桓温的指挥下，荆州军士气如虹，三战三胜直抵成都。

有人来抢饭吃，成汉皇帝李势也急了。他集结剩余的军队背靠成都，妄图做困兽之斗。桓温也被打得很惨，敌人的箭都射到脚下了。就在他准备撤退时，击鼓的士兵却因为慌张，把后退的命令敲成了冲锋的鼓点。战士们一听，既然军令如山，那就拼死冲吧。看到士气可用，桓温也拔剑督战，这一仗赢得干净漂亮。

立国40年的成汉政权，就此灭亡，桓温也成为东晋最大的功臣，从此意气风发。

面对生活中的变化，有的人瞻前顾后，总是在想："这件事能不能行？"要么就在犹豫："我能成功吗？"一个又一个改变命运的机会，就在他们的犹豫和等待中溜走，回头再看，却又懊悔不已。即便遇到下一个改变的机会，他们仍然会沉溺在自己设置的局限中不可自拔，最后一生平庸，碌碌无为。

桓温看到了四川的机会，于是提枪上马，说干就干。向朝廷做了报告后，为了不给反对者机会，他就悄悄出发。直到成就大功业时，才对别人说："运气，都是运气好。"这种敢闯敢干的魄力与决断，才是男人最耀眼的勋章。

04

桓温的相貌不算是标准的美男子，但他是魏晋最具魅力的男人。

陶渊明的外公孟嘉，是桓温麾下的参军。有一年的重阳节，他们一起登山赏菊，饮酒赋诗。那天所有人都穿着军装，因为举止行动不太灵敏，一股山风把孟嘉的帽子吹跑了，当时他自己都没有发觉。旁边的人想告诉他，桓温却"嘘"了一声。

在山顶喝着酒，吹着风，没一会工夫，孟嘉就要去厕所。这时，桓温指挥孙盛写了一篇嘲讽孟嘉的文章，然后用帽子扣在桌子上，最后让大家都当作没事人一样。

哪知道孟嘉回来看到后，立刻要来纸笔，挥笔写下一篇为自己辩护的文章。本来孙盛的文采已经非常了得，而孟嘉的文采气势又胜他百倍。"文辞超卓，四座叹之"，这就是文化史上有名的"孟嘉落帽"。

很多人都喜欢调侃自己的领导："刚从科员当上主任，就鼻孔朝天，斜眼看人。"其实大家讨厌的不是领导，而是厌恶端架子、摆官威。我们喜欢桓温，无非是喜欢他那至情至性的真实。

工作的时候毫不含糊，娱乐的时候都是朋友，所以桓温才能招揽那么多的人才为己所用。成汉的文武贤才都被他的气度所折服，东晋的谋臣大将纷纷汇聚到荆州帐下，即便王谢豪门看不起他低下的出身，也不得不派出优秀的子弟到其麾下，以求拉近关系。

354年，桓温第一次北伐。大军气势如虹，很快就横扫三秦，逼近长安，经历过统一帝国的老人抹着眼泪说："想不到还能看见王师北定中原。"可由于战线过长，后勤补给困难，符健又坚壁清野，导致桓温军中无粮，最后只能带着三千户百姓撤退。

在回荆州的路上，他听说有个老太太是刘琨的侍女，于是马上召来见他。在桓温成长的过程中，他受益最多的指导老师就是温峤。温老师教他读书、兵法、谋略，但讲得最多的，还是当年辅佐刘琨在太原抗胡的故事。可想而知，刘琨在他心中留下了多么美好的印象。现在竟然能通过一个老太太跟偶像产生联系，想想都觉得美妙。

一见面，老太太就语出惊人："你跟刘司空太像了。"什么？真的吗？桓温赶忙换了一身满意的衣服，再请老太太看看："你快说，哪里像了？"他迫切地想要知道真相，一刻都等不及了。

老太太说："五官很像，就是脸皮薄了点；眼睛很像，就是小了点；胡须很像，就是红了点；个头很像，就是矮了点；声音很像，就是尖锐了点。"

一瞬间，桓温就像霜打的茄子，没了精神。他郁闷得一句话都不说，转身就回卧室蒙头大睡，几天都没有出门。这时的桓温，哪里像横扫中原的一代枭雄，就是个有点傻又有点逗的年轻人。

唯大英雄能本色，是真名士自风流。

05

司马氏的江山是怎么来的，大家都心知肚明。

东晋王朝刚建立时，掌握荆州的王敦就打算攻入建康，夺取皇位。虽然王敦失败了，但这个梦想激励了一代又一代的权臣，更何况能力类似"孙仲谋、晋宣王之流"的桓温呢？

男子汉大丈夫，有野心就要去实现，更何况夺取的是司马氏的江山，桓温没有一点儿心理压力。更何况，他的目的是获取权力，整顿江南，将来重新开创大一统盛世。于是他在收复四川之后，就以一己之力掀起三次北伐，既为了积累名望，也为了实现梦想。可时代终究没有给他这个机会。

门阀在地方盘根错节，皇室在朝廷毫无权威，国家政权全靠几大家族维持平衡。在这样的局面下，怎会有举国北伐的希望和能力？怎会有人希望强权人物打破现有的利益平衡？

实际上割据八州的大司马桓温，当时已是东晋第一人。他只需像司马懿父子一样，狠下心来大开杀戒，皇位便唾手可得。可他只是清除了几个异己，再也没有大动干戈，即便王、谢豪门纷纷把子弟送到他麾下，希望能在将来的桓氏王朝中谋一条出路。

有人说："桓温一生都放不开手脚，活得拧巴。"但在我看来，桓温一生都坚守一条底线，不是所有的功业都需要用屠刀来开路，不是所有的人情都必须用利益来维系，不是所有的成功都需要践踏底线来完成。

即便他喊出"既不能流芳后世，不足复遗臭万年"的豪言壮语，也终究没有走上司马懿、司马昭的老路。有时候人与人之间的差距，就在于做事有没有底线。或许，这也正是"魏晋风度"最美的一刻，也是桓温的人性最绚丽的绽放。

武则天的上位史

(01)

多年以来，研究女皇的著作可谓汗牛充栋，各种观点都被说了无数遍，如若我再写一遍女皇的生平，恐怕也没什么新意。与其如此，我们不如聊一下女皇的上位史。

由于站在男性视角，历代看客几乎都会调侃武则天，比如牝鸡司晨[1]、恃权篡位、李世民和李治识人不明等。比如骆宾王就直接骂她："性非和顺，地实微寒……入门见嫉，蛾眉不肯让人；掩袖工谗，狐媚偏能惑主。"他的意思是，武则天出身低微，性格又差，靠一身狐媚功夫，先后给两代皇帝当老婆。有这样的黑历史还想当皇帝？

虽然骆宾王写的是战斗檄文，恐怕也代表了很多人的想法，尤其是进入明、清以后，人们更不会容忍女人做皇帝。为了维护世界和平，不骂死你不算完。

不过，仔细看一下武则天的上位史，就会知道一切都是堂堂正正的，绝不

---

[1] 牝鸡司晨的本意是母鸡报晓，旧时比喻女人窃权乱政。

是玩阴谋诡计就能成功的。而且越是大事，越讲究人心所向，阴谋诡计占的分量就越少。这是一条铁律。

(02)

637年，唐太宗李世民听说武士彟的次女"容止美"，下诏武家次女入宫，赐名"武媚"。

不同的人对她有不同的称呼：武媚娘、武儿、武曌……当然，最为人熟知的称呼是武则天。为了统一，我在文中一概写为武则天。

此时的武则天才14岁，武士彟也去世两年了。入宫是武则天一生际遇的起点，这却往往被世人忽视。将清楚武士彟的奋斗历程才知道，这家人有多么了不起。

武士彟的祖上也曾是豪门。北魏年间出过刺史、将军等高官，不过，进入北周以后就逐渐没落了。武家人不仅没有保住阶层，反而跌落得一塌糊涂。

武士彟长大之后没有官做，只好做生意混口饭吃。直到隋炀帝年间，他才用财物换来鹰扬府队正的职位。这是府兵系统的军职，正九品，管一百人。如果一切正常的话，这种人在乱世中不是花钱消灾，就是死于战场。武士彟这个人却不寻常，因为他遇到了唐国公李渊。

李渊刚到太原时，经常带部队出城剿匪。打完仗后，他喜欢到新朋友武士彟家喝几杯。武士彟投其所好，不停地给李渊花钱。可能真的是毁家纾难，李渊起兵时也没忘记热心肠的武士彟，因此，他在军中得到了一个职位，进入长安后又被封为光禄大夫、太原郡公，此后又一路升迁为工部尚书、应国公。虽然不在核心权力圈，但起码得到上流社会的门票了。这是一次危险的投机，武士彟认准之后，拿起了所有的筹码压到李渊身上，用性命为代价换来家族阶层的跃升。

这一点很重要。如果没有武士彟的奋斗投机，也不可能娶到隋朝宗室的女儿杨氏，李世民更没有机会听说武则天的美貌。一个家族想要出头，总要有人在前边开路，武士彟就是扮演这一角色的人。

635年，武士彟去世。前妻相里氏给他生过两个儿子，哥儿俩很不待见后娘和三个妹妹，动不动就冷嘲热讽，还换着花样欺负她们母女。

武则天的少女时代，怎一个悲惨了得。她在水深火热中生活了两年后，李世民的诏书到了。究竟是不是杨家亲戚给李世民吹的风，不知道，但武则天说了："侍奉圣明天子，岂知非福？"

反正在家里过得也不好，不如像父亲一样，抛弃一切，入宫放手一搏，再不济也能吃顿饱饭吧。于是，那个14岁的少女，就此走入宫廷。

(03)

史书对武则天和李世民的情史几乎没有记载，唯一留下的线索是关于他们驯马的对话。李世民说："我的狮子骢性格暴烈，很难驯服。"武则天回答道："这种不听使唤的东西就不能给好脸色。先用铁鞭抽它，不行就用铁锤打，还不听话就用匕首杀了吧。"

很多人都觉得，李世民认为武则天的性格太残忍，于是再也不喜欢这个小丫头，导致武则天入宫12年依然是五品才人。可李世民是什么人啊？他走遍尸山血海，亲手杀的人能把袖子都灌满血，直到当皇帝以后，他还能挥剑砍死野猪。这样的战神，会觉得杀马是残忍？

唯一的解释是不来电！一般来说，在外打江山的男人见识过无数阴暗面，而且每天劳心劳力累得要死，回家后只想要一个温柔的港湾。所以，李世民一辈子都对长孙皇后念念不忘，并且晚年喜欢的也是徐慧等才女，而杀伐果断的武则天总是缺点女人味。她根本不是他的菜。

不过没关系，不受宠就不受宠吧，武则天也没有闲着，她在玩命地补课"充电"。唐朝后妃除了侍寝外，还需要值班。当李世民在工作或者读书时，会有当天值班的后妃贴身伺候，等到休息时，再由侍寝的后妃接班。

在漫长的12年中，武则天有无数次机会见到李世民。她可以亲眼看着千古一帝处理政务，并且在旁边仔细揣摩，也可以察言观色，学习李世民如何待人接物。

这种事在一般人眼里无所谓，可在有心人眼里，则是千金难买的顶级课堂。联想到多年后的武则天一出手就扳倒王皇后，再出手就和李治扳倒关陇门阀，这些套路都是从哪儿来的，还是老师教得好啊。

别人的少女时代是花季、雨季，她的少女时代只有孤单寂寞冷，可她并没有变成怨妇，而是默默地积蓄能量。

没有人认为后妃学这些有什么用，武则天也只是凭着本能去学而已。至于当天后、做皇帝之类的事情，此时的她想都不敢想。

人一辈子积累学识的最佳时期，往往是成名前的幽暗岁月。一旦事到临头才想起来知识不够，那时已经晚了。

$$04$$

649年，李世民病重。当时，李治已经做太子六年了，他经常被李世民带在身边，旁观自己处理政务。而武则天也有值班档期，二人见面的机会也不算少。如果她想和李治搭上话，基本是手到擒来。

李治那点可怜的情场经验，基本是武则天玩剩的。于是二人精心编织了一顶草色的帽子，亲切地送给了病床上的李世民。

不过和李治在一起，只能算一个起点。李世民去世后，作为没有生育过的后妃，武则天依然要去感业寺做尼姑，为去世的李世民守身如玉。

几乎所有后妃的命运都注定了，她们的后半生只有青灯古佛，没有半点荤腥和人间烟火。

但是武则天有助攻，一个在后宫，一个在朝堂，这两个王牌助攻成就了武则天的辉煌。

第二年5月，李治到感业寺进香，又和武则天相遇。老情人相见，两眼泪汪汪，免不了一番互诉衷肠。武则天取出一张纸递给李治。李治低头一看，纸上写着一首七言绝句，诗的名字叫作《如意娘》：

> 看朱成碧思纷纷，憔悴支离为忆君。
> 不信比来长下泪，开箱验取石榴裙。

这场皇帝和后娘的苟且之事被王皇后看在眼里。恰好王皇后和萧淑妃争宠，感觉有点艰难，就想拉拢武则天做小姐妹。于是，第一个助攻出现了。王皇后让武则天偷偷留头发，又在李治身边说悄悄话："陛下既然喜欢，就接回来吧。"

李治正愁没理由呢，王皇后就送来贴心的问候。651年5月，武则天挺着大肚子回到阔别已久的皇宫。没错，她怀孕了。具体时间估计是在感业寺上香之后，这个时间线想想也蛮尴尬的。

我之前说了，武则天是杀伐果断的女人。这样的人经历多年努力却没有换来丝毫回报，甚至还死过一次，如今获得新生之后，她会怎么做？

求生的希望让她紧紧抓住拥有的一切，并且不择手段地向上爬。她再也不会让曾经的痛苦重演。单纯少女和霸气女皇，分界点就在这里。

重回皇宫的武则天，时刻紧跟王皇后，做好棋子的本分。而当王皇后还沉浸在招兵买马的快感中时，麾下的武则天已经开始反水了。

既然做棋子不能改变命运，那我就做棋手。武则天一边紧紧抓住李治的心，一边收买王皇后身边的仆人，另一边又和王皇后对付萧淑妃。这才是高手，真的太厉害了。

一番操作下来，萧淑妃被斗倒了，王皇后也苟延残喘，李治成为武则天的囊中之物。

(05)

武则天的第二个助攻来自朝堂。

刚继位的李治在朝堂几乎没有话语权，一切事务全听长孙无忌处理，只有无可无不可的小事李治才能做主。这是没办法的事。长孙无忌是元老功臣，在朝堂经营多年，说门生故吏遍天下也不为过。李治只是一个小青年，刚继位就想说了算，没门儿。

很多人以为做皇帝就可以为所欲为，所有人都要匍匐在其脚下颤抖，其实哪有那么简单。所谓的权力并不一定来自职位，而是来自听命令的人。这是上下顺序的问题。只有利用职位赋予的权力，把下面听命令的人收拾得服服帖帖的权力才算数，这样职位功能才能传达到最下端。如果只是迷信于皇帝或者职位，很有可能政令不出太极宫。而李治此时面临的就是这种局面。

此时的武则天已经在后宫取得压倒性胜利，如果李治没有朝堂的困局，她很可能只是一名宠妃。但是把后宫和朝堂连起来，就让李治看到了一把合格的刀子。武则天是刀，李治是执刀人。

王皇后出身于太原王氏，萧淑妃出身于兰陵萧氏，长孙无忌是北魏王孙，其他大臣也基本是士族子弟。这些人在国内掣肘朝廷，在庙堂制衡君主，历代皇帝都想除之而后快。只是皇权的实力不够，只能边拉边打，李治也不例外。

反观武则天，她的家族不是根深蒂固的门阀，也没有位高权重的家族成员，扶持起来也不会产生威胁，只能成为皇帝的臂膀。于是，李治以"废王立武"向大臣摊牌，其实这也是让大臣站队。

长孙无忌当然不会同意。李治和武则天亲自去拜访，礼物送了十几车，官帽送了好几个，可长孙无忌就是不同意，因为一旦低头认输，以后就要变天了。

李治要的就是老臣低头，拿回话语权。辅政大臣褚遂良也不同意，他好几次上表劝谏，还说什么"无面目见先帝于地下"，把李治说得十分尴尬，武则天也气得怒吼："何不扑杀此獠？"

到此为止，这对苦命鸳鸯依然是单枪匹马。假如武则天不能做皇后，老臣的地位只会更高，那些摇摆的大臣也不敢追随皇帝，李治的地位会更加虚化。

不过，事情皆有转机。中书舍人李义府本来工作很稳定，长孙无忌不喜欢他，一句话就要把他贬谪到四川。李义府为了留京指标，拼死给李治上书："我们都有深深的体会，武昭仪才是真正的一国之母，王皇后早就应该废掉了，请陛下顺从民意。"

没过几天，李义府就被破格提拔为中书侍郎，武则天也派人到他家里表示感谢。这是明显的信号。跟着皇帝就有肉吃，只要支持武昭仪做皇后，就是皇帝的自己人，于是，许敬宗、崔义玄、袁公瑜等人闻到肉味都来了。这些人就是李治和武则天的第一批嫡系。

从此以后，朝堂势力对比逐渐逆转，老臣麾下的势力也不断流失。老臣李勣关键时刻又说了一句："此陛下家事，何必问外人。"李勣真的不参与吗？当然不是。李治第一次请老臣商议时也请了李勣，只是他说肚子疼没去而已。如今的风向越来越明显，李勣赶紧站进了皇帝的队伍。

由此，大局已定。

武则天作为一把利刃，被李治推到前台遮风挡雨。她没有选择，只能硬着头皮向前冲，这也是所有过河小卒的命运，毕竟能被人利用，说明自己还有价值。

此时，他们是新婚燕尔的夫妻，是患难与共的战友，就连收拢而来的嫡系，也是二人共同所有，比如李义府、许敬宗就和武则天拉扯不清。

655年，武则天被立为皇后，李治收回大权。以后的几年中，长孙无忌和褚遂良纷纷被贬谪，党羽也烟消云散。杨广、李世民没有完成的集权大业，终于在659年收官。

你说武则天有什么阴谋？是有一点，但大部分都是堂堂正正的阳谋，可以说是历史的进程在推着她向前走。

06

武则天的运气远不止于此。据后来的学者研究，唐朝皇帝可能有遗传的心脑血管疾病。

不过，唐朝的医学不发达，饮食也以羊肉和奶浆为主，导致现在花几块钱就能控制的病，成为唐朝皇帝的魔咒。

李治就有终生不愈的头疼。他的身体不能应付繁重的工作，只能选择代理人冲在第一线，自己则隐藏在幕后掌握决定权。对于李治来说，这个选择并不难做。如果选择大臣，则有大权旁落的危险，说不定还会有第二个长孙无忌冒出来；如果选择武则天，就没有那么多事情了。他们曾共同战斗，有很高的默契；太子是他们的儿子，奋斗成果终究不会外流；武则天是女人，也不会威胁自己的皇位。

武则天在伺候李世民时，多年旁观其处理政务，理论经验甚至比李治都要丰富，如今她上手自然很快。

第一线的领导也很容易和下属培养出感情。自660年起，37岁的武则天开始处理政务，直到李治在683年去世时，已经整整24年。24年主持一线工作，能培养多少嫡系？积累多少威望？虽然李治去世前依然掌握宰相任免权，但在三省六部、各州恐怕已经有相当一批人是跟着武则天混饭吃的。

这也是他们二人的默契所在。李治紧抓上层人事，以确保自己的地位不受损害，那么中、下层就只能放手留给武则天去管，夫妻二人在一起，政令畅通无阻。

上下层之间也有区别，上层宰相大多来自削弱之后、对皇权没有威胁的门阀士族，中、下层官僚则以庶族为主。当然，庶族也不是老百姓，而是第二、三梯队的中小士族。后来武则天能够屡次平定叛军、击败政敌，权力根基就在于此。

到李治生命的最后几年，就算他想动武则天也是不可能了。废王皇后容易，废武皇后难。况且李治也未必想废，只能说是互相依存吧。

683年，李治驾崩。他让宰相裴炎辅政，并且告诉太子李显："军国大事有不决者，兼取天后进止。"意思是，孩子乖，要听妈妈的话。

这样就形成了宰相、皇帝和太后的三角权力结构，不仅可以相互制衡，而且还能互相帮助。但是很可惜，新皇帝李显太混账了。他想封岳父韦玄贞为侍中，相当于宰相预备成员。裴炎当然不肯，这不是想抢饭碗吗？

估计李显想彰显一下自己的权威："我把天下给韦玄贞又有何不可？区区一个侍中，算得了什么？"你看看，此人丝毫没有其父母的神韵。

李显的混账话正好给了裴炎机会，或者说给了武则天机会。裴炎立刻入宫对武则天汇报，两人一拍即合，联手把李显给废了。权力铁三角中的两个人都看不上李显，这件事基本就定了。

废帝对裴炎和武则天有什么好处呢？对裴炎来说，当然是获得了拥立新帝的定策之功，普天之下再也没有比"拥立"更大的功劳了；对武则天来说，则是地位更上一层楼。

本来李显是没有机会当皇帝的，全靠母亲扶持才能坐在龙椅上过过瘾。好好享受就好，想指手画脚是没资格的。对武则天来说，反正都是自己的儿子，谁当皇帝都一样。所以《资治通鉴》中有句话："政事决于太后,居睿宗于别殿,不得有所预。"这是帝国时代的常用手段,霍光、董卓都用过,只不过武则天用在了亲儿子身上。

有了这样的基础,武则天不久后罢免了裴炎,逐渐掌握了宰相的任免权。当年二圣的权力,此时全集中在武则天手中。至此,未来的女皇几乎大权独揽。

07

为什么武则天能够当皇帝?其他王朝也有强硬的太后,可她们都不能再进一步,走向那个男人专属的皇帝宝座。

这和当时的社会风气有关。由于草原以打猎和畜牧为生,男人和女人都能做,所以没有鄙视女子的传统,不论家庭或者社会地位,男女都平等。

南北朝时期,草原部族纷纷南下建立王朝,不可避免地把草原风俗带过来,让中原女子的地位大幅度提高。而唐朝又是北魏、北周、隋朝的延续,它的源头就是鲜卑人,更何况隋唐的朝廷多是鲜卑贵族,所以,这时的女子不讲究依附别人。颜之推曾经说:"邺下风俗,专以妇持门户……代子求官,为夫诉屈。"这才是隋唐的社会风气。

世人没有鄙视女子的思想,反而对女子独立自主发出热烈的赞美,他们能够接受女子当家,也能接受女子理国。正是这种热烈奔放的社会风气,为武则天搭起了通向帝位的桥梁。

08

武则天的上位史,其实没有太多弯弯绕,一切都是顺理成章。但身处历史的进程中,也不能缺少个人的努力和奋斗,两者缺一不可。

武士彟投机、李世民寻找美女、武则天充电学习、李治斗大臣、皇室家族遗传病、唐朝的北朝遗风……缺了任何环节，都不可能出现女皇武则天。可谓时也，运也。

在个人奋斗和历史进程中，武则天拉拢寒门庶族，代表大多数人的利益，这才是女皇坚实的基本盘。而这又顺应了天下人望，所谓阴谋诡计只能用于一时，终究不能长久。

《岳阳楼记》今犹在，不见当年范仲淹

01

1046年，滕子京给他的好友范仲淹寄了一幅画，名字叫《洞庭晚秋图》。画中的洞庭湖烟波浩渺，远处的堤岸芳草遍地，一座写着"岳阳楼"三个字的建筑耸立在那里。

这是滕子京的政绩工程，他想让范仲淹为新建的岳阳楼写一篇文章。范仲淹铺开宣纸，拿起狼毫笔，正准备一挥而就时突然醒悟："两年前，我们这批人被贬到各地，虽然都在地方上干得不错，但大家还以为我们是瞎折腾。为什么我不能借着这次机会，向世界发出我们的声音呢？"

是的，范仲淹要借写文章的机会做一件大事："我要为改革代言，为天下苍生代言。"众所周知，"为苍生代言"是历代圣贤才能做的，范仲淹究竟有什么底气，敢做这样的事情？

02

两岁时，范仲淹就失去了父亲，母亲带着他，改嫁给一户姓朱的人家，范仲淹也改名为朱说。从小，他一直以为自己是朱家的孩子，也按部就班地跟兄弟们读书、玩耍。直到23岁时，他看到兄弟们铺张浪费，就劝他们要节俭一点。谁知道，朱家兄弟随口就说："我们用的是朱家的钱，关你什么事？"从此以后，范仲淹才知道自己的身世。

在宋朝，想出人头地，只有读书做官一条路。范仲淹只有努力读书，考取功名，成为官员，才能不再寄人篱下，抬起头来做人。

明白了自己的命运后，他收拾包袱就去了应天府。因为生活费有限，他每天早上把粥分成四份，早晚各两份。靠着吃清粥咸菜，他把儒家经典背得滚瓜烂熟，成为学校的"三好学生"。

正好应天府留守的儿子也在这所学校读书，他听说范仲淹的事情后，回到家就随口说了一遍。没想到，留守听了之后很是感动，就让儿子回学校时，带点饭菜给范仲淹补充营养。

面对着一桌子好菜，范仲淹却拒绝了："我吃了这顿美味，以后就吃不下清粥了。"由俭入奢易，由奢入俭难，范仲淹深知这个道理。更何况，要想安身立命，只有靠自己去争取，拿别人的永远低人一等。

范仲淹为了读书，拿出了"头悬梁，锥刺骨"的精神，晚上读书犯困了，就用冷水洗把脸，清醒以后继续读书。皇帝路过学校，同学们都跑去一睹天颜，他依然坐在那里，捧着书本攻读。

1015年，27岁的范仲淹考中进士，并被授予正九品的官职。职位不高，俸禄不多，但他依然把母亲接到身边奉养。一家人最重要的不是锦衣玉食，而是永远在一起。这就是范仲淹的孝道。一碗粥、一盘青菜，也饱含着他对母亲的爱。

1026年，母亲谢氏病故，范仲淹穿着丧服回老家守孝。现任应天府留守晏殊早已听说范仲淹学问好、人品正，是个人才，于是，就请范仲淹主持应天府学校的教务。他在这里学业有成，再回馈给学弟们，人生还有比这更美妙的事吗？

范仲淹欣然上任。到任后，他制订了一套教学计划，不仅督促学生照章执行，自己更是以身作则。每当夜晚，他还要提着灯笼去宿舍察看纪律，以防有人玩耍，耽误了第二天的学业。经过整顿，学校很快就扭转了学风，并且吸引了很多外来学生旁听。

有一天，一位姓孙的秀才来学校乞讨，范仲淹看在他也是读书人的分儿上，就给了他一千文钱。没想到，第二年孙秀才又来了。范仲淹就生气了："你也是个读书人，怎么不好好做学问呢？"孙秀才叹了一口气："家中有老母亲要养，我也没办法。只要一个月能有三千文的收入，我又何必乞讨呢？"

范仲淹体会过贫穷的滋味，当然知道穷人每日奔波就已付出全力，哪里还有精力读书。于是，他为孙秀才在学院里找了份工作，让他领一份薪水，并且能静下心来读书。让范仲淹没有想到的是，他随手的善举，竟造就了一位大儒孙复。孙秀才经过刻苦读书，十年后，竟然能在泰山脚下聚众讲《春秋》。

这时，范仲淹才读懂了杜甫为什么会发出"安得广厦千万间，大庇天下寒士俱欢颜"的呼喊，因为贫穷真的会限制人的想象力。从此以后，不论在哪里做官，他都以"办学校，兴教育"为根本。因为他希望天下的学子都能像他一样，靠知识改变命运，常怀悲悯之心，才有大慈悲之爱。

(03)

范仲淹36岁才做父亲，在那个年代属于"中年得子"。按照一般情况，他的孩子会被娇惯成衣来伸手、饭来张口的"小皇帝"。可在范仲淹的教导下，四个儿子全部成为守礼君子、国家栋梁。

范氏家教只有四个字：以身作则。在宋、夏边境战争中，范仲淹作为军中主帅，为了解军中的实际情况，派长子范纯祐到基层去，并且特别叮嘱：不许暴露身份。范纯祐天天跟士兵们同吃同住同劳动，所以能了解到军队基层最真实的一面，然后他再把真实情况悄悄汇报给父亲。一旦发现人才，范仲淹就立即提拔。

在每次战斗中，范纯祐也没有搞特殊化，不上战场，反而身先士卒。直到战争结束后，战士们才知道，每天跟他们一起的，是主帅的儿子。

不仅长子没有说"我爸是范仲淹"，而且次子范纯仁更有趣。那年，范仲淹派他从苏州往四川送麦子，结果在半路上遇到了朋友石曼卿。这时的石曼卿哪有帅哥的样子，满脸就写着两个字——心累。范纯仁就问他："兄弟，你怎么了？"顿时，石曼卿就哭了："亲人去世，我却没钱扶灵柩回老家，你说悲哀不悲哀？"

范纯仁悲伤之下，就把这船麦子送给了石曼卿，让他卖掉换钱，带着亲人的灵柩回老家。回家之后，范纯仁都没敢说这事，还是老爸问起行程来，他才把石曼卿缺钱的事情说出来。没想到范仲淹当场就发火了："你朋友缺钱，你为什么不把一船麦子都送他？"范纯仁赶紧告诉老爸："麦子我全送他了。"

有什么样的家长，就会有什么样的孩子。在范仲淹的影响下，长子范纯祐一生守节，次子范纯仁官至宰相，三子范纯礼官至礼部尚书，四子范纯粹官至户部侍郎。所以说，什么教育都不如家长以身作则，毕竟，父母才是孩子最好的老师。

04

在宋朝，有一点与众不同的地方：官员被贬，是很光荣的事。被贬，证明官员不畏权贵、敢于抗争，换句话说就是"积极作为"。范仲淹的仕途就在升迁、被贬、再升迁、再被贬中，慢慢地实现心中的梦想。

1029年，范仲淹首次成为朝廷官员。大好前途摆在他眼前，该站队就站队，该巴结就巴结，熬个朝廷大员等退休就得了。可他偏偏要抬扛，因为他觉得宋仁宗已经长大了，太后继续垂帘听政不符合政治规矩，紧接着一封"举报信"就扔向了刘太后。

要知道，刘太后的权势堪比慈禧，范仲淹会有什么下场都不用问。晏殊问他为什么要跟太后对着干，他说了一句很感人的话："只要对朝廷有好处，即便有杀身之祸，也在所不惜。"

从此以后，范仲淹的仕途就没顺利过。被贬出京后，他不停地给朝廷提建议：修建宫殿太费钱，停了吧；各部门的闲杂官员太多了，裁一点吧；官员的工资少，容易腐败，还是涨点吧。但得到的结果都一样——没人理。

刘太后去世，作为反对过她的人，范仲淹被调回京城担任谏官。恰好那年旱灾、蝗灾一起爆发，他请宋仁宗派人去考察一下民情，宋仁宗也不搭理他。范仲淹脾气上来了，一再力劝。最终，宋仁宗拗不过范仲淹，只好派人去地方抚慰民情。

宰相吕夷简把持朝政、培植党羽，范仲淹看不过去，也要去说一嘴："人事工作、百官升迁，应该由皇帝说了算，哪有宰相包揽的？"不仅批评宰相的工作，还给宋仁宗送来一幅《百官图》说明情况。

批评完太后批评皇帝，批评完皇帝批评宰相，这谁能受得了？很快，范仲淹就被贬到饶州。县令梅尧臣给他写了一篇《灵乌赋》："你说点好听的就行了，像乌鸦报丧一样说话，谁受得了你？"范仲淹看了后，回家也写了一篇《灵乌赋》。其中有一句话足以作为中国读书人的行为准则："宁鸣而死，不默而生。"

1040年，宋、夏边境战事吃紧，宋仁宗又想起了在"江湖之远"的范仲淹："朝廷考验你的时候到了，去吧。"就这样，范仲淹与韩琦成为安抚使夏竦的副手，开始卫戍西北的军事生涯。多年的斗争和打击让范仲淹很心累，但是祖国需要，刀山火海也得闯。

范仲淹到任后，做了几件工作：

（1）更改军队旧制度，加强训练；

（2）修建青涧城、大顺城，作为军事基地；

（3）联络西羌部落，威胁西夏后方；

（4）建筑城寨、山脉相配合的防御体系；

（5）选拔猛将，威震三军的狄青、种世衡，就是在此时被选拔出来的。

一套组合拳打下来，西北局势彻底稳定，直到北宋灭亡，西夏都没能跨过这道防线。在西北的夕阳下，范仲淹看着眼前的战场，脑海中响起《渔家傲》的旋律：

　　塞下秋来风景异，衡阳雁去无留意。

　　四面边声连角起，千嶂里，长烟落日孤城闭。

　　浊酒一杯家万里，燕然未勒归无计。

　　羌管悠悠霜满地，人不寐，将军白发征夫泪。

战争啊，是所有人的悲哀。

(05)

在中国历史上，人品正直，能治理地方，还会领兵打仗的人少之又少，能数得上来的就那么几个：诸葛亮、王猛、王阳明……范仲淹也是其中之一。

1043年，西北战事平息，范仲淹被召回京城，担任参知政事，相当于副总理。刚一升官，他就把工作重点指向了改革。

下过地方，上过朝堂，喝得了清粥，也吃过猪肉，范仲淹清楚地知道，很多人还吃不饱饭，很多人卖儿卖女才能活命，很多人占有大片土地，很多人贪污无数钱财。

这个世界很不公平，但政府的职责就是尽量让它公平一点。抱有这种想法的人很多，他们都是希望用一腔热血消除黑暗、迎接光明的理想主义者。范仲淹、富弼、韩琦、滕子京、欧阳修……他们奋力一搏，主导改革，史称"庆历新政"。

改革就是砸掉无数人的饭碗，再让无数人端起新饭碗。可往往要砸掉的是拥有反抗能力的富豪，而希望端起饭碗的是没有力量的农民。所以，大部分改革都是以失败告终，这次也不例外。

"庆历新政"只持续了一年，就因利益集团反攻倒算而难以为继。改革派的大将也纷纷离开朝廷，到地方上继续发光发热。范仲淹去到了邓州，滕子京去了岳州。

1046年，范仲淹收到滕子京的画，请他为新建的岳阳楼写一篇文章。他喝了一杯酒，看着滕子京送来的《洞庭晚秋图》：烟波浩渺的洞庭湖上，打鱼的船只、天上的飞鸟、堤岸的芳草以及岳阳楼诗意地浮现在画面中，有一种难以言说的韵味。

这里不仅仅是洞庭湖，更是大宋的江山，是祖祖辈辈繁衍生息的地方。肥沃的土地、厚重的历史、璀璨的文明，都在这里传承。

> 庆历四年春，滕子京谪守巴陵郡。
>
> 越明年，政通人和，百废俱兴。
>
> ……
>
> 予观巴陵盛状，在洞庭一湖。
>
> 衔远山，吞长江，浩浩汤汤，横无际涯；
>
> 朝晖夕阴，气象万千。
>
> 此则岳阳楼之大观也。

可如今，这片土地上是什么景象呢？

富者田连阡陌，贫者无立锥之地。如果农民遭遇蝗灾、旱灾，本就不多的土地也要被迫卖掉，亲生的儿女都保护不了。

官府也好不到哪里去，只领工资不干活儿的官员太多了。贪污腐败横行，军队战斗力低下，这哪有一个大国的样子？这样下去，怎么得了？

> 若夫淫雨霏霏，连月不开，
>
> 阴风怒号，浊浪排空，
>
> 日星隐曜，山岳潜行。
>
> ……
>
> 登斯楼也，则有去国怀乡，
>
> 忧谗畏讥，满目萧然，感极而悲者矣。

我这一生的奋斗，难道是为我自己吗？不是的。

面对这样的局面，我只能尽力去做，有不符合规矩的地方，我就提建议；地方没有治理好，我就努力干；西北边境战争连绵，我就去奋斗数年。身为宰相，我想和同伴改变这一切，让天下人人有饭吃，人人有衣穿，人人有稳定的收入，遇灾时能有保障。如果世界能变得如此美丽，那我做梦都能笑醒。

> 至若春和景明，波澜不惊，
>
> 上下天光，一碧万顷。
>
> ……
>
> 渔歌互答，此乐何极！
>
> 登斯楼也，则有心旷神怡，宠辱偕忘，把酒临风，
>
> 其喜洋洋者矣。

可惜，我们毕生的努力最终还是失败了。想触动利益阶层比登天还难。可人生就是这样，努力奋斗了，失败了又有什么关系？

在庙堂上，我就尽宰相的责任，济世安民；在地方上，我就尽臣子的责任，为君王分忧。虽然我的努力没能得到回报，但只要正气长存，就会有人继续我们的事业。

> 不以物喜，不以己悲；
>
> 居庙堂之高则忧其民，处江湖之远则忧其君。
>
> 是进亦忧，退亦忧。然则何时而乐耶？
>
> 其必曰"先天下之忧而忧，后天下之乐而乐"乎。
>
> 噫！微斯人，吾谁与归。

⟨06⟩

一篇《岳阳楼记》，惊艳了时光。千百年来，它早已成为仁人志士的座右铭，激励着历代英雄豪杰策马扬鞭，鼓舞了无数君子以此为圭臬，在范仲淹的理想道路上，前赴后继。范仲淹用他的人格和思想魅力成就了千年不朽的大功业。

范仲淹在被贬睦州时，曾写过一篇《严先生祠堂记》，盛赞东汉严光的气节和操守：

> 云山苍苍，江水泱泱。
>
> 先生之风，山高水长！

其实，这更像是他为自己写下的墓志铭。

若你觉得生活苦，不妨读读曾国藩

01

1811年，曾国藩生于湖南湘乡县，5岁时，爷爷和父亲就开始教他读书、写字。可曾国藩好像不太聪明，别人一天就能学会的知识点，他一个星期也未必能掌握。

13岁的一个夜晚，曾国藩一如既往地进入书房。他要把一篇课文背下来，要不然明天的早饭就没了。他坐在那里一遍一遍地背诵，可他不知道房梁上有人在一直盯着他。

这人是个小偷，他打算偷点东西回家养老婆、孩子，没料到曾国藩进来了，于是只能在房梁上等着。没想到曾国藩背书到三更半夜，还是磕磕巴巴地背不下来。这位梁上君子急了，看这样子，等到天亮也没完。他"嗖"地从房梁上跳了下来，把曾国藩吓了一跳。然后，这人开始大声地背诵那篇文章，背完后在曾国藩崇拜的目光中大摇大摆地离开了。

连小偷都比曾国藩聪明，你看他得笨到什么程度。但曾国藩硬是靠着自己的方法，从千万人中脱颖而出，成为"读书改变命运"的典范。

他读书的方法很简单：下笨功夫，死记硬背。他说："一句不通，不看下句。今日不通，明日再读。今年不精，明年再读。"

他凭着一股韧劲把一句话、一篇文章、一本书慢慢读熟、读透，日积月累，他的才学也与日俱增。靠苦练的水磨功夫，笨小孩曾国藩终于在22岁时考上了秀才，紧接着中举人、登进士，继而成为士大夫中的一员，真正实现读书报国的愿望。

人生的路其实很简单，认准一个目标，持之以恒地做下去，终究会有回报。

(02)

1838年，曾国藩被选为翰林院庶吉士，开始了他的仕途生涯。

毕竟是刚进入繁华的北京城，曾国藩很开心，他每天喝酒、看戏、下棋，反正什么都干，就是不读书。而且他脾气也不好，还经常跟别人吵架。

有次翰林院给他放了40天假，他给自己列了个"假期清单"：读两本书、锻炼身体、学一门手艺……可当40天过去后，他一样都没做，就这么喝酒、看戏混过去了。曾国藩痛定思痛后，给自己立下了终身修行目标：成为圣贤。

他的修行计划分为两项：写日记和勤读书。

从1842年开始，曾国藩每天睡觉前都要反思当天的得失，看哪一点不符合圣人的标准，就用蝇头小楷写到日记本上。1872年，在他去世前四天，他还在日记中反省："余精神散漫已久，凡应该了结之件，久不能完；应收拾之件，久不能检，如败叶满山，全无归宿，通籍三十余年，官至极品，而学业一无所成，德行一无可许，老大徒伤，不胜惶悚惭赧！"

曾国藩只要空闲下来，就会拿起书本阅读，不论风吹雨打、生病忙碌。他每天必做的一项任务就是：读十页史书。历史就是过去发生的事，如果能从前人的教训中吸取经验，对自己的人生大有裨益。读书的习惯他保持到生命的最后一刻。曾国藩是我们"终身学习"的典范。

而写日记是为了自我监督，是磨炼自己的心性；勤读书则是为了认识世界，让外部精华充实头脑。一内一外，长久地自我修炼，让曾国藩在成为一代名臣的道路上越走越顺。

03

凭借自己的努力，曾国藩逐渐名满京城，而他良好的品德更是给朝廷留下了深刻的印象。朝廷每次考察官员，他总是名列前茅。再加上他办事踏实，工作认真，在短短十年间，竟然获得七次升迁，从一个小小的翰林成了从二品的礼部侍郎。

当时的清朝早已不复康乾时期的吏治清明，取而代之的是人浮于事、贪腐成风。曾国藩对此早已不满，他在等待机会。

1850年，新登基的咸丰皇帝立马烧了一把"大火"："大家都说说，我大清有什么不好的地方，都来提意见。"机会来了，曾国藩抓紧写了《应诏求言书》交上去。

咸丰看了很是高兴，在朝堂上狠狠地夸奖了他一番。曾国藩本以为皇帝会按照他的建议治理朝政，但结果并没有。咸丰皇帝本质上是个守旧之人，做皇帝的新鲜劲儿过去后，一切照旧。这样一来，曾国藩就不乐意了。他直接上了一道奏折，痛斥咸丰的缺点和毛病：一是只有小聪明；二是只做表面文章；三是说话不算话。

不出意外，咸丰大怒，恨不得立刻治曾国藩的罪。幸亏曾国藩的人缘好，在大家的合力劝说下，皇帝才消了气。

命是保住了，但京城已经容不下曾国藩了，因为他破坏了所有人都要遵循的"潜规则"。既然你跟我们不是一条心，那就不是自己人了。以后我们吃肉，招呼都不跟你打。

在这样的环境下，还怎么进行工作？偌大的京城再也没有曾国藩的容身之地。曾国藩心里虽然苦闷，但他从没后悔过。

(04)

1852年，曾国藩的母亲去世，他回老家丁忧。这时，太平军出广西、入湖南，沿途各地纷纷陷落。眼看江南的半壁江山就要落入太平军手中，朝廷鼓励大家招兵买马，抵抗太平军。

曾国藩和湖南巡抚张亮基办了团练，这就是后来名震天下的"湘军"。他招募贫困山区的农民为士兵，选择亲戚、同乡、师生为军官，依靠血缘关系为纽带，组建了一支"拖不垮，打不烂"的全新军队。

谁也没想到，这支全新的军队刚遇到太平军，就在靖港水战中被击败。曾国藩仿佛听到了"啪啪"的打脸声。"以后还怎么见人？不如死了算了。"他一个猛子扎进水里，打算自我了断，幕僚章寿麟跳进水中把他捞了起来。

事实证明，曾国藩不是一出手就成为战神的，他的败绩仔细算来，能数出一箩筐。

1855年，石达开败湘军水师于湖口，曾国藩的座船被俘虏，会议记录等文件全部丢失。曾国藩冲向敌军，打算壮烈殉国，幸好又被拉了回来。

1856年，曾国藩坐镇南昌，老朋友石达开又来攻城。眼看曾国藩就要壮烈牺牲，幸亏彭玉麟千里回援，才解了南昌之围。曾国藩从来都不是威风凛凛的战神，他经常狼狈得如丧家之犬。那他为什么能取得最后的胜利呢？

原因只有四个字：屡败屡战。靠着这四个字，曾国藩率领湘军屡次从失败中站起来，最终包围南京，取得与太平军作战的最终胜利。

而我们学习曾国藩，就是要学习他这种不死不休的勇气和意志。

05

1856年，曾国藩的父亲去世，他招呼都没打就回家丁忧去了。咸丰皇帝大怒："你无组织、无纪律，赶紧回到战场上去。"没想到曾国藩趁机提出要求："要我回去也可以，但是我要当实权巡抚，这样我才能统一调度资源。"咸丰皇帝笑了："那你就不要回来了。"

这里需要解释一下。因为曾国藩上奏折骂他，所以咸丰皇帝一直都不喜欢曾国藩，再加上此时正规部队打了几个胜仗，让咸丰皇帝看到了希望，他觉得此时不必再依靠曾国藩的湘军了，于是顺势解了曾国藩的兵权。

曾国藩又郁闷了，本来想以退为进，结果却被皇帝"鸟尽弓藏"。在极度的郁闷中，他开始读《庄子》。经过两年的仔细揣摩，他终于大彻大悟："我总觉得自己是最牛的，其他人都是傻子。其实当这个想法冒出来时，我就成了最大的傻子。"

俗话说，一个好汉三个帮，一个人再厉害，也需要有人配合，才能发挥出更大的力量。曾国藩在意识到自己"自傲、刚直"的毛病后，就有意识地改变自己的行事风格。

1858年，曾国藩复出。在回到军营之前，他给当地的官员写了一封信。上到都抚大员，下到县令，无一遗漏，人人有份。在信中，曾国藩的姿态降低了很多，他说："我们都是为朝廷效力，我能力不够，请诸位多帮帮我。"曾国藩的低姿态，让他与同僚打成一片。从此以后，他的工作开展也大为顺利。

不仅如此，他还学会了"贪污受贿"。1861年，湘军大将鲍超给曾国藩送来几车"战利品"，其中很多都是古董、珠宝之类的值钱玩意儿。当他打开看了一遍之后，只拿出一顶花帽："我喜欢这个玩意儿，这个我收下了，其他的你拿回去。"

鲍超是个血战沙场的硬汉，这一刻却被曾国藩的气度感动了。如果一个人特立独行，必然会被众人排斥，所以曾国藩必须向现实妥协，但他又能够一直坚守内心的良知。他不再认为自己是最独特的人，他不再顽固地拒绝"同流合污"，他不再争抢所有的功劳。

正因为他放低了姿态，大家才把他捧到最高。

06

古往今来，中国人的最高追求就是"三不朽"：立德，立功，立言。在立德上，曾国藩一辈子修身，可称圣人；在立功上，曾国藩平定太平天国，纵横天下；在立言上，曾国藩留下《家书》《语录》，著作等身。他被称为"立德、立功、立言三不朽，为师、为将、为相一完人"。

曾国藩的一生没有任何浪漫，少年天才、神威盖世、挥斥方遒，统统与他无缘。他更不是官二代、富二代，他只是个小地主的儿子，硬生生靠自己的努力拼出一生辉煌。他用一生的努力告诉我们："普通人也可以通过努力成就伟大的事业。"

著名学者张宏杰说："自古圣贤可佩但不可学，唯有曾国藩可佩亦可学。"

"犟骡子"左宗棠

01

在"晚清四大名臣"中,左宗棠是一个异类。

曾国藩会做人,朋友、弟子满天下;李鸿章会做官,用圆滑的手腕在朝野打太极;张之洞学问大,"中体西用"风靡一时;而左宗棠的外号是"左骡子"。从外号就可以看出,此人属于性格刚烈、执拗的一类人。

1812年,左宗棠生于湖南的"寒素之家"。他的父亲和祖父都是秀才,除了读书,他们也是农民。生在这样的家庭,左宗棠从小就被设计好了人生路线:读书—科举—做官—光宗耀祖。

要走好主流路线,就一定要钻研"四书五经"。可左宗棠对寻章摘句的学问烦透了,经常偷偷找课外书来看,比如顾祖禹的《读史方舆纪要》、顾炎武的《天下郡国利病书》、齐召南的《水道提纲》……这些被视为洪水猛兽的书,他都烂熟于心。

现在提倡的素质教育,在当时却是不务正业,所以结局也很明显,左宗棠连续三次进京考试,全部名落孙山。

1838年,27岁的左宗棠黯然离开北京。在南下的路上,他做了一个影响一生的决定："既然考不上，那我就不考了。"历尽生活的磨难后，他终于发现了自己想要的是什么。从此以后，他不再为别人而活，只听从内心的呼唤。

左宗棠开始读自己喜欢的书，做自己想做的事，见自己欣赏的人。一旦把自己喜欢的事做到极致，生活就从此充满了意义。

(02)

世事就是如此有趣，当左宗棠摒弃正统学术之后，却又因"学问高深"而成为湖南的风云人物。第一个赏识他的，是贺熙龄兄弟。

左宗棠曾跟随贺熙龄读书，师生关系十分亲密。贺熙龄也很喜欢这个学生，还专门写诗夸奖他：

> 六朝花月毫端扫，万里江山眼底横。
>
> 开口能谈天下事，读书深抱古人情。

不仅写诗，贺熙龄还在诗下做了注释："季高近弃辞章，为有用之学，谈天下形势，了如指掌。"

贺熙龄的哥哥贺长龄也很欣赏左宗棠，称其为"国士"。他们两人都是清朝的高官，这样的评价必然有一定的道理。

第二个赏识左宗棠的是两江总督陶澍。

1836年，陶澍请假回家扫墓，路过醴陵[1]，恰好左宗棠在这里当老师，县令就请他为陶大人的行馆写一副对联。

---

[1] 今湖南省株洲市。

　　春殿语从容，廿载家山印心石在；

　　大江流日夜，八州子弟翘首公归。

　　这副对联有水平，既说了道光皇帝亲自题"印心石屋"赠送陶澍，又代表家乡人民对其歌功颂德，高明啊！

　　陶澍也特别喜欢这副对联，于是他把左宗棠叫来问话。这一问不得了，左宗棠立马就把陶大人给折服了，并且当场就定论："君将来功业当在我之上。"这一年，左宗棠才25岁，相当于大学毕业的年纪。

　　第三个赏识他的是林则徐。

　　1849年，林则徐在云贵总督的岗位上辞职。路过湖南时，他特地派人请大名远扬的左宗棠前来相见。两人在船上谈了整整一夜，除了谈论历史、社会，重点还谈论了新疆。30年后的那场大战，也许可以从这里找到一些端倪。

（03）

　　有了满腹才学，左宗棠便给自己起了一个很厉害的昵称——今亮。但很快他就证明，自己不是在吹牛。

　　1852年，太平天国围攻长沙，湖南巡抚张亮基派人去请左宗棠："你不是牛嘛，麻溜地出来干活儿。"自此，41岁的左宗棠开始了辉煌的后半生。

　　左宗棠当时的工作相当于幕僚，但张亮基心大，他把巡抚的活儿全部推给了左宗棠，自己当甩手掌柜。左宗棠也没推辞，如此大任，舍我其谁？他"昼夜调军食，治文书"，让太平军三个月都进不了长沙城，最终掉头北上，扑向武汉、南京。自此，左宗棠一战成名。

　　两年后，张亮基离开湖南，他又成了新巡抚骆秉章的幕僚。在当时，巡抚可以换，但左宗棠换不了。所以就有了那句著名的评价：天下不可一日无湖南，湖南不可一日无左宗棠。在之后的六年中，他辅佐骆秉章"内清四境""外援五省"，以幕僚之身行巡抚之任，大家还心服口服。

在"晚清四大名臣"中，左宗棠和曾国藩、李鸿章的关系都不是太好。但曾国藩的修养很好，能容人。

1860年，太平军攻破江南大营，浙江财赋之地彻底暴露在太平军的刀锋下。这时，必须有人能独当一面，带兵收复浙江。此时的曾国藩正在向南京进攻，无暇他顾，于是就放手让左宗棠组建"楚军"，并在第二年举荐他为浙江巡抚，南下收复浙江。

49岁的左宗棠，抓住了人生中最大的机遇。短短四年时间，他率军横扫浙江，官职从四品闲官，一路升为闽浙总督，封爵二等恪靖伯，后又晋封为二等恪靖侯。

04

对欧美列强来说，19世纪的中国是一块让人垂涎的肥肉。

19世纪70年代，沙俄武装强占伊犁，并且扶植阿古柏政权盘踞新疆喀什等地。正当朝廷准备派左宗棠带兵入疆之际，东南地区又传来了坏消息——日本入侵台湾。在这种局势下，清廷内部又爆发"海防""塞防"之争。

李鸿章主张重点防御海疆，防止英、法、美、日等国从大海而来，扰乱大清的财赋重地。而左宗棠则主张"海塞并重"，因为西边有强大的俄国和从印度而来的英国。

平心而论，二人坚持的立场都有道理，大清国的土地一块都不能少。但是李鸿章主张放弃新疆："我们的国土太大，新疆不要了。"

此时的新疆压根儿不在大清手中，而是被俄国支持的叛军阿古柏占据，并且已经得到了英、俄的外交承认。这就把"钢铁硬汉"左宗棠惹火了，160万平方公里的土地，说不要就不要了？敢情不是你李中堂家的地，你就一点儿都不着急是吧？

于是左宗棠给朝廷写了一封万言书，大意是："天山南北两路粮产丰富，牛羊遍野；煤、铁、金、银、玉石藏量极为丰富。所谓千里荒漠，实为聚宝盆。因此，东则海防，西则塞防，二者并重。"

幸好，还有明事理的人，一个是军机大臣文祥，另一个是慈禧太后。不管后世给老太太什么评价，但是涉及利益的问题，慈禧的态度还是很坚定的。她决定支持左宗棠收复新疆。于是，64岁的陕甘总督左宗棠再一次披挂上阵。

当时的新疆，早已被阿古柏割据，建立起"洪福汗国"。1868年，英国赠送了大批军火给"洪福汗国"，维多利亚女王还写了亲笔信，向阿古柏致以亲切的问候。1872年，俄国也与"洪福汗国"签订了条约。

这样一来问题就变得很严重了。在"安史之乱"以后，新疆已有近千年不与中原交流，直到乾隆时期才再次收复，到此时，也不过一百多年。我们可以想象，如果没有左宗棠的强硬态度，新疆有可能脱离中国，那我们今天真的就是"西出阳关无故人"了。

既然下定了决心，那就干吧。左宗棠亲手制定了西征的战略：缓进速决。接下来，他还有两个重要问题要解决。

首先是钱。左宗棠预计需要800万两白银的军费，但实际到账只有500万两。剩下的差额该怎么办呢？他准备向外国银行借钱应急。朝廷也还算给力，在左宗棠借钱之后，朝廷看到了他的决心，也大力支持。

据统计，从1876到1880年，收复新疆共花费5000万两白银，平均每年要用1000万两白银，占朝廷年收入的15%。

然后是武器。左宗棠通过向洋人买、问朝廷要的方式，费尽心机地为西征军弄来了劈山炮、来福大炮、后膛枪等装备。英国历史学家包罗杰说："这支军队基本近似一个欧洲强国的军队。"

1876年3月，左宗棠离开兰州，挥师西进。战斗过程毫无悬念，1878年1月，盘踞新疆12年的阿古柏军事集团被全歼，新疆收复。

这次战役，几乎是左宗棠以一己之力扭转乾坤，他足以配得上"左公千古"的赞誉。

阿古柏被全歼，但伊犁被俄国占据。俄国的说法是"代清朝占领伊犁"，一旦清军收复北疆就立刻归还。在他们的脑子中，清军都烂成什么玩意儿了，还能远征？可左宗棠还真就来了，并且连招呼都没打。

1878年10月，朝廷派崇厚出使俄国，希望能要回伊犁。但到了俄国后，估计是伏特加喝多了，崇厚就把伊犁送给了俄国，他没有通报朝廷就大摇大摆地回家了。

左宗棠怒了："老子从南走到北，又从东打到西，你一句话就把伊犁送了？"回家后，崇厚被判"斩监候"，最终花30万两白银买了一条命。左宗棠向朝廷报告："这次不算数，请重新派人去谈判，谈不拢我就带兵开战了！"

最终去俄国谈判的是曾国藩的长子曾纪泽。为了给曾纪泽在谈判桌上增加筹码，左宗棠在后方也定下"三路大军收复伊犁"的新方案。

1880年，他已经69岁了。由于水土不服，他经常早上咯血，还有浑身的湿疹。这样的身体早已不适合远征，但想要回伊犁，自己就必须出关。

左宗棠让人抬着一口棺材跟在自己身后，踏上平生最壮烈的征程。69岁的老人，不能在家含饴弄孙，甚至有家难回，他图什么？只因此身早已许国。

第二年，曾纪泽与俄国签订《中俄伊犁条约》[1]，争取回部分主权和领土。在当时，这已经是最好的结果了。条约签订的那一天，左宗棠刚好抵达北京，弱国外交的胜利，他也会感到些许欣慰吧。

---

[1] 根据条约规定，清朝收回伊犁九城及特克斯河流域附近的领土，但仍割让了塔城东北和伊犁、喀什噶尔以西七万多平方公里的领土。

05

在晚清名臣中，左宗棠是一个异类。他与其他人最大的不同之处在于，他点燃自己的一身正气作为火把，在浑浊的时代照亮前路，也温暖了整个世界。

23岁时，左宗棠就写下一副对联：身无半亩，心忧天下；读破万卷，神交古人。其气势之豪迈，丝毫不像前途未卜的年轻人。近50年后，垂垂老矣的左宗棠依旧一身肝胆。在西征新疆之前，他曾写过一封家书："西事艰阻万分，人人望而却步，我独一力承当，亦是欲受尽苦楚，留些福泽与儿孙，留点榜样在人世耳。"

当大清的衮衮诸公在醉生梦死时，他们是否知道，这个"抬棺上阵"的老人在万里戈壁中的奋斗？左宗棠在不顾生死拼杀时，是否知道，他所保卫的江山被一群瘾君子、真小人腐蚀得千疮百孔？

他是知道的。尽管如此，左宗棠依然背对浮华，面向艰险，深一脚、浅一脚地走下去，拖着身后的老帝国艰难地前行。

这才是真正的英雄，十年饮冰难凉热血的真英雄。世人都说左宗棠太犟了，可我就喜欢他这样的"犟骡子"。在任何时代，最缺的就是这样的钢铁硬汉，他们才是民族的钢铁脊梁。

"汇通天下" 乔致庸

01

1937年8月下旬，一架飞机在祁县乔家堡上空盘旋三圈后，向北飞去。驾驶员乔恫要去晋北的宁武、雁门关一带，协助陆军对日作战。两个月后，乔映庚收到儿子的来信，他迫不及待地打开："儿于月前奉命调直某空军基地（军秘，谅儿之衷），闻阎督近电总裁告急求援，总司已派卫立煌部驰晋增援，儿所部亦为配合此次行动作特级准备，不日将有一次鏖战也。数月军训虽备受艰苦，然体质倍健，勿劳大人挂念。两月前曾将全副戎装之照片一帧奉寄，观儿壮实体态，想必可使悬思冰释矣！国之将倾，家何以为，大人对儿幼时之教诲，至今犹历历在耳，未敢一日忘。儿虽不才，不敢与岳武穆、文天祥等先圣比，但以堂堂热血男儿，值此国难当头，岂敢以儿女之私废大公乎……战事日迫，民无宁时，儿不能亲侍左右，望大人善自珍重，亦须明哲保身，设处境日危应速作南旋计，以度此风云之秋，唯霜风渐属务希珍摄，祖母大人处亦望婉转慰藉，勿以实情相告。"

刚收到信没几天，乔映庚就收到了儿子战死沙场的消息，不禁老泪纵横，又感欣慰："不辱门风。"

80年后，历史拨开迷雾，人们不禁感慨："重利轻离别的商人之家，也有忠勇烈士。"而乔映庚口中不辱的"门风"，也来自一手将家族带向辉煌的爷爷——乔致庸。

今天，我们不读乔致庸，就不知何为晚清商人，更不会知道，在风雨飘摇的晚清时代，一介书生用资本撬动的仁义本色。

(02)

1855年，38岁的乔致庸满怀信心地准备乡试，打算一举夺魁，进而中进士、点翰林，实现耕读传家的夙愿。可一个噩耗传来，彻底打乱了他的阵脚："太平天国占据江南，导致乔家的茶路断绝、资金链断裂，家族生意危在旦夕，哥哥一口气上不来，撒手西去。"这时哥哥的儿子还小，作为弟弟的乔致庸必须盘活生意，才对得起祖父兄三代人的心血。

仕途梦断，乔致庸只能放下书本，操起算盘，承担起自己作为男人的责任。

祖父由走西口起家，所以家族的店面大部分都在包头。乔致庸知道：恢复茶路是其次，首先得稳住包头的生意。来到包头后，他发现情形远比想象中更为严重：员工挤兑薪水、人心浮动、资金短缺，每一项都要抽掉乔家的根基。

面对这种情况，乔致庸提出了"顶身股"的概念。一个小伙计进入店里当学徒，三年后如果成绩合格，就成为正式员工。再勤勉工作三个账期（十年）后，如果成绩优良、没有任何失误，就可以由掌柜推荐、股东认可，拿到一、二厘的身股，也叫"干股"。这种股份不能买卖，只能参与分红，人不在了，股份也要收回。但是只要员工表现良好，拿到的身股也会随着工龄增长，乔家可以养他一辈子。

乔致庸的"顶身股"制度一经施行，马上稳定住了浮动的人心。老伙计们都拿到了合适的股份，新伙计的心也安定了下来，真正把乔家的生意当作自己的事业来做。

当别的商号伙计还在眼巴巴地盼着涨薪时，乔家的伙计已经成为商号的一分子。当时山西有这样一句话："做官的入了阁，不如在茶票庄当了客。"可见"顶身股"的诱惑力有多大。

稳定了自家员工，乔致庸又吸引其他商号的人才，并且靠家族长年积累的声誉借到了贷款，因此，乔家在包头的生意迅速起死回生。

随后，乔致庸在"复盛公""复盛全"的基础上，又投资六万两白银开设了"复盛西"当铺、"复盛兴""复盛和"粮店、"复盛协""复盛锦"钱铺等复字号产业。后来，他又把生意扩张到呼和浩特、祁县、太谷，经营日用百货、皮毛、粮食、钱庄、酒店，一张遍布西北的商业网络，在乔致庸的手中铺开。

太平天国被平定以后，南北茶路重新疏通，乔致庸再一次前往南方贩茶，经过包头，远销恰克图、蒙古、俄罗斯，从地方豪绅，变成了北方雄商。包头至今都流传着乔家的谚语："先有复盛公，后有包头城。"

如果说普通员工参与分红，能够有一份安身立命的收入，那么对商号的管理人才，乔致庸只要认定，就能立马破格任用。

1881年，平遥"蔚长厚"的掌柜阎维藩被排挤，他决定返回山西老家另谋高就。乔致庸听说此人才能了得，于是派了两路人马，带着八抬大轿，分别在阎维藩可能出现的路口等候。一连等了八天，阎维藩的身影终于出现。

看着风尘仆仆的乔家人，阎维藩顿时感动得热泪盈眶，但他坚持不上轿，他要与乔家人并肩而行。最后实在相持不下，他才在轿子里放了一顶帽子，算是代替他坐轿了。

回到祁县后，年仅36岁的阎维藩当即出任大德恒票号的掌柜。他凭借出色的才能，在后来的26年里，让大德恒票号每股分红都在8000到10000两白银，真正是"一言兴家，一言振业"。

还有"文盲掌柜"马荀，这个大字不识一箩筐的伙计，因为出色的业务经营能力，被乔致庸一举提拔为大掌柜，将包头的"复盛西"商号经营得日进斗金。

乔致庸散了钱财，却聚集了人才；他的生意，富了自己，也富了众人。

03

在晚清时期，票号最初由平遥的"雷履泰"发起。但经过几十年的发展，全国的票号也不过五家，最大的"日升昌"也只有七家分号，而且他们还不和中小商人做生意，只选择大商人合作。这样一来，大部分商人仍然得带着沉甸甸的银子走南闯北，一不小心就会被土匪、恶霸谋财害命。

乔致庸接掌家业后，看到了票号业的前景，决定挪动多余的资金开设票号。众人纷纷劝阻："现在入局，很难赚到钱了。"但在乔致庸的构想里，票号的功能不仅是赚取利息，而是要"汇通天下"。

为打造"清朝银联"，乔致庸投资26万两白银成立"大德恒"票号，并在三年后将"大德兴"也改组成票号。两大票号火力全开，让所有商家都能实现"异地汇取"的梦想，只用带着一张收据，就可以走南闯北。即便收据在路上被土匪抢劫，如果没有密码，在票号中也换不到银子。所以，在乔家的票号史上，没有一例误兑错兑，他们将票号生意做到了极致。

大格局下的大梦想让乔家票号业务迅速开遍全国二十多个城市，乔家的资本在全省乃至全国的排名，也像坐火箭一般往上蹿。当初的行业前辈，早已被乔致庸抛到身后，无法望其项背。

（04）

祁县深宅大院里的乔家，再也不是祖上娶不起老婆的落魄样了。乔致庸走在街上，人人都笑脸相迎，叫一声"亮财主"，但他知道："有国才有家，资本要用来爱国。"

左宗棠在收复新疆时，负责筹措军费的有两人：胡雪岩和乔致庸。当胡雪岩在江浙筹措到军费后，就由乔致庸的票号运送到前线，保障军队的用度；当军费紧张时，还要向乔家票号贷款。可以说，左宗棠收复新疆的军功章上，也有乔致庸的一份功劳。

正因为这份功劳，左宗棠在回京任军机大臣时，还特意经过祁县，拜访了乔致庸。一见面，左宗棠就拉着乔致庸的手说："亮大哥，久仰了。我在西北有所作为，全赖亮大哥支持。"

感激之情，溢于言表。在临走时，左宗棠还给乔家留下一副对联：损人欲以复天理，蓄道德而能文章。

当北洋大臣李鸿章组建"北洋水师"时，听闻晋商富甲天下，便派人到山西商人中去募捐。

40年前，英国人就是用坚船利炮打开了国门，从此国运沦丧。大清国要组建水师，在乔致庸看来是再正义不过的事，他带头认捐10万两白银。

这个出手大方的山西商人乔致庸，马上就被李鸿章记住了。为了表示感谢，李中堂亲手写了副对联派人送到祁县：子孙贤，族将大；兄弟睦，家之肥。

商人苦心经营积累的财富，到底是用在花天酒地的个人享受，还是花在资助国家回馈社会上，乔致庸在一百年前就给出了自己的答案。

(05)

乔致庸拟定的《乔氏家训》中，开篇就告诫子孙要谦和谨慎。

> 能知足者天不能贫，能忍辱者天不能祸。
> 求医药不如养性情，多言说不如慎细微。

当时山西很多豪商的大院子里，都有供族人享乐的戏台，但乔家没有。现在"乔家大院"里的戏台，是民国年间生意败落、子孙腐化时修建的。在乔致庸掌家期间，最怕的就是子孙玩物丧志，以至于家里的丫鬟都不敢招年轻漂亮的，而是专门找粗枝大叶的中年妇女，就怕家里男子惹出难堪的事情。

乔致庸亲自拟定了六条家规：不准吸毒，不准纳妾，不准虐仆，不准赌博，不准嫖娼，不准酗酒。如果家人违背其中任何一条，必须跪在大院中，在大家的目睹下背诵《朱子格言》，直到痛哭流涕地承认错误后，才能磕头谢罪，起身离开。

在严格的家规下，乔家的子孙都兢兢业业、勤勉朴素，随便拉出一个来，都能被其他晋商家族视作优秀接班人。

在银子大量流通的商号中，乔致庸也将"规矩"贯彻到底。每开一家店、每设一个分号，乔致庸都会跟经理一起拟定适合本地的号规，包括严厉的奖惩制度、人事制度，甚至还要跟新招募的伙计磕头发誓，用道德的力量来约束新人。

在乔家的商号里，从掌柜到伙计一律不准抽鸦片，更不能嫖娼，一旦被发现，就会没收身股，情节严重的甚至会被开除出号。其实乔致庸想让他们记住的，只有两句话：

求名求利莫求人，须求己；

惜衣惜食非惜财，缘惜福。

也只有在这样的家族氛围中，才能培养出优秀商人乔景俨、革命先驱乔映霞、抗日英雄乔倜、户部银行行长贾继英。因为人才从来都不在学区房中，而在长辈的一言一行、商号的一规一矩中。

06

1877年，横扫北中国的"丁戊奇荒"进入高潮。在这种百年难遇的大灾荒中，农田干旱，蝗虫肆虐，瘟疫流行，华北大地在短短四年间就减少1000万人口。山西祁县更是重灾区，"光绪三年，人死一半"。作为祁县有名的大商家，乔致庸责无旁贷地承担起救助灾民的责任。

乔致庸让家里各房都减少用度，以至于一月到头都吃不上几顿肉。对于搭粥棚救灾，他却只有一个要求："筷子插上不倒。"那些常年吃不饱饭的灾民，大灾之年却在乔家粥棚吃上了饱饭。

对外人尚且如此，对同村的乡亲他更是有求必应。只要有人去乔家大院的"在中堂"，乔致庸总不会让他们空着手出门。谁家有人病了买不起药，乔致庸就会派人送去几两银子，让他治病；有人父母去世却买不起棺材，他又派人送来几十两银子，让他料理后事；甚至有用人偷家里的东西被抓现形，乔致庸也是一副菩萨心肠："家里东西多，不差这一件，再说有困难才偷呢，随他去吧。"

在人下时把自己当人，在人上时把别人当人；手握富可敌国的财富而不骄，始终俭以修身、平以待人，商人做到乔致庸这个份儿上，古往今来，难得一人。

07

1900年，八国联军攻入北京，慈禧太后带着光绪皇帝仓皇"西狩"。在进入山西太原后，他们才放下心来，终于不用再为"身死国灭"而忧虑了。由"大德兴"改组而来的"大德通"票号总部，被朝廷征用为临时行宫。

看到逃难的朝廷日子过得凄凉，跑街的业务员贾继英当场保证，要借10万两银子给朝廷。回到办公室后，他跟大掌柜阎维藩一说，阎大掌柜直夸他做得好："五百年必有王者兴，一千年也出不了贾继英。"

就凭这10万两银子，乔家换来了慈禧御赐的匾额"福种琅环"，还为商号换来了两笔生意：一是由各省输送朝廷的税款，全部由山西票号来经营，乔家当然占大头；二是庚子赔款连本带利共10亿两白银，也由山西票号经营，乔家又占大头。

随后的10年里，乔家票号业务一直往上蹿。每股的账期分红能达到17000两白银，真是撑破了天。可在这个风雨飘摇的晚清，乔致庸用一生心血赚来的钱又有什么用？国势危亡，行将就木的大清帝国即将走到尽头。乔致庸坐拥2000万两白银的家产，却活得异常艰难。他的努力是那个时代所有中国人的挣扎，他的仁义也是那个时代的最后一抹温柔。

08

1911年，辛亥革命爆发。原本放出的贷款，一夜之间全部化为乌有；票号遭遇挤兑，这让乔家的资金链雪上加霜。从此以后，包括乔家在内的晋商元气大伤，只剩苟延残喘。

中华民国混战38年，各家晋商票号纷纷关门歇业。论家大业大，乔家并不算晋商中顶级的，而恰恰是乔家的生意，能挺过阎锡山洗劫、冯玉祥摊派、日军抢占。1949年，"大德通"票号关门歇业；1955年，包头的几家店铺被改造为公私合营制，直到这时，乔家的生意才算正式结束。

究其缘由，竟是伙计恋旧不肯离去，乡亲帮忙挺过历次劫难。乔家多年行善积德、扶弱济困，最终得到这样的回报。乔家以这样的方式，给了辉煌五百年、纵横九万里的晋商最体面的落幕。

第五章　气质篇

寻找感动的力量

历史人物的性情，让读懂的人叹息。

　　世间最好的朋友，恐怕非关羽莫属。他和刘备、张飞携手闯荡，羡煞文人骚客。世间最美的梦想，应当是归隐田园的陶渊明。唯有遵从内心的指引，方能活出真正的自己。世间最好的反省，则是文天祥。他在宋朝灭亡后，一次次否定之前的自己，最终成就伟大的人格。

　　千载之后，他们的性情早已化为民族气质。

不读懂屈原，不足以谈情怀

01

公元前278年，五月初五。汨罗江上波光粼粼，不时响起打鱼的号子声。形容枯槁、头发蓬乱的屈原，拖着沉重的步伐在江边来回走着，嘴里还不停地念叨："为什么会这样？我做错了什么？""白起攻破郢都，楚国还有什么前途？""国破家亡，我活着还有什么意义？"……

一个打鱼的船夫看这个老头眼熟，就将船靠岸，大喊一声："呦，这不是三闾大夫屈原嘛，你怎么成这般模样了？"屈原抬起头，露出悲凉的眼神："举世皆浊我独清，众人皆醉我独醒。躁动的灵魂无处安放，所以我才会变成这样。"

屈原的事迹在楚国流传了40年，船夫怎会不知他的悲伤："既然世界这么黑暗，你何不随波逐流？因为坚守自己的情怀而受几十年的苦，这样值得吗？"

值得吗？屈原也在问自己。"我即便跳到大江里喂鱼，也不与黑暗的世界同流合污。要不然，与禽兽又有什么分别？"说罢，他紧抱起一块石头，纵身跳入滚滚的汨罗江，只留下一篇《怀沙》，向世人做最后的倾诉：

易初本迪兮，君子所鄙。

章画志墨兮，前图未改。

……

既然楚国容不下屈原的高洁秉性，那么他宁愿彻底告别，也不愿委屈了自己的内心。这就是屈原的人生态度，也是他感动一代又一代人的情怀。

02

公元前340年，屈原生于楚国丹阳（今湖北秭归）。当时的楚国除了王族"熊氏"外，最有地位的就是"屈、景、昭"三族，而这四家又有一个共同的姓氏——芈姓。相传，颛顼帝的后代中有一分支以"熊"为氏，他们建立了楚国。楚武王熊通的儿子被封在"屈"地。既然另立门户了，他便以"屈"为姓氏，来表明自己这一支的身份。屈原就是这一分支的后裔。

生在这样的家族中，他对楚国有着血脉相连的天然认同。

公元前321年，秦国的小股军队偷袭秭归。20岁的屈原充分发挥了主人翁意识，敲锣打鼓召集小伙伴，进行了一番慷慨激昂的爱国主义教育。之后他们深入敌后，对秦军进行不间断地骚扰。秦军擅长正面硬打，却受不了这种抢完钱、粮后就撤退的打法。

没过多久，这个消息就传到楚怀王耳朵里："学问大、文章好、能打仗，王族既然有这样的人才，绝不能浪费。"于是，屈原被提拔为鄂渚副县长。在积攒了两年基层工作经历后，他又被破格提拔为左徒，职衔相当于楚国副总理。

命运女神向屈原张开怀抱，他将在这里书写美好的画卷，也将承受常人不可及的苦难。

（03）

春秋战国时期，中国落后的社会制度严重拖了日益先进的生产力的后腿。谁能打破旧的社会制度，重新确立适应时代发展的新制度，谁就能成为国家竞赛的老大。

而这种事，我们有一个统一的称呼——变法。

魏国重用李悝变法，呼风唤雨几十年；秦国重用商鞅变法，就能东征西讨；楚国重用吴起变法，国力日强。可惜吴起被旧贵族陷害，导致变法失败。

屈原看到了楚国最大的问题：贵族势力强大，农民沦为奴隶，人才流通不畅。他对楚怀王说："我们也应该变法。"国家能够强大，楚怀王也很开心："好啊，好啊，那就由你来办吧。"

屈原回到家中，列了几条变法意见：限制贵族权力，扩大王权；剥夺贵族土地，奖励给有功的战士；鼓励自耕农开荒，并减税；奖励军功，赏田授爵。

学过历史的都知道，这才是符合时代潮流的正确举措。但在当时的旧贵族看来，这明显是野蛮人进门来抢劫：我们祖传的资产，凭什么分给泥腿子？

雄心勃勃的屈原，就此上了达官显贵的黑名单。

（04）

秦国也不知道是哪根筋抽了，想搞一个大新闻，刷点存在感。人家是漂洋过海去爱你，秦国是翻山越岭去打齐国，而齐国的合作伙伴就是楚国。

秦国害怕楚国出兵，怎么办呢？张仪告诉秦王："只要锄头挥得好，没有墙脚挖不倒。"在得到秦王的支持后，张仪带着大量的现金来到楚国。在楚怀王的办公室里，张仪胸脯拍得震天响："你只要跟齐国'分手'，我们就把商於的600里土地全部送给你当见面礼。"

　　楚怀王高兴了，竟然还有这种好事？天上掉馅饼，不要白不要，于是派人去齐国大使馆里大骂，要跟齐国断交。

　　就在所有人沉浸在成功的幻想中时，屈原说："你们都傻了啊，这分明是秦国的阴谋！"所有人都转头看向他，像在看一个傻瓜。为了拿到秦国送的600里土地，大家一致同意：把屈原调离重要岗位。于是，他被降级为专管"屈、景、昭"三族事务的三闾大夫。

　　回到家中，屈原怎么都想不明白："秦国明显是诈骗，为什么所有人都信了？"自己坚持正确的意见反而被贬职、被排挤。屈原愁容满面，万般思绪化作笔下的《离骚》：

> 帝高阳之苗裔兮，朕皇考曰伯庸。
>
> 摄提贞于孟陬兮，惟庚寅吾以降。
>
> 皇览揆余初度兮，肇锡余以嘉名：
>
> 名余曰正则兮，字余曰灵均。
>
> ……
>
> 惟草木之零落兮，恐美人之迟暮。
>
> 不抚壮而弃秽兮，何不改乎此度。
>
> ……
>
> 何桀纣之猖披兮，夫惟捷径以窘步。
>
> 惟夫党人之偷乐兮，路幽昧以险隘。
>
> 岂余身之惮殃兮，恐皇舆之败绩。
>
> ……

"我也是颛顼的后裔，有家谱为证，这片江山我也有份，我必须承担起自己的责任来。做人做事，无不是脚踏实地地慢慢积累，指望天上掉馅饼，肯定是靠不住的啊，夏桀、商纣等昏君就是前车之鉴。你以为我是打自己的小算盘吗？不是，我只是怕楚国大业遭受挫折啊。"

05

屈原这首《离骚》很快就流传了出去，风靡楚国的大街小巷，连街上卖草鞋的都知道：屈原是楚国的颜值担当、正义担当、才华担当。可他们都忘记了，好事都让屈原干了，那楚怀王就是坏人喽？楚怀王出面亲身作证："我不是坏人，屈原才是破坏秦楚联盟的捣乱分子。"作为破坏国家联盟的坏蛋，屈原被扒去所有官职，流放到汉江以北去体验生活。

面对急转直下的命运，屈原很委屈。

对齐国翻脸之后，楚怀王兴冲冲地派人去秦国接手土地，结果张仪来了一句："什么，我说的是自己的6里地，怎么可能是秦国的600里呢？你肯定是听错了。"秦国不仅没有拿出600里土地，还派兵抢了楚国600里地，设置汉中郡。齐国一看，也加入了对楚国的大战，楚国顿时腹背受敌。楚怀王蒙了，大臣也蒙了："我们被秦国耍了，只有重新结交齐国，才能报仇雪恨啊。"

可这种丢人的事，谁都不愿意做，大家一致推举在汉江钓鱼的屈原去做。然而，只要祖国需要，哪怕上刀山、下火海，他也会去闯一闯。屈原扔下鱼竿，起身就去了齐国。最终，他成功完成了任务：不仅说服齐王撤兵，还重新建立了外交关系。

从齐国返回江南时，屈原经过刚打过仗的齐楚战场。他看到楚国衰落后，在战场上任人欺凌，战士们的尸体无人收殓，被抛弃在荒野，任野狗啃食。这些战士有什么错？他们已经尽力了，为保家卫国抛洒热血，即便失败了，也是英雄好汉啊。

于是，屈原提笔写下《国殇》来祭奠牺牲的将士们：

操吴戈兮被犀甲，车错毂兮短兵接。

旌蔽日兮敌若云，矢交坠兮士争先。

凌余阵兮躐余行，左骖殪兮右刃伤。

霾两轮兮絷四马，援玉枹兮击鸣鼓。

天时怼兮威灵怒，严杀尽兮弃原野。

出不入兮往不反，平原忽兮路超远。

带长剑兮挟秦弓，首身离兮心不惩。

诚既勇兮又以武，终刚强兮不可凌。

身既死兮神以灵，魂魄毅兮为鬼雄。

……

屈原重新打通了国家的外交，立下了大功，得以重新回到三闾大夫的岗位。

有人为国家奋斗，就有人败国家根基。公元前301年，在秦国做人质的太子熊横，跟秦国大夫下棋时悔棋，被秦国大夫给骂了。熊横恼羞成怒："我的名字横，手更横！"他随手抄起棋盘，把秦国大夫打得脑浆四溅。

这家伙，杀了人还没有自首的觉悟，居然跨越千里跑回了楚国。这还得了？一个小小的人质就这么横，得给楚国点教训了。

秦国率领诸侯联军南下伐楚。虽然楚国横跨千里，占据了江南大地，可没有经过变法的洗礼，仍然是人民穷困、贵族盘踞、军无战力的弱国，就像是虚弱的胖子一般，任人踩躏。被联军一顿猛打之下，楚国丧将失地，朝野上下一片哀号。

就在此时，秦昭襄王发来议和信："打打杀杀多费粮食，不如我俩到武关聊聊？如果能签个不平等条约，我就撤兵回国，你也能舒舒服服地过你的小日子。"

看看，秦国这么多年都没换过套路，它在诈骗楚怀王的道路上越走越远。可楚怀王就是记吃不记打，还能怎么办呢？就在他收拾行李、准备出发时，屈原说话了："秦国是虎狼之国，实在不可信啊，大王，你要是回不来怎么办？"

有多么热爱国家的大臣，就有多么坑爹的儿子。楚怀王的大儿子熊横跑回楚国后就当起了缩头乌龟，小儿子熊子兰又对屈原"开炮"："不去？惹恼了秦国怎么办？你负责吗？"楚怀王也是个没有主见的人："秦王已经换人了，套路也该换换了，估计不会坑我，我还是去试试吧。"

结果不幸又被屈原说中。楚怀王一到武关，就再也没能回到楚国的土地上，五年后竟然死在咸阳。

07

曾流传一句话：一流的领导爱人杰，二流的领导爱人才，三流的领导爱蠢材。

屈原是人杰，可不幸的是，楚怀王和继位的熊横都是三流甚至以外的领导。当楚怀王被扣押在秦国后，熊横和熊子兰这兄弟俩，一个当了新楚王，一个做了楚国总理，他们开开心心地吃香喝辣，至于父亲过得怎么样，并不在他们的考虑范围之内。

虽然脱贫致富奔小康了，可屈原还在旁边唠叨："大王，不能再这样下去了，这样楚国迟早要完。""大王，必须要变法了，时不我待。""大王，外交策略要修改了，这样不行啊。"

以至于后来哥儿俩看着屈原就烦。公元前296年，经过一番深夜密谈后，他们决定把屈原流放到更远的江南去。

在春秋战国时期，人才是没有国界的。各国纷争几百年，无一不在寻求人才，变法图强，所以各国的人才市场总是冷冷清清，因为只要一有人才冒头，就被抢走了，根本没有"怀才不遇"的说法。

卫国人商鞅跑到秦国成就了大功业；卫国人吴起先后出仕鲁、魏、楚，他不仅个人事业成功，还带动这三国事业蒸蒸日上；洛阳人苏秦并没有效忠周天子，而是当了六国宰相，向西围堵秦国；魏国人张仪离开老家去了秦国，亲自出谋划策，帮助秦国攻打父母之邦。可见在那个年代，个人发展是大于国家忠诚的。

如果屈原在楚国遭受委屈，到其他国家去，势必会前途一片光明。可他在"以追求个人前途为时尚"的潮流中，坚守"忠诚"二字，默默地在江南浪迹天涯。

因为灵魂纯粹，才能忍受人生苦难；因为追求高尚，才能照耀后世千年。

08

16年间，屈原不断地被坏消息折磨："楚国又战败啦。""秦国又夺取了楚国一大片土地。""朝廷太昏庸了，忠奸不分。"

国家江河日下，敌国蒸蒸日上，朝廷寡廉鲜耻。屈原奋斗几十年，却看不到楚国振兴的希望，到头来却面临这样的局面。他心里十分苦闷，于是，写下《九章·悲回风》来诉说心中的悲伤：

> 惟佳人之独怀兮，折若椒以自处。
>
> 曾歔欷之嗟嗟兮，独隐伏而思虑。
>
> 涕泣交而凄凄兮，思不眠以至曙。
>
> 终长夜之曼曼兮，掩此哀而不去。
>
> 寤从容以周流兮，聊逍遥以自恃。
>
> ……

我原本也是佳人啊，如今却只能独自感慨身世飘零。愁啊愁，愁得我一整晚都睡不着觉，一不小心就睁眼到天亮了。起床后还得继续流浪，我只能安慰自己：这才是逍遥的日子。

在浪迹天涯的日子里，屈原思考了很多。人从哪里来？要到哪里去？国家存在的意义是什么？世界到底是什么样子的？白天、黑夜的转换开关是谁在操控？天地之间这么高，是谁在支撑？东南为什么多水？西北为什么干燥？

对世界思考得太多，屈原也感到很迷惑。他不禁怒指苍天，大声发问：

> 遂古之初，谁传道之？
>
> 上下未形，何由考之？
>
> 冥昭瞢暗，谁能极之？
>
> 冯翼惟象，何以识之？
>
> 明明暗暗，惟时何为？
>
> 阴阳三合，何本何化？
>
> 圜则九重，孰营度之？

惟兹何功，孰初作之？

斡维焉系，天极焉加？

八柱何当，东南何亏？

九天之际，安放安属？

……

一首《天问》，让屈原超越了政治家、诗人的头衔，成为一名伟大的思想家。他将制约凡人认知的一切烦恼，都向这个世界提出疑问。他期待后人能够沿着这条道路，将人类的认知逐步推进。

清朝刘献廷在《离骚经讲录》中说："《天问》真可谓千古万古至奇之作。"

(09)

公元前278年，白起率秦军攻破郢都，楚王和贵族大臣仓皇逃窜。国土沦丧，一生努力奋斗的国家已经走到穷途末路。屈原的心也死了，他抱起一块石头，投入滚滚的汨罗江。

屈原这一生，在世俗意义上是彻底失败的：少年得志，却因耿言直谏被流放；中年谋国，却因楚王昏庸而志不得伸；晚年落魄，却因热爱母国而不愿逃离。

屈原这一生，在历史长河中却是光耀千古。司马迁环游天下，到达长沙后，看到屈原投江处，不禁感慨"未尝不垂涕，想见其为人"。

贾谊被贬长沙，将自身命运与屈原融为一体，作《吊屈原赋》：

恭承嘉惠兮，俟罪长沙；侧闻屈原兮，自沉汨罗；

造讬湘流兮，敬吊先生；遭世罔极兮，乃殒厥身。

……

1059年，23岁的苏轼路过忠州的屈原塔，感慨屈原一生的际遇及其毕生坚守的精神情怀，提笔写下感人肺腑的《屈原塔》：

楚人悲屈原，千载意未歇。

精魂飘何处，父老空哽咽。

至今沧江上，投饭救饥渴。

遗风成竞渡，哀叫楚山裂。

屈原古壮士，就死意甚烈。

世俗安得知，眷眷不忍决。

南宾旧属楚，山上有遗塔。

应是奉佛人，恐子就沦灭。

此事虽无凭，此意固已切。

古人谁不死，何必较考折。

名声实无穷，富贵亦暂热。

大夫知此理，所以持死节。

是啊，功名富贵如过眼云烟，唯有坚毅的灵魂才能撑起空虚的皮囊。屈原以自己的信仰，撑起了楚国的半边天空。

屈原在《国殇》中的一句话"身既死兮神以灵，魂魄毅兮为鬼雄"，被南宋女词人李清照化为更有名气的一句诗"生当作人杰，死亦为鬼雄"。

陆游面对金兵铁骑横行的国破山河，不知不觉就站到了屈原曾经的位置上，忧心国家的沦丧，感怀故国的离难：

远接商周祚最长，北盟齐晋势争强。

章华歌舞终萧瑟，云梦风烟旧莽苍。

草合故宫惟雁起，盗穿荒冢有狐藏。

离骚未尽灵均恨，志士千秋泪满裳。

蒙古铁骑南下，横扫四海八荒之际，文天祥也读懂了屈原的精神。人这一生，荣辱成败还在其次，只有胸怀大格局、满心为苍生的人，才能得到世界的认可，才能永垂不朽。

田文当日生，屈原当日死。

生为薛城君，死作汨罗鬼。

高堂狐兔游，雍门发悲涕。

人命草头露，荣华风过耳。

唯有烈士心，不随水俱逝。

至今荆楚人，江上年年祭。

不知生者荣，但知死者贵。

勿谓死可憎，勿谓生可喜。

万物皆有尽，不灭唯天理。

……

屈原这一生，丰功伟绩与他无缘，但他的文字所承载的高贵情怀，早已融入民族的血液中。当我们遭受挫折，面临苦难时，屈原就站在我们身边，告诉我们，路，该怎么走。

不读懂屈原，不足以谈情怀；不懂得情怀，又何足道人生。

关羽，你站住，我要和你做朋友

01

东汉末年，河东郡解县，两名公差喝醉之后，在大街上横冲直撞，一名小摊贩躲避不及，被公差抓起来劈头盖脸地一顿揍。小摊贩跪下求饶："小人的贱体，怎敢污了大人的贵足啊？"

可惜一味求饶根本没什么用，公差脚上的用力更重了几分。此时，路边有一个叫关羽的人，出身贫寒，内心却热血沸腾。进了官府就了不起呀？穷人招谁惹谁了？他立马冲上去，抡起硕大的拳头就开打，瞬时把小摊贩救出了魔掌。

只是没想到，两名公差不过是仗势欺人，哪能承受关羽的暴击？不小心就死了一个，另一个仓皇而逃。大事不好，打死公差可是谋反的大罪，关羽只好回家拿了几件衣服，连夜跑路。

02

184年，亡命天涯的关羽看到刘备的交友启事："诚招兄弟，管吃管住。

若能发财，绝不独吞。"要求只有一个："不抛弃、不放弃。"经过一番慎重的考虑，他和张飞成功进入刘备的小圈子。三人在一片桃园里烧香磕头，义结金兰。

从此以后，关羽就成了刘备的兄弟。他跟着刘备打黄巾军，鞭打督邮后接着跑路，多年来，在刘备军中做马前卒。总之，刘备去哪儿，关羽就去哪儿。不论前途多么黯淡、道路多么崎岖，关羽就这么陪着刘备一路走下来。

刘备也没有辜负关羽、张飞对他的感情。在颠沛流离的路上，他们有肉一起吃，有衣服一起穿，有床一起睡。军队中的其他军官羡慕得眼红："能不能带我一个？"不好意思，一张床只能睡三个人。

200年，曹操东征徐州，打败刘备。刘备发扬一贯的风格，骑马跑到山东投奔袁绍，而曹操则活捉关羽。

奋斗16年的事业看不到任何希望，相守16年的朋友被打得生死难料，天地虽然广阔，关羽的人生却是一片灰暗。这时，曹操对他抛出了橄榄枝。三天请他去"五星级酒店"吃一顿，五天再来一顿"大汉全席"，"高级定制套装"更是动不动就送。还没一个月呢，关羽就被养得红光满面。

关键是，曹操给了他事业上的希望：拜他为偏将军。16年的努力，换来的只是颠沛流离，如今一个月，就什么都有了。换作其他人，估计早就趁机改换门庭了。关羽却对曹操说："你对我这么好，我可以帮你。但要是有我兄长的消息，我就必须要走。"

也许这时，曹操才知道什么是朋友。酒桌上的阿谀奉承不过是逢场作戏，只有在落魄时依然对你不离不弃的人，才是值得终生相交的真朋友。

那一年，曹操与袁绍终于拉下脸皮，在黄河两岸列队互攻。

袁绍的大将颜良率兵攻占白马，掌握了作战的先机，这让曹操感觉如芒在背。他转身对张辽说："考验你的时候到了，你去把白马夺回来。"关羽一听，心想，这正是报恩的好机会。如果能帮曹公解忧愁，自己就再也不欠他了。于是，他主动请缨和张辽一起出征。

到了白马前线，颜良的大将羽盖特别显眼，在风中摇摆。关羽微微一笑："看我来砍了你的脑袋。"

看着颜良倒在马下，关羽的嘴角露出了微笑："曹公，我不欠你了。不义而富且贵，于我如浮云，我毕生追求的，不过是'不负'二字。"

(03)

200年7月，刘备奉袁绍的命令骚扰河南。从城外传来的消息不断刺激着关羽的耳朵："有个双手过膝的人，在河南打游击。"几乎是一瞬间，关羽就断定是刘备来了。

于是，关羽回到曹操送他的豪华别墅，把收到的高级套装整理好，全部放到衣柜中。还有曹操封的偏将军官印、斩颜良得来的"汉寿亭侯"的金印，他全部挂在房梁上，然后转身出城，不带走一片云彩。

万户侯又如何？如果不是自己追求的人生，即便权倾天下，又有什么稀罕？

此时，曹操身边的将军们都要气死了："曹公对他那么好，他居然还敢背叛，真是不识好歹。"他们吵着请求带兵去追关羽，恨不得把他大卸八块。

可曹操是个明白人。他知道关羽是真正的国士，这样的人追求的根本不是权力、财富或女色，而是心中所秉持的信仰和道义，这样的人可以暂时被打败，但绝不会屈服。

曹操不喜欢关羽的背叛，但是尊重他的坚持，所以，他宁愿看关羽远去，也不舍得派人追杀。其实从本质上说，他们都是为了信仰而愿意付出生命代价的人。

关羽一路过五关、斩六将，演绎了一出"千里走单骑"的传奇故事，才来到刘备的身边，而一起会师的，还有张飞。

多年的艰苦奋斗，到头来终究是一场空。不过，好在人没丢，只要有人在，希望就不会熄灭，他们总会等到发光发热的那一天。

208年，在等待八年之后，机会终于来了。曹操扫平中原群雄后，造大船，练水军，南下荆州横槊赋诗，甚至说出了"山不厌高，海不厌深，周公吐哺，天下归心"的豪言壮语。

接下来就是"赤壁之战"。过程我们都知道了，曹操失败而归，江东继续固守，刘备夺取荆州。

04

荆州是关羽生命中最重要的地方，他人生中最辉煌的时刻，都是奉命镇守荆州时取得的。从"赤壁之战"出任襄阳太守时，关羽就承担起东抗孙权、北拒曹操的使命。这是三方势力汇聚的风暴中心，情势极其复杂。

可刘备入川时，把所有人都带走了，偏偏留下关羽独当一面。这是多年相知相随培养出的深厚感情，也是对他出色能力的信任。

214年，马超带着西凉骑兵前来投奔刘备。对这个出身西北豪族的将领，关羽只是听说过，却从来没见过。听说以后就要一起共事了，他就写信给诸葛亮："马超的才干怎么样？跟谁类似？"

客观地说，这只是一句寻常的问候，并没有《三国演义》中所说的心胸狭隘的表现。诸葛亮的回信也很有意思："马孟起属于文武双全的人物，只能跟张翼德并驾齐驱，怎能比得过美髯公的绝伦逸群？"

本来只是打听一下新同事的情况，没想到诸葛亮居然夸奖他是美髯公，才干还在所有人之上。收到诸葛亮的回信，关羽开心得快要飞起。

都说"愿你出走半生，归来仍是少年"，可又有几人能做到？人人都说关羽是嫉贤妒能，我却觉得他率真得可爱。55岁的老头，被人夸一句就能开心半天，还让部下传阅，你可以想见他那副得意的劲儿。

219年，刘备第一次堂堂正正地战胜曹操后，登上了人生小巅峰，喜提汉中王。在成都，刘备大封群臣，关羽、张飞、马超、黄忠分别为将军。当费诗带着任命状去关羽军营时，他却大发雷霆："老子跟汉中王奋斗多少年，才有了今天的地位，黄忠是个什么玩意儿？一个老兵而已，竟然与我同列？"

说实话，在这件事情上，关羽确实有点过了。费诗劝他："开创大业，所用的人都是不一样的。比如刘邦吧，萧何、曹参跟他都是发小，可开国的时候，韩信的地位最高，即便这样，人家也没说什么。在汉中王的心中，黄忠怎么能跟您比？"还真别说，关羽被他这么一劝，心里马上就转过弯来了。

⟨05⟩

219年，荆州这个风暴中心即将有一出大戏拉开帷幕。

或许是为了给刘备登基送上大礼包，关羽率兵去攻击曹仁。战事进展得很顺利，曹仁一败再败，就连曹操派来的援军于禁，也被关羽用水攻计全部淹没。还有西北猛将庞德，也被关羽一刀斩于马下。

这时的关羽，真正地登上了人生巅峰，湖北、河南的"游击队"全部听从关羽号令。曹操为了避其锋芒，恨不得立刻迁都。进可北伐中原，退可守护西南，以一人之身而左右天下局势，当时的关羽"威震华夏"。

多少次半夜里苦读兵书，多少次战阵前死里逃生，多少次与刘备谋划将来的伟业，几十年的艰苦卓绝，终于在这一刻开出最美的花朵。

可有一个道理是亘古不变的：家贼难防。在蜀汉政权中，关羽素来看不起糜芳、傅士仁。他们两人也对关羽满腹怨言："都是出来混的，凭什么看不起我？"如果真要关羽来回答的话，估计他会说："都是出来混的，你们有什么业绩？"

在这次战争中，糜芳、傅士仁负责后勤工作。他俩的工作一贯不认真，有一次粮草没跟上，导致大军饿了两天肚子。关羽发火了："回去再收拾你们俩。"这哥儿俩贻误军机，心中惶恐不安。恰好这时孙权派人来了："跟我混吧，吃香喝辣。"俩人一咬牙，一跺脚，反了。

局势发展到这一步，神仙来了也无能为力。关羽出征在外，后勤却断绝，这样怎么能打得过救援曹仁的徐晃大军？而老巢也被糜芳、傅士仁出卖给吕蒙，他彻底成为一支没救援、没粮食的孤军。

最狠的一招是，关羽每次派去跟吕蒙谈判的使者，都会带回一些家属平安的消息，而这些消息都是吕蒙有意放出来的。在得知家人平安以后，战士们谁还有心思继续打仗啊？如此，关羽这边的军心就这么散了。

麦城带着英雄落幕的余晖，走入历史。

06

在汉末风起云涌的大时代中，关羽从社会最底层的平民起家，在那个豪门遍地的乱世，与刘备、张飞走南闯北数十年，最终创下"三分鼎立"的蜀汉基业。

关羽为人正直，领兵数十年却没有滥杀、屠城的恶行，他真正做到了军人的普世价值。他对待朋友义气，只要许下诺言，就终生不负。像他这样的朋友，谁人不想交往？

可这样一个能力、品德完美无缺的人，终究兵败被杀，死后"头枕洛阳，身卧当阳，魂归故里"，连好好睡一觉都做不到。可话说回来，在乱世中，谁又是真正的胜利者呢？

仅仅几十年后，三国的基业又被司马懿祖孙三代"一锅端"，大家都是在"为他人做嫁衣裳"。那个白衣渡江的吕蒙在哪里？曹仁、于禁又在哪里？

千年之后，依然挺立于天地之间的，只有"武圣"——关羽！

王羲之的《兰亭集序》

312年，匈奴大军攻破洛阳，西晋王公贵族被胡人军队一网打尽。镇守下邳的司马睿在王导、王敦兄弟的扶持下，占据江南虎踞龙盘之地，并在五年后正式称帝，史称东晋。

这时，最显赫的士族是"琅琊王氏"。王导做丞相主文治，王敦掌军事重镇荆州，家族的叔伯、兄弟、子侄纷纷占据要津，东晋几乎一半的大权都被"琅琊王氏"收入囊中。一切都在向美好的方向发展，王家人很开心，连走路都虎虎生风。在后院里，却有一个小孩不高兴，他叫王羲之。

他的父亲王旷一路官至淮南太守。310年，王旷率领三万兵马直奔山西，想要收复被匈奴人占据的上党郡，结果全军覆没，王旷也下落不明，留下小小的王羲之在寒风中独自凌乱。在无数个孤寂的夜晚，王羲之都在怀念那个宽厚的身影。虽然他是个领兵的军人，但他眼中的温柔骗不了人。现在，再也见不到父亲了，王羲之每天面对的，都是来自同龄人的白眼和鄙视。

02

家族里那些人的冷眼、父亲的失败，让王羲之从小就立下大志向："读书做官，光耀门楣。"对于"琅琊王氏"来说，他的志向只是锦上添花，但对王羲之来说，则是一条必须走到尽头的不归路。

不过，好在"琅琊王氏"家大业大，没有父亲的王羲之，还是能享受到顶级的教育和生活，这让他小小年纪就表现得出类拔萃。

在他13岁那年，名士周顗在府里请客吃饭。在热闹的客厅里，达官显贵在周顗面前卖力表演，希望能得到提携。那天，王羲之也来了，但他不跟别人争抢表演机会，而是在角落里默默地吃着美食。或许是看惯了世人的虚情假意，突然冒出个不争不抢的王羲之，让周顗感觉像是高山流水间的泥石流，如此惹人注目。像吃货一样的王羲之，结果被周顗看中了。

因为欣赏王羲之，周顗把压轴菜——"牛心炙"端到他面前，请他吃第一口。这原本是最尊贵的客人才能得到的待遇，这也是王羲之第一次享受到万众瞩目的滋味。

王羲之的好运气来了，真是挡都挡不住。

三年后，太尉郗鉴想为女儿择婿，于是派亲信下属去拜谒王导，想让他推荐几个优秀的子弟。谁知王导大手一挥："王家的孩子很多，个个都很优秀，你还是去家里挑吧。"

听说太尉大人派人来挑女婿，王家的子弟们梳发型、穿新衣、包香囊，一个个打扮成选美型男。就在兄弟们忙着参加选秀时，王羲之正躺在书房读书呢。

太尉亲信兴冲冲地来选女婿，结果一扭头看到王羲之四仰八叉地躺在那里，一只手摸着肚皮，一只手捧着书，这画面着实"太美"。当王家的情况传到郗鉴那里时，他偏偏喜欢小王同学不走寻常路，于是马上就定下来："我要把女儿嫁给他。"王羲之"人在家中卧，妻从天上来"，顺便还创造了一个成语：东床快婿[1]。

短短三年时间，王羲之接连撞了两次大运，从此有名、有妻、有靠山，光明前程正向他大步走来。

有家族的背景和岳父的提携，王羲之想不当官都难。在之后的二三十年间，他从秘书郎起步，然后做到征西将军府长史、宁远将军兼江州刺史，再到右军将军、会稽内史。他顶着"王右军"的名头行走江湖，到哪里都有人让着、敬着、巴结着，人生看似走到了巅峰。

但王羲之一辈子做官，他都做了些什么？他又能做什么？

在朝廷做官时，为了适应"清谈"的大环境，他不得不加入其中。可王羲之内心清楚地知道："清谈是没有前途的。"他在跟谢安游览建康冶城时，就曾站在城头指着山河说："你看周围的大小山头，连绵起伏。现在天下局势也是这样，我们必须整军经武，不能清谈了。"看着王羲之义愤填膺的样子，谢安不禁感到好笑："你看秦国任用商鞅变法，结果呢？还不是二世而亡？"

王羲之怒了："这是一回事吗？"

在东晋这片污泥浊水中，没有一滴甘霖能够生存。要么同流合污，要么选择离开。在王羲之内心苦闷时，殷浩不失时机地帮了他一把。

347年，桓温平定四川，成为朝廷的实力派。总领朝政的会稽王司马昱提拔扬州刺史殷浩来对抗桓温。

自从南渡以来，东晋就怀着一个伟大的北伐梦想。谁能完成北伐，恢复中原，谁就是再造乾坤的功臣，裂土封疆，甚至走向九五至尊，也是有可能的。殷浩和桓温争夺的就是北伐的主导权，而司马昱主导的朝廷，支持的当然是殷浩。

---

[1] 东床快婿，指为人豁达、才能出众的女婿。

作为朋友，王羲之觉得有义务提醒一下殷浩。于是，他写了封信给殷浩：
"现在国内经济形势不好，农民的收入也不高，随时都会有陈胜、吴广之辈出
来搞事情。你不如好好整顿军队、养精蓄锐，等到实力够了再北伐，这样必
定大功告成。"

殷浩看了信后，就回了俩字："呵呵。"

353年，北伐失败。在桓温的弹劾下，殷浩被废为庶人。如果说殷浩是咎由
自取，那么对王羲之来说，几万将士的牺牲、怀才不遇的人生，就像一根绳子
勒在脖子上，让他喘不过气来。

出身贵族、身怀绝技、志存高远，却偏偏遇上黑暗的时代，王羲之欲哭无
泪。再加上他和扬州刺史王述有矛盾，痛定思痛之后，他做了一个决定："辞
职不干了。"

既然不能改变世界，那就去适应世界，哪怕眼前山崩地裂，心里也要歌舞
升平。从此以后，那个官场上的王羲之死了，"书圣"王羲之涅槃重生。

03

在忙忙碌碌的官场生涯中，王羲之留下的传世作品很少，一方面是他公务
繁忙，另一方面是他境界不够。直到他放弃半生执念后，才感受到了真正的自
由。不知不觉中，王羲之的心境变了。

他早年学习卫夫人的书法很是飘逸："书如插花舞女，低昂美容。又如
美女登台，仙娥弄影，红莲映水，碧沼浮霞。"在半生的琢磨、学习中，他又
博览秦汉以来的篆、隶、碑等古迹，形成古朴刚硬的另一种风格。现在一柔一
刚、一文一武两种字体风格，在"自由、博大"的心境中合二为一。就像打通
了"任、督二脉"一般融会贯通，真正纳百家为一炉，成自家之风格——动必
中庸。

以"中"为核心，求取楷书与草书的平衡，形成独创的行书。而"中"也成为他的人生哲学，在理想与现实、人生与山水之间形成平衡，真正活出了自己的人生境界。

王羲之的字太好了，当时的人们就有一个评价：翩若惊鸿，宛若蛟龙。其实用这个评价形容他的后半生，也恰如其分。

在王羲之的生命中，他唯一的朋友是书法。孤独寂寥时，他身边只有毛笔和纸张陪伴；难过无助时，龙飞凤舞的汉字带着他直上云霄；失意彷徨时，无数的帖子在听他喃喃自语。

为什么千年以来，无数人学习王羲之的字，却从没有人能达到他的境界？答案就在于，王羲之把书法当作最亲密的朋友，他们相互了解、相互交融，你中有我，我中有你，最终在自由精神的指引下，成就"人书合一"的最高境界。

(04)

刚到浙江任会稽内史时，王羲之就看中了这块风水宝地，打算将来在此终老。所以辞官后，他彻底放飞自我，每天游山玩水、吃喝玩乐。

在诸多动物中，王羲之唯独喜欢鹅。他听人说会稽有位老太太养了一只鹅，鸣叫的声音特别好听，仿佛在唱歌一样。王羲之顿时来了兴趣，他带着亲友，不顾山高路远，跑去听这位"动物歌星"的曼妙歌声。

到达地方后，王羲之刚敲开门："大婶，能把你家的鹅给我们看看吗？"老太太一看来人丰神俊朗，就说："你是王羲之吧？早听说你们要来，我就把鹅炖了招待你们。你看，就在锅里呢。"

王羲之一听，脸拉得比驴脸都长，二话没说，掉头就走了。

没过多久，他又听说山阴有位道士养的鹅也不错，他拿了根拐杖，拔腿就走。这次他谁都没带，自己悄悄地去了。到了山阴，王羲之看着白白胖胖的鹅，顿时心满意足。

王羲之说："道长，卖我一只鹅吧？"道士说："如果你能给我写一篇《道德经》，我就送给你。"

写字对王羲之来说是小意思，一张纸哪有可爱的鹅珍贵？他开开心心地写完了《道德经》，带着一笼子鹅高高兴兴地回家了。

王羲之就是这么任性。

有一年秋天，王羲之看到房子旁边的橘子成熟了，于是打算给朋友送点。他亲自摘了三百个橘子，并写了一封信："我这儿有三百个橘子，给你尝尝鲜。但还没有霜降，再多就没有了啊。"

后来橘子被朋友吃了，信却被保留了下来，这就是现在藏于台北故宫博物院的《奉橘帖》。

又一年冬天，茫茫山野间下了一天大雪，到傍晚时分大雪才停。王羲之在屋子里吃着炖肉，喝着小酒，看着屋外银装素裹，正惬意得很。突然，他想起一件事，马上给山阴的老张写了一封信："这里下了一阵雪，还好现在停了，你那里好吗？那件事情一直没能帮上忙，实在不好意思。"

老张有没有想开不知道，可这封信成了国宝，它就是《快雪时晴帖》，如今也在台北故宫博物院。乾隆皇帝曾对这幅帖子爱不释手，评价它是"天下无双，古今鲜对"。

在放飞自我后，王羲之的书法造诣更加炉火纯青。没有任何约束，全凭天马行空，随手一写就是流传后世的珍品。点、画、勾、挑都不露锋芒，结构平稳、匀称，在优美的姿态中，流露出质朴内敛的意蕴。

其实人活到极致，就是两个字：舍得。舍去人生中不能改变的人和事，得到的会是陪伴一生的伴侣。在删繁就简中培养一两项癖好，才能有深情、有真气。

(05)

353年，那一年的王羲之还没有辞职。他在劝诫殷浩无果后，就知道北伐必然失败。怀着悲愤的心情，他和谢安、孙绰等名人雅士来到山阴，喝酒赋诗，玩着"曲水流觞"的游戏。那天，他们42人喝了无数的酒，并乘兴写下了37首诗。

当夜幕降临、聚会结束时，他们把37首诗编成诗集，请王羲之作序。王羲之仰身而起，望着"群贤毕至，少长咸集"的场面，在"天朗气清，惠风和畅"的好日子里，他们"仰观宇宙之大，俯察品类之盛，所以游目骋怀，足以极视听之娱，信可乐也"。

在国势沉沦、仕途梦断的时刻，这是他难得的消遣。王羲之很开心，虽然每个人的兴趣不同，但无论谁遇到开心的事，就会发自内心地满足，不觉时间流逝。

虽趣舍万殊，静躁不同，当其欣于所遇，暂得于己，快然自足，不知老之将至。

今天这么开心，是因为逃离了城市的喧嚣。重归苟且的生活后，开心的记忆也将成为永久的怀念，这真是太遗憾了。

如果把目光放长远一点，人生又何尝不是如此呢？不论富贵还是贫贱，终究是过眼云烟，一抔黄土掩此生。

向之所欣，俯仰之间，已为陈迹，犹不能不以之兴怀，况修短随化，终期于尽。

古人云："死生亦大矣。"岂不痛哉！

世界如此广大，人生如此无情，人该如何自处呢？放眼宇宙，不管是身边事，还是蝇营狗苟，每日羁绊于琐事。

不，生活不应该是这样的。人在世间几十年，不应该默默地来、悄悄地走，而应该为后世留下些什么。当后人看到时也会感同身受，就会知道，他来过。

> 后之视今，亦犹今之视昔，悲夫！故列叙时人，录其所述，虽世殊事异，所以兴怀，其致一也。后之览者，亦将有感于斯文。

其实，王羲之尽兴而写的《兰亭集序》想说的是：每个人都有自己的价值，不要浑浑噩噩地了此一生。舍去不必挂怀的琐事，养护陪伴一生的癖好，向世界发出深情的问候，对人生抱有"真气"地活着。每个人都要用自己的方式在世上留下痕迹，可以是高尚的道德，可以是内心的友善，可以是传世的文字。它不在于你权力的大小、财富的多寡，只要你愿意，你就可以向世界表达你的存在。

有一种气质叫嵇康与《广陵散》

01

在中国历史上，"竹林七贤"是三国时期玄学的代表人物。

阮籍、嵇康、山涛、刘伶、阮咸、向秀、王戎，七个好朋友经常在竹林里喝酒、唱歌、写文章。高兴了，还要仰天长啸。

如果你以为他们是吃饱撑的，不务正业，那就大错特错了。

当时司马氏已经大权在握，时刻准备着改朝换代。时局不清明，社会又处在向士族政治过渡的时间节点上，有才华的文人也不好过。他们话不能乱说，文章不能乱写，官也不能乱做，甚至连一腔热血都不能乱洒。

七个人没事就到竹林中聚会，只有在远离城市喧嚣的山野之中，他们才能说说真心话。

在中国历史上，"竹林七贤"代表的是文人的自由意志。面对世事无常的局面，有人选择逃避，有人选择妥协，而他们的精神领袖——嵇康则选择坚守。

千年以来，当世道不公时，嵇康就会成为有志者的精神寄托；当人生成为悲剧时，嵇康也是我们心中的光明憧憬。

人生漫漫，我们都在世事蹉跎中变成了自己最讨厌的人，唯有嵇康抱着本真的个性笑对世事，做着他少年时最想成为的那个人。

02

在讲究门第出身的魏晋年间，嵇康出身的门第并不算高。他的父亲嵇昭，是治书侍御史，哥哥嵇喜虽然做到扬州刺史，但在嵇康出道时，他依然默默无闻。

这样的家庭出身，与颍川荀氏、河东裴氏、太原王氏相比，可谓云泥之别。所以，当曹操的儿子——曹林提出："叔夜，你来做我的女婿吧。"嵇康根本没有任何拒绝的理由。做了曹操的孙女婿，就相当于迈进了权贵的圈子，以后就是自己人了。

虽然权贵的圈子愿意吸纳有才华的人，但当你深入那个圈子时才会发现，维持关系链的，只有血脉，人人只认亲戚。

看着25岁的嵇康，曹林很满意。看着给自己挑开盖头的丈夫，长乐亭主也很满意。

嵇康"身长七尺八寸，风姿特秀"，"岩岩若孤松之独立，其醉也，傀俄若玉山之将崩"。一米九的大高个子，肯定是美男子，站在那里仿佛青松挺立。

外表帅、气质佳也就算了，嵇康的才华也出众，年纪轻轻就成为专家、教授级的学术大咖。24岁时，他就写出指导营养学、医学行业规范的《养生论》，刚一发表就成为魏国养生爱好者的枕边书。嵇康也自动升级为中老年人之友。

他随身携带着一把琴，闲来无事时就在树下轻轻地抚、慢慢地哼。良好的音乐素养又为他吸粉无数，以至于嵇康每次弹琴唱歌，都会被围得水泄不通。

嵇康还会写诗。在送哥哥参军时，他写了一首送别诗《赠秀才入军》，其中有几句我特别喜欢，你们感受一下：

> 良马既闲，丽服有晖。
>
> 左揽繁弱，右接忘归。
>
> 风驰电逝，蹑景追飞。
>
> 凌厉中原，顾盼生姿。

写《从前慢》的木心先生最推崇嵇康的诗："嵇康的诗，几乎可以说是中国唯一阳刚的诗，不同于李白、苏轼的豪放是做出来的架子，嵇康的这种阳刚是内在的、天生的。"尤其是"凌厉中原，顾盼生姿"这两句，简直美极了。

03

在"高平陵之变"中，原本的计划是士族与亲贵达成妥协，共同执掌朝政。可当政变结束后，司马懿仔细一琢磨："不对啊，我不能背这个黑锅。"那么等待司马懿的便只有登顶一条路。只有像曹家那样坐上皇位，才没有后顾之忧，于是，被承诺活命的曹爽死了。何晏、夏侯氏等亲贵死的死，散的散，剩下的，只有不合作的士族和文人了。

嵇康在迎娶长乐亭主后，就赶上了这样的时代。作为曹家的女婿，他是潜在的威胁；作为有才的文人，他又是拉拢对象。

在生活中面对复杂的工作环境，有再多的不情愿和看不惯，我们也只能告诉自己："习惯就好。"即便心有不满，也只能默默干好手中的事，下班后喝杯小酒，安抚一下不甘的内心，然后继续迎接明天的苟且。

然而嵇康活得很"真"。他看不惯司马氏的作为，于是就领了一个"中散大夫"的闲职，按月领工资却不去上班。我就是不喜欢你，我就是不喜欢朝廷的气氛，所以我宁愿辜负一身才华，也不愿明珠蒙尘，你能奈我何？

他把家里的院子改造成打铁的作坊，每天"叮叮咣啷"地打造农具，做好一套就送给周围有需要的人。人家把钱送来，他死活不要。不过，如果人家拿来美酒和烧鸡，嵇康就乐了。他还会搬个小板凳和人家喝酒聊天，闲扯生活八卦。

身处困境，嵇康活得那么纯粹，那么真切。

04

虽然只领工资，不求进步，嵇康依然是那个时代的国民偶像。司马昭掌权后，特别希望嵇康能积极出来工作，来做他司马氏这朵红花旁边的大绿叶。

当"竹林七贤"之一的山涛离职时，为了帮嵇康谋一条出路，他主动推荐嵇康接替自己的职位。司马昭很期待嵇康，可他等来的是《与山巨源绝交书》。

> 吾新失母兄之欢，意常凄切。女年十三，男年八岁，未及成人，况复多病。顾此恨恨，如何可言！今但愿守陋巷，教养子孙，时与亲旧叙离阔，陈说生平，浊酒一杯，弹琴一曲，志愿毕矣。

表面上看是与山涛绝交、拒绝推荐，实际上是拒绝司马昭的拉拢，不站队、不参与，固守清白。

后来，灭蜀的钟会也是嵇康的粉丝，为了接近偶像，他曾带着自己写的书《四本论》去求指点。嵇康看不上钟会，就没搭理他——作为曹魏开国功臣钟繇的儿子，你居然投靠司马氏当"魏奸"，还有脸到我家里来？！

过了几年，钟会升官发财后又来了。嵇康继续埋头打铁，依然没有搭理他。过了一会儿，嵇康斜眼看他："何所闻而来？何所见而去？"钟会说：

"闻所闻而来，见所见而去。"说完，大袖一甩，一脸铁青地离开了。一颗炽热的红心献给嵇康，却被他嫌弃，钟会既难过又悲愤，这个仇也就此结下了。

(05)

嵇康有个朋友叫吕安，两人关系十分要好。他们经常在一起谈论诗文、饮酒弹琴，喝醉了就在外面睡，第二天再回家。偏偏吕安的老婆徐姑娘十分漂亮，成天独守空房，这就引来无数"苍蝇"在她身边嗡嗡叫。

263年的一天，吕安又跟嵇康出去玩。他的哥哥吕巽本着"肥水不流外人田"的想法，就下药把徐姑娘给迷奸了。第二天吕安回家以后，知道了这个事，当场就炸开锅了，转头就要去衙门告状。

这事一旦传扬出去，吕家的名声就毁了。在"九品中正"的体制下，除了出身以外，没有好名声就等于没有了一切，官丢了，财产也保不住，子孙的出路都会被封死。

于是嵇康就劝吕安："为了大局着想，要不就私下解决吧。"毕竟关系重大，吕安冷静下来后答应私下解决。这时，吕巽害怕了，他怕半夜睡觉时会被弟弟抹了脖子，于是就恶人先告状，跑去衙门诬告吕安不孝。

司马氏掌权后，鉴于自己没有忠于曹魏，所以也不敢提"忠"，只敢言"孝。"现在吕安居然敢不孝，如果不严肃处理，那这张仅有的"招牌"也保不住了。于是，吕安就被抓了起来。

事情的来龙去脉，嵇康是十分清楚的。犯罪的恶人逍遥法外，被冤枉的人却进了监狱，这叫什么事？他挺身而出，为吕安作证，却被钟会抓住机会。他对当年的羞辱念念不忘，这次就趁机对司马昭说："嵇康是条卧龙，不除掉迟早是祸害。"

司马昭也记着仇呢，一拍大腿："正合我意。"于是在洛阳的监狱里，又多了一位含冤的人。

当嵇康以"谋反"罪名入狱的消息传出后，天下沸腾。他的高洁品行是有目共睹的，这么多年来他不理世事，只顾着打铁，如今却被告谋反，你司马昭蒙谁呢？

三千太学生拉起队伍就上街游行，要求朝廷赦免"国民偶像"嵇康；洛阳的读书人也到衙门前请愿，请求与嵇康一起坐牢；外地的士子也骑马坐车赶往洛阳，纷纷要求释放嵇康。

这样的场面，吓坏了司马昭。他知道嵇康的影响力大，没想到有这么大。影响力这么大的嵇康，还不愿意合作，如果有一天他真想谋反了该怎么办？再加上钟会在旁边煽风点火，司马昭的嘴里便轻飘飘地吐出一句："那就杀了吧。"

263年，洛阳晴空万里。嵇康和吕安盘腿坐在刑场上，等待最后时刻的到来。他抬头看看太阳，离行刑的时间还早，于是提了最后一个请求："时间还早，不如让我抚琴一曲吧。"在得到监斩官同意后，他平常用的那把琴被送到刑场。一曲《广陵散》在他修长的双手中弹奏出来，金戈铁马的气息瞬间弥漫整个刑场，让围观的人打了一个冷战。

中国古典音乐以温和的曲调为主，《广陵散》是少有的以杀伐为主旋律的音乐。它以"刺韩""冲冠""发怒"为主线，将战国大侠聂政为报知遇之恩，孤身入阳翟刺杀权臣于庭前的壮烈表现得淋漓尽致。

嵇康在刑场弹奏《广陵散》，就是在对司马昭说："你杀了我又能怎样？正义是杀不尽的。将来我青史留名，而你将遗臭万年。"

刀起头落，《广陵散》绝。一种知识分子的精气神，也随着那一刀，消散在历史中。从此以后的"司马天下"，只有唯唯诺诺的大臣、鲜衣美服的风流、贵族斗富的奢豪，却再无坚守正义的勇士和甘于平淡的节操。

嵇康坚守一份信仰，守护一份承诺，寻找一份光明，对抗一份黑暗，对生活不将就，最终活成了自己想要的样子。此生必然无悔。

每个人的心中，都藏着一个陶渊明

(01)

405年，东晋王朝有两个人做出了不同的人生选择。

刘裕在彻底平定了"桓玄之乱"后，又收复淮北十二郡，被封为"豫章郡公"，食邑万户，从此，成为东晋王朝最大的权臣。最终，他也逐渐走上"挟天子以令诸侯"的道路，在15年后废帝自立，开创宋朝。

另一个人则是彭泽县令陶渊明，他再一次辞职回家了。

当时的东晋吏治腐败、经济崩溃，门阀士族吃香喝辣，升斗小民每天都在为糊口而奔波，大家都认为这是掌权的司马道子父子造成的。

6年前，江州刺史桓玄起兵"清君侧"，面对"为国建功"的机会，陶渊明的小宇宙爆发了："桓将军，我来助你一臂之力。"

可历史证明，凡是"清君侧"，往往是要把皇帝拉下马。在感受到桓玄想要称帝的野心后，陶渊明立刻辞去工作，转身就投奔了讨伐桓玄的刘裕，成为刘裕麾下的一名参军。

等到桓玄失败、刘裕大胜时，陶渊明才发现："天下乌鸦一般黑，刘裕也想称帝。"他再一次挂印辞官，去投奔建威将军刘敬宣，并在刘敬宣手下担任参军一职。

可他没想到，刘敬宣在风云激荡的乱世中，竟然没有半点担当，于是他辞官了。这一次，陶渊明彻底失望了。

当他孑然一身回到家中时，面临的是家徒四壁的窘境。家人吃饭要米粮，孩子上学要学费，自己还爱喝点酒，在现实的压力下，陶渊明在叔叔陶夔的劝说下再次出仕，担任彭泽县令。

三个月后，督邮来检查公务。这位督邮凶狠贪暴，每到一地都"吃拿卡要"，比周扒皮还狠。县吏提醒陶渊明："我们要穿正装、备好礼，恭恭敬敬地迎接。"陶渊明一听就怒了："我连桓玄、刘裕都不愿伺候，还能伺候这等卑鄙无耻之人？岂能为五斗米折腰，拳拳事乡里小人？"

既然不能达济天下，那就独善其身吧。陶渊明决定与这个黑暗的世道划清界限，于是挥笔写了一封流传千古的辞职信——《归去来兮辞》。

> 归去来兮，田园将芜胡不归？既自以心为形役，奚惆怅而独悲？悟已往之不谏，知来者之可追……
>
> 富贵非吾愿，帝乡不可期。怀良辰以孤往，或植杖而耘耔。登东皋以舒啸，临清流而赋诗。聊乘化以归尽，乐夫天命复奚疑。

田园都快荒芜了，还是回去吧，那里才是我该去的地方。心灵早已成为身体的奴隶，让我不得自由，还有什么值得留恋的呢？

我根本不羡慕富贵，也不羡慕神仙，只有人间的清闲生活，才是我所期盼的。要么趁良辰吉日去踏青游玩，要么在田里种点蔬菜，要么就登山狂啸，伴随着潺潺流水声填诗做赋。如果人生能够这样过，还有什么可犹豫的呢？

陶渊明离开喧嚣的名利场，回归到原始质朴的乡村田园。

⟨02⟩

　　回到农村老家后，他开辟了一块宅基地，用茅草、土坯盖了几间简陋的屋子。后院栽几株榆树和柳树，前院种满了桃树和李树，吃饭时就坐在树下，与黄狗为伴；晨起时就在院子里活动筋骨；果子熟了，顺手摘下就能吃。

　　简洁的庭院没有喧嚣纷扰，宁静的内心没有功名利禄。

　　　　方宅十余亩，草屋八九间。

　　　　榆柳荫后檐，桃李罗堂前。

　　　　暧暧远人村，依依墟里烟。

　　　　狗吠深巷中，鸡鸣桑树颠。

　　　　户庭无尘杂，虚室有余闲。

　　　　久在樊笼里，复得返自然。

　　陶渊明如此诗意，那他怎么生活？

　　每天早晨，他就扛起锄头走向农田深处。他在南山下种了点豆子，结果没好好打理，野草长得比豆苗都多。陶渊明"吭哧吭哧"地锄草、翻土，到晚上才能披星戴月地回到家里。但是辛苦一点又算得了什么呢！人活着，开心最重要。

　　　　种豆南山下，草盛豆苗稀。

　　　　晨兴理荒秽，带月荷锄归。

　　　　道狭草木长，夕露沾我衣。

　　　　衣沾不足惜，但使愿无违。

东晋出了陶渊明这朵奇葩，引得很多人前来围观。一名基层军官来拜访陶渊明，正好赶上他在酿酒。当时的酒糟刚好煮熟，需要用布过滤一下，陶渊明随手就解下头巾用来过滤酒糟，用完之后又戴到头上去，结果弄得头上全是酒糟沫子。但他根本无所谓，转身就接待了军官，二人端着新酿的酒痛饮三大碗。

陶渊明的朋友颜延之要去南京上班了，临行前来他的隐居地告别。二人借着痛饮的机会互诉衷肠。就在送别时，陶渊明为颜延之写了一首送别诗。估计颜延之作诗水平不太行，所以他想用舞剑来回赠陶渊明，可一摸腰间："出门竟然忘记带剑了。"陶渊明就随手从树上折了一截树枝："你就用这个代替吧，反正都是直的。"就这样，颜延之以树枝代替剑，舞得风生水起。陶渊明则在树下抚琴，仿佛"高山流水"的故事重新上演。

江州刺史王弘特别欣赏陶渊明，于是向他发出邀请："我们做朋友吧。"陶渊明好不容易逃出官场，怎么可能再结交高官显贵？于是回绝了。

在被陶渊明拒绝之后，王弘就成了陶渊明的疯狂"粉丝"。有一天，陶渊明准备去庐山游玩，王弘请陶渊明的朋友在半山腰备好酒菜，等他爬到半山腰时，看到朋友在那里喝酒，立刻跑过去蹭吃蹭喝。

就在这时，王弘假装刚好路过，也趁机来到酒席前。陶渊明心知肚明，但他把表面功夫做得十足，三人在那里举杯畅饮，直到日落山头才尽兴而归。

为什么陶渊明辞官归隐，还被大家羡慕不已？因为陶渊明用他的率性、洒脱，活成了所有人最想成为的样子：不为金钱名利而活，只为取悦自己。

(03)

早年的陶渊明并没有这么"任性"，他和大部分人一样，也曾对功名利禄十分渴望，希望能够用自己的才华，去实现济世安民的政治抱负。

忆我少壮时，无乐自欣豫。

猛志逸四海，骞翮思远翥。

荏苒岁月颓，此心稍已去。

值欢无复娱，每每多忧虑。

气力渐衰损，转觉日不如。

壑舟无须臾，引我不得住。

前途当几许，未知止泊处。

古人惜寸阴，念此使人惧。

再如：

少时壮且厉，抚剑独行游。

谁言行游近？张掖至幽州。

饥食首阳薇，渴饮易水流。

不见相知人，惟见古时丘。

路边两高坟，伯牙与庄周。

此士难再得，吾行欲何求！

陶渊明少年时就立下大志向：此生定要建功立业，横行天下。他像所有年轻人一样，满怀欣喜地拥抱世界。可现实的打击，一次次地折磨着陶渊明。

29岁时，他成为江州祭酒。在这个年纪就成为正厅级干部，可谓前途无量。不幸的是，江州刺史名叫王凝之。此人没有继承其父王羲之的半分神韵，甚至没有妻子谢道韫的文学才华，他能得到江州刺史这个重要的职位，只因为他是琅琊王氏的子弟。王凝之迷信五斗米道，成天抛下公务不管，跑去求神祭祀，以至于把堂堂公务大厅办成水陆道场。

作为副手的陶渊明只好每天帮他处理工作：上级来检查工作，王刺史在求神，陶渊明去接待；群众来反映问题，王刺史在念经，陶渊明去挨骂；同事来请示工作，王刺史在打坐，陶渊明去协调。

如果只是工作上的事也就罢了，可偏偏陶渊明与琅琊王氏是仇人啊。当初他的曾祖父陶侃凭借实力和机遇，从县级公务员一路升迁为江州刺史，却因王敦要扩充家族势力，就被排挤到当时还是蛮荒之地的广州。不过，后来王敦叛乱，陶侃被任命为征西大将军、荆州刺史，成为平定王敦叛乱的大功臣。

祖传的仇恨和现实的困境，让陶渊明终于决定不伺候王刺史了。两个月后，他辞职回家。

此后，陶渊明就在理想与现实之间来回摇摆。

五年后，桓玄起兵"清君侧"，他为了报国理想而积极参与。当理想遭到亵渎时，他同样可以转身投奔刘裕，讨伐桓玄。当刘裕彰显野心时，他丝毫没有留恋功名，转身就走。只要身段软一点，就能留在县太爷的位置上继续作威作福，可他还是选择离开，从此与山林为伴。

为什么陶渊明被后世如此推崇？因为他只遵从自己内心的感受，活出了真正的自我。当世人纷纷成为名利的奴隶时，陶渊明不留恋、不争抢，只留下一个潇洒的背影，让世人心生向往。

(04)

陶渊明的境界，我们都是身不能至、心向往之。上初中时，在语文课上，我们学习过陶渊明的《饮酒》：

> 结庐在人境，而无车马喧。

问君何能尔？心远地自偏。

采菊东篱下，悠然见南山。

山气日夕佳，飞鸟相与还。

此中有真意，欲辨已忘言。

当时我十分不以为然："男子汉大丈夫，怎能不砥砺奋进，而去过自己悠闲的小日子呢？"可当我走出校园、步入社会后，面对社会中的潜规则、职场上的人情、公司里的钩心斗角，无数次对自己说："算了，别干了，大不了回家种田。"

可当早晨醒来，看着节节攀升的房价、廖廖可数的存款、没有还完的花呗、还未到账的工资，还有嗷嗷待哺的孩子、满面疲惫的妻子，我真的没有一丝勇气把辞职报告交上去。这时，我才明白成年人的世界，不是谁都有资格说"放弃"二字的。

这才是生活本身。放弃疲惫的生活，离开艰难的职场，大部分人是想过的。可我们终究不是陶渊明，做不到一言不合就离开。为什么陶渊明被怀念至今？因为他敢于放弃眼前的苟且，奔向诗和远方的田野。

05

王国维评价陶渊明说："三代以下之诗人，无过于屈子、渊明、子美、子瞻者[1]。此四子，若无文学之天才，其人格亦自足千古。"

420年，刘裕篡位称帝，建立宋朝。面对改朝换代的局势，陶渊明做出了自己的选择：改名为陶潜，发誓永不出仕，并写下著名的《桃花源记》：

---

[1] 这四人分别是屈原、陶渊明、杜甫和苏轼。

林尽水源，便得一山，山有小口，仿佛若有光。便舍船，从口入。初极狭，才通人。复行数十步，豁然开朗。土地平旷，屋舍俨然，有良田美池桑竹之属。阡陌交通，鸡犬相闻。其中往来种作，男女衣着，悉如外人。黄发垂髫，并怡然自乐……

正如学者费勇所说："陶渊明所表达的意思是，你们去闹吧，折腾吧，我就在这里喝着酒，看着你们得势又失势。而我在自己的人生莽原上开疆拓土，桑麻日以长，我土日以广，不亦乐乎！"

陶渊明建造了一座与世隔绝的桃花源，任何人都不可能找到那里，因为它只存在于自己的心中。

既出，得其船，便扶向路，处处志之。及郡下，诣太守，说如此。太守即遣人随其往，寻向所志，遂迷，不复得路……

人生不如意十之八九，想要逃，可世间哪有真正的桃花源？只有在心中开辟一方天地，建造一个无人打扰的世界，在那里安放我们的情怀、信仰和理想。

在夜深人静时，独自一人轻轻地来到这里，拿起洁净的手帕，擦拭着那盏名叫"初心"的明灯，让它永远绽放出璀璨的光芒。若如此，我们每个人都是陶渊明。

苏轼：忘记年龄后，我的人生开挂了

①

1075年，一个春日的早晨，天还没有透亮，苏轼就翻身而起，穿衣、洗脸、梳头一气呵成。39岁的他，身体没有半点疲惫。

半个时辰后，密州衙门，一群"保温杯中泡枸杞"的官吏们，热烈讨论着大宋帝国的局势。他们唾沫横飞、手舞足蹈的样子，像极了"键盘侠"[1]。

有人说："听说司马光在编历史书，进展很大。"

有人说："去年王安石被罢免宰相职务，今年二月又被召回去了，看来变法要继续了。"说罢，小心翼翼地看一眼苏轼。

有人说："西北的王韶才厉害，他在熙河打败羌人开边千里，真是大宋男儿的楷模啊。"

苏轼激动地喝了一口茶，眼中闪过莫名的神采。突然，有人打断了讨论："都别闲聊了。密州连着几个月都雨雪未降，田里的麦子都快旱死了，想想办

---

[1]　网络词语，指部分在现实生活中胆小怕事，而在网上占据道德高点发表"个人正义感"和
　　　"个人评论"的人群。

法吧。"不下雨，小麦就长不大，老百姓就没饭吃，这可是天大的事。众人都转头看向苏轼，意思是有事找领导。

02

一年前，旱情肆虐着整个大宋帝国。百姓家家无余粮，米缸比脸都干净。而官府公差依旧在催青苗法的本息，百姓一夜之间跌入地狱。强有力者吃糠咽菜，老弱无依者只能以草木为食。

那时的中原大地，举家逃荒者不绝于道。朝廷官员郑侠绘制《流民图》呈送神宗皇帝，请求罢除新法："如果您听我的，十天不下雨，我自愿赴死。"神宗皇帝无奈，便将青苗法、保甲法等一同罢除。

三天后，东京大雨，王安石被罢相。

一年后，大旱再次席卷密州，苏轼到底该怎么做才能挽救百姓的生计？经过大家讨论，终于从老祖宗的智慧中发现一条妙计：到常山上向老天爷求雨。

几天后，苏轼穿着干净的布衣、布鞋，从衙门徒步二十公里来到常山，摆好猪头和水果，然后点燃三炷香，虔诚地向上天祈雨。说来也奇怪，不久之后，大雨倾盆，苏轼也分不清究竟是天心，还是民意。

03

那年10月，苏轼去常山还愿。华北早已入秋，白霜满地，犹如天赐银毯。苏轼带领一些官员在前方跋涉，百姓在后方追随，浩浩荡荡，黄土漫天。

从杭州北上已经一整年了，他从来没有这么开心过。四年前，苏轼请求出京，到地方上踏踏实实地做点实事。如今求雨成功、百姓丰衣足食了，他的成就感岂是写几篇文章能比的？

还愿结束后，苏轼一行人进行了一场狩猎，收获了很多猎物。当天晚上，苏轼就把政府官员、围猎士兵、群众都召集起来，搞了个篝火晚会。火光摇曳，人们争相向苏轼敬酒，清脆的碰杯声不绝于耳。美酒涨红了脸庞，猜拳声不绝于耳。

主席台上，苏轼脚步不稳，高声喊道："此时、此地、此刻，都听我的命令！我需要一百名壮士到台上来。"

其他人都不知道苏大人到底要干什么，但十分钟后，所有人都闭上了嘴。

主席台上，由一百名壮士组成的"合唱团"发出了低沉的嘶吼，然后逐渐昂扬，最终变成直上云霄的怒喝。歌词是苏轼刚刚写好的《江城子·密州出猎》：

老夫聊发少年狂，左牵黄，右擎苍。锦帽貂裘，千骑卷平冈。为报倾城随太守，亲射虎，看孙郎。

酒酣胸胆尚开张，鬓微霜，又何妨？持节云中，何日遣冯唐？会挽雕弓如满月，西北望，射天狼。

如果你还不能理解的话，请想象一下《黄河大合唱》的场景："风在吼，马在叫，黄河在咆哮，黄河在咆哮……"

几天后，苏轼写信给朋友说："数日前猎于郊外，所获颇多。作得一阕，令东州壮士抵掌顿足而歌之，吹笛击鼓以为节，颇壮观也。"

(04)

《江城子·密州出猎》是苏轼写的第一首豪放词，因为不同于柳永的风格，他沾沾自喜了很久。

其中有几个典故。"为报倾城随太守，亲射虎，看孙郎"，说的是江东英主孙权。孙权喜欢打猎，还特别勇猛，他经常和猛兽正面硬拼，就算老虎扑到马鞍上了，他都能用手戟刺死。"射虎孙郎"的功夫，恐怕不亚于"打虎武松"。

在词中，苏轼自比少年英雄孙权，意思是："我还是个年轻的小伙子，浑身有用不完的力气，来日方长呢。"

"持节云中，何日遣冯唐"，说的是汉文帝的典故。云中太守魏尚的能力很强，匈奴人十分怕他。可他因为在给朝廷的报告中写错了几个字，就被罢官。大臣冯唐觉得魏尚实在太冤枉了，于是向汉文帝求情。后来，汉文帝就派冯唐代表朝廷，去云中赦免魏尚，官复原职。

对了，冯唐曾经在王勃的《滕王阁序》中出现过，就是"冯唐易老，李广难封"中的那个老头子。

苏轼身在密州，也在时刻盼望着朝廷派一个"冯唐"来，早日撤掉对他的处分，然后能轻装上阵，参与大宋帝国的建设。

至于"西北望，射天狼"，则是在向王韶致敬。宋神宗时期，王韶率军击溃羌人、西夏的军队，设置熙州，主导熙河之役，收复熙河、洮、岷、宕、亹五州，拓边两千余里，对西夏形成包围之势。

(05)

林语堂在《苏东坡传》中说："他是个不可救药的乐天派。"身处密州，人在囧途，苏轼依然像少年一般永远充满希望，永远热泪盈眶。

对苏轼来说，只要困难没把他压垮，只要还有一口气在，他就能拿起家伙，跟生活斗到底。就算屡战屡败，也要屡败屡战。

正所谓："生死看淡，不服就干。"

"造反者"文天祥

(01)

1256年春，临安街头有点躁动。那天是科举公布成绩的日子。就像今天查高考分数时的忐忑一样，宋朝学子们捂着"怦怦"跳的胸口，焦躁不安地向皇榜走去，丝毫没有注意到手心早已渗出汗水。

21岁的文天祥也站在皇榜下。他伸长脖子，渴望在榜单中找到自己的名字。一行一行地看下去，直到看见"文天祥"三个字，他才长叹一口气，中了。

中了进士，随后就是在集英殿对策。这些都是该走的流程，只是为了区分名次，不会再有落榜的危险。文天祥当真了，难得有面见皇上的机会，此时不表现，更待何时？

当时的皇帝是已经在位30年的宋理宗赵昀。赵昀晚年沉湎于醉生梦死的荒淫生活中，朝政相继落入丁大全、贾似道等奸相之手，国势急衰。

文天祥来到临安就听说了皇帝的事迹。他有点不能忍，于是在集英殿对策时就提笔开骂："陛下，您要做一个高尚的人啊！这么多年都熬过来了，再忍忍啊。"他连草稿都不打，一口气写了将近万字。

他说得忠贞恳切，据说把赵昀感动得直抹眼泪。或许是因为文天祥的真情和文采，被骂得狗血淋头的皇帝竟然把他选为状元。

自隋朝开创科举至1905年被废除，1300年间出现了无数的状元，而最不可思议的，当属文天祥了。

02

《宋史》中对文天祥有两句很特殊的记载。第一句是："体貌丰伟，美皙如玉，秀眉而长目，顾盼烨然。"就是说文天祥身高体长，皮肤白皙，一双细长的丹凤眼镶嵌在美貌的脸上，顾盼生姿。文天祥不仅长得帅气，还是才气侧漏的状元郎，无论在哪个时代都是国民"男神"。

第二句是："天祥性豪华，平生自奉甚厚，声伎满前。"文天祥的家庭条件不错，在他考中状元后，父亲不幸去世，给他留下了大笔遗产。三年后，24岁的文天祥被任命为海宁军节度判官，开始走上仕途，也开启了他的浪荡生涯。丰厚的遗产再加上宋朝的高工资，不难想象文天祥过着什么样的生活。

五星级酒店的豪华大餐吃起来，30年的女儿红喝起来，满座的同僚朋友嗨起来，还有请来的歌姬唱起来……宋朝官员典型的奢靡生活，他一过就是17年。

这时的文天祥也不过是个普通人，他写的文章别人也能写，他过的生活别人也能过，他和其他的进士、状元没什么区别。

可当岁月静好的生活一旦被打破，有的人就此崩溃，而有的人却能涅槃重生。

03

南宋的暖风熏得游人醉，南宋人早把杭州做汴梁。他们忘记了曾经受过的苦难，也忘记了祖先曾经蒙受过的耻辱，只要自己过得好，哪管死后洪水滔天。可高原上的蒙古人不一样，他们的目标是星辰大海。

1206年，铁木真在斡难河畔登基，被众人奉上尊号成吉思汗。这时的成吉思汗已经取得了极大的成就，他一点不比以往的草原领袖逊色。大蒙古国也继承了匈奴、突厥的疆域，一统广袤的草原。

被成吉思汗改造过的大蒙古国，潜力显然不是先辈们可以比拟的。蒙古铁骑四面出击，一座座城池在马蹄声中陷落，一寸寸土地在蒙古人的呼喊中被占据。男人屠杀、女人为奴、工匠留用，辽、金、西夏、花剌子模、波斯等国逐一灭亡。西至里海，东至大兴安岭，北达西伯利亚，南抵黄河，都成了蒙古人的牧场。

1273年，襄阳城破。没有郭靖和黄蓉守护襄阳，也没有杨过烧毁20万大军的粮草，更没有郭襄16岁的烟花，只有国破家亡的凄惨和悲凉，南宋也即将走到生命的尽头。

04

1275年，蒙古军攻破安庆，刀锋直指建康，南宋王朝危在旦夕。而这时，文天祥"造反"了，他反的当然不是大宋王朝，而是自己。

国家危亡在旦夕之间，文天祥想想以前的奢靡生活，感觉就像是在犯罪。他把良田、豪宅、香车统统变卖，连同家中的存款和现金，全部作为勤王的军费。"痛自贬损，尽以家赀为军费。"不久后，他带着一万多人的乌合之众，东进勤王。

从江西出发前，他的朋友前来劝阻："你去了有什么用啊？还是明哲保身吧。"文天祥不愿苟且偷生："国家养育臣民将近300年，可到了关键时刻，却没有一个人站出来。我这么做不是为了自己，而是希望做一个表率，希望忠义之士能够挺直腰杆，保家卫国。"

文天祥不知道蒙古人的强大吗？他不怕死吗？不，他当然知道，但他更不愿意违背自己的内心，在自责、悔恨中苟且偷生。

这是文天祥的第一次"造反"。他放弃了过往的舒适生活，与奢靡、放荡彻底决裂。他放下了手中的笔和酒杯，拿起杀人的剑，穿起生锈的铁甲，迎着蒙古人的铁骑走向战场。

40岁的文天祥开启了新的人生，走上了一条悲壮却也光辉的道路。

(05)

相比文官领兵的范仲淹、虞允文而言，文天祥的军事能力相对较弱。他带兵来到临安后就上书皇帝："大宋为什么军事上屡战屡败呢？就是因为地方政府没权力，全由朝廷说了算。不如把天下分为四大军区，全部交给司令员统领，由前方负责战争。朝廷只要任命人员就行，其他的事别管了。"

平心而论，文天祥的提案基本没有可行性。自古以来的胜仗，都是靠朝廷整合资源，集中力量办大事。权力下放的结果只能是军阀割据，投降的速度只会更快。

在蒙古铁骑如泰山压顶般南下时，文天祥最终没能力挽狂澜。整整三年时间，他带着残兵一路迎战一路败退，苏州、临安、温州、江西……最终在广东汕头潮阳县被元军千户王惟义俘虏。

1278年11月，文天祥被押解至元军张弘范的大营中。手臂粗的牛油灯闪烁，张弘范露出得意的笑容。他抿着嘴看着早已贵为丞相的文天祥，说："你给张世杰写封信，让他投降吧。"文天祥说："好，我写。"文天祥给张世杰的信中只有一首《过零丁洋》。他不是劝降，而是在劝他不要降。

> 辛苦遭逢起一经，干戈寥落四周星。
>
> 山河破碎风飘絮，身世浮沉雨打萍。
>
> 惶恐滩头说惶恐，零丁洋里叹零丁。
>
> 人生自古谁无死，留取丹心照汗青。

国势飘零如雨打浮萍，我辈不能挽救社稷和百姓，能做的只有不愧对祖先。

06

这首《过零丁洋》并没有到达张世杰的手中，而是被张弘范截留了。他看着墨迹未干的字迹，不禁对这个亡国丞相生出敬意。随后，一份报告被送到忽必烈手中："这是一名义士，不能杀。"

做领导的都喜欢忠臣，最好是对自己尽忠。如果是敌人的忠臣，也要表扬，意思是让自己手下的人好好学着点。

文天祥躲过一死，被一辆囚车押往北京。1279年4月，文天祥迈出了北上的第一步。囚车从广东出发，一路经过韶关、赣州、吉安，再过鄱阳湖、南京、徐州，最终到达元朝的首都北京。杏花春雨江南的碧绿色，逐渐变成干燥的枯黄。

文天祥第二次"造反"了。他放弃抗争，寻求精神不朽。既然反抗已经失败，那就只能接受现实。在渡过长江后，他就知道事情再也没有挽回的余地，于是在北上的路上，他不断寻找精神上的知音。沿途经过的每一个地方，都是先辈曾经奋战过的热土。那些忠诚的灵魂，都给文天祥带来别样的温暖。这种"同是天涯沦落人"的感觉，让他有了"吾道不孤"的欣慰。

徐州的燕子楼，是唐朝张愔为爱妾关盼盼所建。张愔去世后，美貌的关盼盼被无数人觊觎。唐朝的妾是可以相互赠送的，更何况在丈夫死后改嫁，正常得很。但面对踏破门槛的提亲者，关盼盼都拒绝了，她要为张愔守节，最终15年未再嫁人。

400年后，文天祥在北上途中登上燕子楼。他想起独居并终老于此的关盼盼，一个女子尚且可以为丈夫守节，何况自己是亡国的士大夫。于是，他写下一首《燕子楼》自勉：

> 因何张家妾，名与山川存。
> 自古皆有死，忠义长不没。
> 但传美人心，不说美人色。

当囚车来到山东德州时，他想到了颜真卿。这里曾经被叫作平原郡，"安史之乱"前，颜真卿被贬到此地。当安禄山的大军横扫河北时，州郡纷纷开城投降，只有颜真卿的平原郡做了"钉子户"，死死地扎在那里。就连他的堂兄颜杲卿都被叛军杀死，只找回一只胳膊。

20年后，颜真卿最终还是被安史余孽杀害。文天祥想起颜氏兄弟的节义，又写下一首诗来自勉：

> 乱臣贼子归何处，茫茫烟草中原土。
> 公死于今六百年，忠精赫赫雷行天。

此时的文天祥明白了一个道理：眼前的成败荣辱，在历史中不过是沧海一粟，百年后，判定成败的不是权势、金钱，而是精神。

这个世界终究不负正能量。

07

在北京，文天祥是愿意活下去的。元朝皇帝忽必烈正在大力求才，尤其是南宋的文人学士。听说文天祥是南宋的第一等人才后，忽必烈就劝他留在北京，还帮他买房子、上户口。

文天祥说："如果让我以道士的身份做顾问，可以，官就不做了。"这本来是一个很好的建议，一个有命，一个有名，可极力反对的恰恰是南宋的投降派。

如果让文天祥这样的反抗者都活着，那他们举国投降的人又算什么？汉奸就不要脸的吗？于是南宋宰相留梦炎上书说："如果文天祥回到南方，再次号召民间起义，那可怎么办？"

文人玩起文字游戏，最是歹毒。这样一来，事情就很简单了。文天祥要想活，就得投降；如果不做元朝的官，就得死。

文天祥最终第三次"造反"。他不再苟且偷生，决意从一而终，向死而生。1282年12月，忽必烈问他："你还有什么想说的？"文天祥说："忠臣不事二主，但求一死。"第二天，文天祥被斩于菜市口。元朝人却说："宋之亡，不在崖山之崩，而在燕市之戮。"

08

近几年有个很流行的概念，叫"走出舒适区"。其目的在于，鼓励大家不要沉溺在舒适感当中，而是要寻找艰难的路，在一次次的难题破解中磨炼自己，最终才能成就美好人生。

文天祥不就是这样吗？他在舒适区中生活到40岁，当时代大潮来袭时，他却好像换了一个人，首先放弃精美的生活，然后寻求精神的不朽，最终放弃求生的希望。

文天祥不断对过去的自己"造反"，剔除生命的杂质，只留下最璀璨的一部分，那才是人之所以为人的内核——正气。

我们不能成为文天祥，但也要做到问心无愧。就像文天祥被杀后留在衣带中的遗言：

孔曰成仁，孟曰取义，惟其义尽，所以仁至。

读圣贤书，所学何事？而今而后，庶几无愧。

徐文长：半生困顿，一世铿锵

01

有一个人，历史上对他的评价颇多。郑板桥说："我是他家门下狗。"黄宾虹说："他三百年无人能及。"齐白石说："恨不能早生三百年，为他研磨理纸，哪怕他看不上我，我饿死在门口也不走。"这些人对他可谓是爱得深沉。

然而他的一生是：一生坎坷，二兄早亡，三次婚姻，四处帮闲，五车学富，六亲皆散，七年牢狱，八试不中，九番自杀，十堪嗟叹！

这个人就是大明朝的徐渭，著名的文学家、书画家、戏曲家、军事家。

1521年，徐渭生于浙江绍兴府。他一生最大的爱好就是给自己取名字：徐文清、田水月、漱老人、青藤道人……当然，最有名的，还是徐文长。

少年时的徐渭绝对符合"成名要趁早"的标准。与所有大艺术家一样，徐渭小时候也是个神童。什么"读书过目不忘""举一反三"之类的话，都可以用在他的身上。

六岁受《大学》，日诵千余言。

> 书一授数百字，不再目，立诵师听。
>
> 指掌之间，万言可就。

10岁的时候，他读了扬雄的《解嘲》，觉得不过如此，于是就想恶搞一下。他与扬雄针锋相对地写了一篇《释悔》。虽然原文我们不得而知，但可以想见，10岁的孩子嘲弄1500年前的扬雄，能够引起多大的轰动。

徐渭从小就与众不同，因为他太出色了，人们根本不把他当作一个小孩子，而是把他与历代的那些文人名士放在一起谈论，比如杨修、曹植、刘晏等。徐渭交的朋友个个都是当代的才子名士，与沈炼、陈海樵等人，被称作"越中十子"[1]。但同为"越中十子"之一的沈炼不敢与他并列，说"关起城门来，只有徐渭一个"。

如此出色的才华，自然会被邀请出席各种宴会，以示主人的风雅。

有一次，徐渭出席一个酒宴，主人有意考验一下这位才子，就指着一个小东西请徐渭作赋，暗中却指使仆人奉上丈余长的纸卷。徐渭到底是徐渭，站起身来喝了一杯酒，拿起笔就开始写，没一会儿工夫就把丈余长的纸卷写得满满当当。众人惊叹！

(02)

有一些连环画之类的小人书中经常会出现徐渭的身影：不是智斗地主，就是智惩贪官。传说虽然动听，但大部分都是假的，真正的徐渭根本没有能力干这些事情。因为在他出生一百天时，他的父亲就去世了。按说老么应该更招人

---

[1] 指明朝嘉靖年间，徐渭、沈炼、萧勉、陈鹤、杨珂、朱公节、钱楩、柳文、诸大绶和吕光升十人。

疼爱吧，但不凑巧的是，他的亲生母亲只是正室苗夫人的陪嫁丫头，在家中根本没有任何地位。

在他的父亲去世后，苗夫人就把他的亲生母亲赶出家门，自己抚养徐渭。且对他极好。在他14岁那年，苗夫人也去世了，最后，徐渭只好跟着比他大37岁的哥哥一起生活。

这个从小就是"别人家孩子"的徐渭，其实内心是很脆弱的。寄人篱下、缺少关爱，使他特别渴望能够出人头地，因此开始了他的漫漫成功路。

徐渭20岁就考上了秀才，这是一个不错的开始。他精神抖擞，准备一鼓作气考举人、中进士，最终当大官，光宗耀祖。但现实是残酷的，小时候有多么辉煌，长大就有多么悲哀。

他一次又一次地参加乡试，结果一次又一次地失败，直到41岁，他依然还是个秀才。考试考不中，家里的大哥也不想要他，这可怎么办呢？幸亏他有才华傍身。隔壁的潘地主想让他做上门女婿。在万恶的封建社会，上门女婿可不像现在这样，给房给车，只要你对女孩好就行。那时候的上门女婿地位很低，一家人吃饭，你得坐到角落去；早上起床了，你还得倒尿盆。总之，就是大户人家怎么对丫头，岳父家就怎么对上门女婿。

人在屋檐下，不得不低头，徐渭为了吃饭，只得去做上门女婿。有时候，人们总是想着应该这样，应该那样，但真的事到临头了，其实并没有那么多的选择，有时候只有一条路可以走，并且只能一路走到黑。

无奈莫过于此。

(03)

人要是倒霉了，真是喝口凉水也塞牙。好不容易吃上了软饭，还没吃几年呢，妻子潘氏就因肺病去世。这样一来，老丈人潘地主对他恨之入骨，怨他没有照顾好自己的宝贝女儿，把他撵出了潘家。

这时，徐大哥因沉迷炼丹而去世，徐二哥也早已病死贵州，家业败落，被豪绅无赖给霸占了。徐渭真的是家破人亡、走投无路。他依仗读书的本事，开设了"一支堂"，招收学童，挣点教书钱。

照道理说，神童考试，逢考必过。可到了徐渭这里，似乎不太灵验，因为他的心思根本不在"四书""五经"上，而是致力于经世致用之学，书法、诗词、绘画，甚至兵法他都懂。

1550年秋，蒙古首领俺答汗率军在北京一带掳掠，嘉靖皇帝被困北京城，首辅严嵩却毫无退敌办法。徐渭在老家听说后义愤填膺，挥笔写下了《今日歌》《二马诗》，痛斥严嵩误国。

徐渭虽然一直没有考中功名，但他的才华是有目共睹的。因为经常指画山河、谈论天下军政，所以得到了闽浙总督胡宗宪的关注。胡宗宪想把这个才子请入自己的幕府当师爷，于是派人去请徐渭来。谁知道徐渭一点面子都不给，说："从哪里来，回哪里去。谁叫你来，你叫他来。"

这个下属回去哆哆嗦嗦地回复了胡宗宪，没想到胡宗宪并没有发火，而是平静地说："我去找他。"这次徐渭没有再推辞，乖乖地去当了胡宗宪的师爷。虽然徐渭没有功名，也没有钱财，但是人穷志不穷，你来请我，就得有请我的规矩，这叫讲究。

04

胡宗宪是什么人？俞大猷是武功高手，据说年轻时去过少林寺，为的是求取少林寺的武功秘籍，结果去了一看，传说中的高手全是废物，自己一个人挑了整个少林寺，后来参军又成了悍将。这么一个厉害角色，在文官胡宗宪面前都小心翼翼，连头都不敢抬，两腿还要发抖。

据说胡宗宪相貌非凡，更有种逼人的气势，不怒自威。此时手握闽浙两省军政大权，正是如日中天的时候。胡总督来请徐渭出山，是为了抗倭大业。

自从来到胡宗宪的总督府，徐渭丝毫没有干大事的觉悟，成天穿着破衣烂衫到处晃悠，没事就在街上跟一帮人喝酒。总督府有事找他商议，可找不到他人，只好开着大门等他到半夜。

喝完酒回到总督府，进入议事厅，胡宗宪和一干军政大员正在议事，他绕着会议室走了一圈，在所有人的注视下大摇大摆地走了出去，留下一帮人傻眼了。在总督大人面前竟然敢这样？莫不是个神经病吧？

事实证明，徐渭绝不辜负胡大总督的盛情。在过了开始的磨合期后，徐渭对胡宗宪说了八个字：先定大局，谋而后动。

照着这八个字的总方针，胡宗宪制定了详细的作战方案，取得抗倭的巨大胜利。除了做军师，他还当起了总督府的秘书长，凡是胡宗宪的公文往来，全部交由徐渭来操办。

1558年，舟山捕获白鹿，这可是上天降下的祥瑞。徐渭代替胡宗宪写了《进白鹿表》，与白鹿一起送入京城。嘉靖帝高兴坏了，觉得自己离成仙又进了一步，给了胡宗宪大大的褒扬。

趁此机会，徐渭一鼓作气写了《再进白鹿表》《再进白鹿赐一品俸谢表》，以此巩固了自己在胡宗宪心中的地位，也巩固了胡宗宪在朝廷的地位。

君子之交淡如水，你看得起我，我就誓死报答你。

05

事实上，徐渭没能等到报答胡宗宪的那一天。因为严嵩倒台了，作为下属的胡宗宪也跟着倒了霉。眼看着好友和恩人惨死狱中，他却什么忙都帮不上，更担忧自己也被迫害，这位"东南第一军师"崩溃了，为胡宗宪，也为自己。

好不容易有点起色的人生，再也看不到半点希望。严重的精神压抑，让他陷入自杀的情绪中。他先是用斧子砍自己的头，"以利斧击首，血流被面，头骨皆折"。接着拔下墙上三寸长的铁钉，插入耳朵好几寸，血流如迸，医治数月才好。最后用锥子击碎了自己的肾囊，但结果还是没死。

因为怀疑续弦的妻子张氏不贞，他手起刀落杀了自己的老婆。杀人可是犯法的，徐渭被抓进了大牢。在牢狱中，徐渭披戴着枷锁，身上长满了虱子，冬天床头积起了厚厚的雪，连朋友送来的食物也被人抢走。

1573年，坐了七年牢的徐渭借着万历登基、大赦天下的时机终于出来了。经历了几十年的风雨沧桑，他已经没有任何人生理想和政治雄心。

徐渭已经死了，但青藤先生浴火重生。

06

53岁的徐渭，真正地抛开了仕途，前半辈子为了稻粱谋，后半辈子想为自己而活。

少年便是神童，中年上表得皇帝称赞，经过几十年的磨炼，辉煌、跌落、死过、活着，徐渭的才情早已炉火纯青。人生的无望、梦想的破碎、接连的打击，他已经一无所有，能够陪伴他的，只有走过的路和读过的书。

出狱后，徐渭先后游览了杭州、南京、富春江一带，并结识了许多的书画圈朋友。五年后，宣大总督吴兑邀他北上，他欣然前往，并担任了吴兑的文书一职。出任这个职务完全是出于帮朋友的忙，所以有事他就做，没事就四处玩。

后来，经戚继光介绍，他绕过居庸关，到辽东拜访李成梁。他把自己一生的兵法心得，结合在东南抗倭的实际案例，全部教给了天资聪颖的李如松。多年后，李如松在朝鲜大破日本，延续了东南抗倭的胜利与荣耀。

各位大哥都想把徐渭留在身边。李成梁说："留在辽东吧。"吴兑说："留在宣大吧。"戚继光说："留在我这儿吧，咱们干大事。"徐渭说："罢了，归去吧。"我不得志，我穷困，我潦倒，但我知道我是个男人，伺候人一次就够了，要不然就真以为自己的膝盖直不起来了。"

穷可以，但是得讲究。

07

徐渭曾向人说："吾书第一，诗第二，文第三，画第四。"就是他认为自己最不成才的一项技能，也让后世几百年的大师们望尘莫及。

从寒冷的北国返回温润的江南，他的身边只有年轻时的朋友和追随他的门生。因为一生不治产业，钱财随手散尽，此时的他只得靠卖字画度日，但手头稍微宽裕后他就不肯再作画。

这些拿去卖的画作中，有很多传世珍品，如《墨葡萄图》，不仅用墨的浓淡显示了叶的质感，而且题诗的字体结构与行距的不规则，犹如葡萄藤蔓一样在空中自由延伸，书与画融为一体；如《梅花蕉叶图》，将梅花与芭蕉放在一起，并题诗："芭蕉伴梅花，此是王维画。"梅花在北方雪地，芭蕉在炎热的南国，二者在这里相遇，如阴阳相交、日月凌空，构成了一种禅机。正如张岱所言："今见青藤诸画，离奇超脱，苍劲中姿媚跃出。"

他的书法也特别有性格。

如果说董其昌破坏了墨法，那么徐渭就是破坏了笔法。自身孤傲的性格、随性的思维，让他的书法大开大合、酣畅淋漓，这在晚明以"台阁体"为主的寂寞书坛引起了轩然大波，文人名士们纷纷惊叹："字还能这样写？！"

陶望龄说："称为奇绝，谓有明一人。"袁宏道则称："先生诚八法之散圣，字林之侠客矣。"大家纷纷来请教学习。他很骄傲："非特字也，世间诸有为事，凡临摹直寄兴耳，铢而较，寸而合，岂真我面目哉？临摹《兰亭》本者多矣……亦取诸其意气而已矣。"

不单单是字，世间的所有事情，都不必刻意模仿别人，那样就不是真正的我。只要明白其中的道理，再结合我的风格做的人、写的字，才是真正的我。

08

晚年闲居的日子，徐渭丝毫没有"东南第一军师"的风采。他披头散发、破衣烂衫，住在几间破房子里。他自己还写了一副对联："几间东倒西歪屋，一个南腔北调人。"

有人慕名来访，站在破门外恭敬地等候，他张口就哄人走："徐渭不在。"

他的书画作品也被晚辈、门生或骗或抢，全部拿走，家中所藏的数千卷书籍也变卖殆尽。即便这样，他还是经常吃不上饭。在这样的困境下，他仍然创作了杂剧《四声猿》。其中，《狂鼓史渔阳三弄》有感于严嵩杀沈炼而创作，具有狂傲的反抗精神；《女状元辞凰得凤》《雌木兰替父从军》都是写女扮男装建功立业。

这部杂剧高华俊爽，汤显祖读后大为惊叹："《四声猿》乃词坛飞将，辄为之演唱数通，安得生致文长，自拔其舌。"

09

1593年，徐渭贫病交加，最终在自己那几间破屋中离开了人世。他死前，身边唯有一只大黄狗与之相伴，身下是杂乱无章的稻草，床上连一床席子都没有。

徐渭这一生，可谓是极其失败。他为自己写了一首诗：

半生落魄已成翁，独立书斋啸晚风。

笔底明珠无处卖，闲抛闲掷野藤中。

徐渭这一生，又可谓极其成功。少年求学，文采飞扬；中年历事，坐断东南；晚年潦倒，名满天下；死而不朽，横亘古今。

在他不得志时，他没有放弃自我，仍然在读书论事；他在胡宗宪身边时，没有任何贪污、堕落之行为，坚守君子之交；当他穷困潦倒时，面对李成梁、戚继光、吴兑的招揽，能够坚守自己的内心，不为名利所折腰。

如此足矣。

王国维：中国文化最后的坚守者

1924年秋，清华大学正在筹办国学研究院。校长曹云祥希望聘请胡适进入国学院，担任其中一位导师。但胡适拒绝了："非第一等学者，不配做研究院的导师，我实在不敢当。你最好去请梁任公、王静安、章太炎三位大师，方能把研究院办好。"

梁任公就是搅动"戊戌变法"的梁启超，章太炎更是大名鼎鼎的国学大师，王静安就是最神秘的王国维。

当时王国维正担任清朝逊帝溥仪的"南书房行走"，如果接受了清华大学的邀请，就不再方便跟清室频繁往来。正在进退两难之际，好友蒋汝藻在信中劝慰他："清华每月有400大洋，有屋可居，有书可读，又无须上课，为吾兄计，似宜不可失此机会。"

但这不是最重要的，真正打动王国维的是后面的几句话："从此脱离鬼蜮，垂入清平，为天地间多留数篇文字，即吾人应尽之义务。"

"脱离鬼蜮，垂入清平"正是王国维最盼望的事；"为天地间多留数篇文字"也是他最大的心愿。就这样，王国维进入清华大学国学研究院，和梁启超、陈寅恪、赵元任并称为"清华四大导师"。

这所研究院有多牛？存在的四年中，毕业生仅七十余人，其质量之高，有五十余人成为中国文学界的著名学者，王国维也因此桃李满天下。令人诧异的是，号称"国学大师"的王国维，年轻时崇尚的却是西方"新学"。这是怎么回事呢？

(02)

1877年，王国维生于浙江海宁县。从小"体质羸弱"的王国维，人生道路早已被父亲王乃誉规划好：读经书、考科举、点翰林、做高官，这也是传统士大夫走过千年的老路。

要想在科举中金榜题名，就要读"四书""五经"。可王国维从小就不喜欢这类书，他就这么马马虎虎地读了几年，竟然在15岁那年考中秀才，成为"海宁四才子"之一。

1892年，他前往杭州继续参加考试，此时的他再也没有了好运气，结果不出意外地名落孙山。当世界为他关闭一扇窗户时，也很贴心地为他打开一扇门。他在杭州第一次知道"四书""五经"之外还有更宽广的天地。后来，他在《三十自序》中回忆："十六岁见友人读《汉书》而悦之，乃以幼时所储蓄之钱，购前四史于杭州，是为平生读书之始。"

他的父亲也是开明的家长，没有阻拦王国维读这些课外书。王国维选书的理由也很简单：能够救国救民的书就必须读。而要救国救民，当时只有学习西方的文化知识。从此，他开始凭借自己的兴趣，走上了一条望断天涯的登天路。

(03)

　　既然背离了"四书""五经"，也就直接导致他在科举中再无寸功，金榜题名的荣耀也与他彻底无缘。1898年，王国维来到上海谋生，在《时务报》报馆做些抄写校对的工作。清贫的生活没有让他忘记来上海的目标——"读书救国"。在短短几年的时间里，他勤奋刻苦地学习了德文、英文、日文，并且通读了康德、叔本华、尼采等哲学家的著作，成为最精通西方哲学的中国人之一。

　　如果按照这条路走下去，王国维很可能会像胡适一样，成为西装革履、吃面包、喝牛奶的"全盘西化"人士。罗振玉的出现，却造就了"中西合璧"的王国维。

　　在《时务报》报馆工作时，王国维每天午后会去隔壁的东文学社学习三个小时。有一次，他在学习之余顺手在扇面上题了一首诗，其中有句是这么写的："千秋壮观君知否？黑海东头望大秦。"如此大气雄浑的诗句，瞬间让东文学社的老板罗振玉大感惊异，于是，他决定资助这个年轻的学子，让他好好学习，没有后顾之忧。

　　罗振玉不仅资助王国维东渡日本留学，还让他在自己主办的《教育世界》上发表了大量的学术性文章。就在一颗学术明星冉冉升起时，罗振玉却又给了他当头一棒。

　　当时的王国维沉溺在尼采的唯意志论中不可自拔，罗振玉就劝他："尼采诸家学说，贱仁义、薄谦逊、非节制，欲创新文化以代旧文化，则流弊滋多。"王国维的反应是："闻而惧之。"

　　西方的学问发轫于西方的土壤，依据的也是西方的传统习俗，如果照搬到中国的大地上，可能会水土不服。而一个国家失去了自己的传统文化，那么就成为顾炎武口中的"亡天下"。

在那个烽火连天的年代，萦绕在读书人心中的一种情结就是——国已将亡，天下不可再亡。

明白了这层道理，王国维大彻大悟。从此以后，他在研读西方经典的同时，更是花费大量的心思去研究诸子百家和宋明理学。西学与中学的融会贯通，仿佛让王国维打通了任督二脉，从此一发不可收拾。

1903年，王国维发表《哲学辩惑》；1904年，他撰写了《红楼梦评论》；1908年，他写下了《人间词话》。

辛亥革命以后，他和罗振玉东渡日本，暂时避开国内的纷争，只求能够静心做学问。王国维的学术功底经过十几年的积累，终于在日本爆发出巨大的能量：第一部关于戏曲的著作《宋元戏曲考》发表；将中国历史向前推进一千年的《殷墟书契考释》发表；最早研究敦煌汉简的《流沙坠简考释》发表。

北宋张载说："为天地立心，为生民立命；为往圣继绝学，为万世开太平。"王国维知道自己没有文韬武略，没有用兵奇谋，能做的只有"为往圣继绝学"。他清楚了自己该如何报国，于是就在这条道路上一路狂奔。

在礼乐崩坏的清末至民国年间，所有人都向"美丽自由"的西方世界看齐，只有王国维在人群中逆行而上，证明中国的学问一样精彩。

04

在民国初期，最汹涌的群众运动就是剪辫子，毕竟要走向现代化，就要与过去决裂。可王国维的脑后仍然拖着那根小辫子，终生都没有剪掉。

夫人问他："大家都剪掉了，你怎么还留着？"王国维说："都到这个时候了，我还剪它干什么？"

在那个年代，大家都剪了辫子、换上了西服，争先恐后地表达自己的进步；王国维却还穿着长袍马褂，扎着小辫子。行走在大街上的他，看上去那么扎眼。

王国维认为，三百年前，中国人已经历过一次剃发易服，但文脉好歹还是传承了下来，如今面临三千年未有之大变局，若没有一两个护道者，恐怕连皮带囊都要被换了。到那时，中国还是尧舜禹汤的中国吗？中国人还是炎黄子孙吗？

人们都以为王国维一辈子都在为清朝守节，其实在他的心里，皇帝、朝廷、发服是几千年来中国的象征。面对汹涌而来的西方文明，他的坚守像是大海浪涛中的一叶扁舟，孤独无助却又坚定前行着。我们可以站在上帝视角去批判他的愚钝，却不能否定他付出巨大勇气的坚守。

05

遍观王国维的照片，表情都是严肃、古板、不苟言笑。

赵元任的妻子杨步伟很直爽，喜欢跟人开玩笑，但只要见到王国维，她就收敛起来，大气都不敢出。即便在老师们聚餐这种放松的场合，杨步伟都不敢跟王国维坐在一桌，因为那种不怒自威的气场，让所有人都在他面前保持由衷的克制。

事实上，王国维不仅面目严肃，生活中也无趣得很。他能写出《宋元戏曲考》，却没有看过一场戏。他每天都会经过颐和园，却从没有进去好好玩一玩。跟学生在一起，如果没有问题要回答，他就一根又一根地抽烟，两人相对无言，也不觉得尴尬。

他的孩子王东明回忆说："父亲的一生中，可能没有'娱乐'这两个字。"徐中舒却评价他："他是有热烈的内心情感的人。"

王国维在家中书房读书写作时，别人一般不敢去打扰他的清净。但孩子们玩耍时还是会不小心闯进他的书房。每当这时，夫人就来到门口，装作很凶的样子叫孩子们出来。王国维被打扰了清净，却没有丝毫的懊恼，反而挡在孩子们前面，跟夫人做起"老鹰抓小鸡"的游戏。

孩子们在他休息时也喜欢缠着他读诗。王国维就拿着书本一遍一遍地读，甚至还跟孩子们玩他不擅长的画画。他随便勾两笔，胡话张口就来："这是一艘船，这是个老头子。"这样的老顽童，跟那个令人生畏的王先生简直判若两人。

06

1924年，冯玉祥发动"北京政变"，将溥仪的小朝廷逐出紫禁城。王国维作为溥仪的老师，也在被逐之列。这次事情，被他视为奇耻大辱，一直如鲠在喉。

1926年春夏，冯玉祥的西北军加入国民革命军，命其部下开进河北。两年前的悲惨遭遇，再一次浮上王国维的心头。如果仅仅是这样，那也不过是再难受一次，可事情远不止这么简单。当年北伐军攻入长沙，自命清室遗老且留有辫子的学者叶德辉，被军队强势镇压。这哪里是简单的改朝换代，而是要彻底除旧布新啊。

1927年，更是人心惶惶的一年。学生姜亮夫去拜访王国维。王国维就问他："有人劝我剪辫子，你怎么看？"姜亮夫只好说了些宽慰的话，让老师放宽心，还是顺应时事的好。王国维说："我总不想再受辱，我受不得一点辱。"

一生坚守的中国文化被所有人弃如敝屣。本想着多读书、多教点学生，可时代要彻底扫清旧文脉存在的土壤。作为一介书生的王国维，在激烈动荡的大时代浪潮中进退失据，面对彷徨前路，他彻底失去了方向。

同样是礼崩乐坏的时代，孔夫子还能"注六经、修春秋"，王国维却无力反抗，只能眼不见为净。

1927年6月2日，颐和园昆明湖边，王国维平静地抽了一支烟，然后无悲无喜地向前走去，一头扎进平静的昆明湖中。后来，众人在他的口袋中发现了一封遗书："五十之年，只欠一死。经此事变，义无再辱。"

面对翻天覆地的世界，王国维那瘦弱的肩膀怎能接续老旧中国的脉搏？他能做的只有给时代的斯文和士人的体面找个平静的归宿。就像陈寅恪在为他撰写的纪念碑文中说的："士之读书治学，盖将以脱心志于俗谛之桎梏，真理因得以发扬。思想而不自由，毋宁死耳……先生以一死见其独立自由之意志，非所论于一人之恩怨、一姓之兴亡。呜呼！树兹石于讲舍，系哀思而不忘。表哲人之奇节，诉真宰之茫茫。来世不可知者也，先生之著述，或有时而不章。先生之学说，或有时而可商。唯此独立之精神、自由之思想，历千万祀，与天壤而同久，共三光而永光。"

王国维用弱小的身躯点亮一盏微弱的油灯，在时代的大潮中迎风摇曳，却发出耀眼的光芒。

第六章　情感篇

女性从来不止一面

女子本弱，但遭遇人生危机时，吕雉能爆发出惊天的力量，让曾经的敌人刮目相看。

　　让苏轼和王弗感情长久的，从来都不是爱情，而是相处得舒服。

　　李清照能和岳飞、辛弃疾站在同一个舞台上，绝不是因为前半生的婉约词，而是一份不输男儿的志气。

年少不懂吕太后，读懂已是伤心人

(01)

在人们的印象中，吕雉从来都不是正面角色，心狠手辣、残忍歹毒、不守妇道……这些不好的词汇统统都可以放在她的身上。可当一个女人褪去裙裾霓裳，穿上男人的钢铁铠甲时，就证明了一件悲伤的事情：她的眼泪早已流干。

年轻时的吕雉也曾有一颗少女心。她有一个美丽的梦想：一个盖世英雄，踏着七彩祥云来到她的面前，温柔地说一句"跟我走吧"。为了这个梦想，她拒绝了很多求亲者，有富二代、官二代、创业者、军人……这些世人眼中的成功人士，统统没能进入她的法眼。

直到有一天，父亲告诉她："有个叫刘邦的中年男人，你去看一眼。"吕雉来到后院，看到一个40岁的中年男人。他落拓不羁，却有股豪迈的气质。刘邦就不用说了，能娶到比他小15岁的富家女，再挑，就不怕遭雷劈？

他们确认过眼神，知道遇见了对的人。

一套流程走完之后，他们组建了自己的小家庭。年轻的少妇怀着对未来的憧憬，踏踏实实地经营着自己的小日子。

刘邦是基层公务员，所以需要经常出差，于是吕雉就承担了大部分的家务：伺候公婆，抚养幼儿，甚至连种田都是她亲自出马，但她从来没叫过苦和累。一双儿女就放在田边的篓子里，她手里耕着地，眼里看着孩子，心里想着丈夫。我仿佛能看到她满眼的笑意。

这时的吕雉，是幸福的。

刘邦是个色痞，这不是我污蔑伟大的汉高祖，司马迁在《史记》中就说他：好酒及色。"酒"暂且不论，单说"色"这项爱好。

刘邦年轻时没有明媒正娶的老婆，跟村口开小酒馆的曹寡妇勾搭成奸。他还不遵守计划生育政策，一口气折腾出一个大胖儿子，叫刘肥。

婚前苟且的生活，在婚后也安分了一阵子。

公元前209年，刘邦开始创业，他的人生开始进入上升通道，于是，他再也管不住身体里的荷尔蒙，见一个爱一个，爱一个生一个。刘邦娶了戚夫人、薄夫人等一堆夫人，生了刘如意、刘长、刘恒等一堆儿子。

在万恶的封建社会，成功男人三妻四妾也算正常，何况刘邦是大汉帝国的开国皇帝。吕雉想了想，还是忍了。

可她毕竟是正室夫人，在法律和道德的双重保护下，刘邦竟然要把他们共同的家庭财产转移到戚夫人和刘如意这对母子名下。吕雉的心情有多糟，可想而知。

她很想跟戚夫人斗个天昏地暗，奈何老公全力维护，实在不好下手。那么多狐狸精真的是爱刘邦这个糟老头子？别骗自己了，谎话说多了自己都快感动哭了。如果刘邦还是沛县的居委会主任，哪个姑娘会倒贴着给他生孩子？她们看中的无非是那份丰厚的家产。

吕雉发现了一条斗"小三"的正确道路：必须变得更加强大，让"小三"们无可奈何。

(02)

要想在这场"家庭内部战役"中获得胜利，吕雉必须要有一个重要的大杀器：儿子。如果没有儿子继承产业，那抛头颅、洒热血打下的江山要留给谁？

幸运的是，刘邦开始创业的前一年，他们就有了正儿八经的嫡子刘盈。在那个年代，私生子刘肥是没有资格继承家业的，所以正妻吕雉所生的刘盈在日后是皇位第一继承人，这是吕雉稳固地位的最重要因素。

儿子年纪虽小，但命运多舛。大汉帝国刚成立，走上人生巅峰的刘邦就不喜欢他了："不类我。"短短三个字就想废掉刘盈的太子身份，换上他最喜欢的小儿子刘如意。吕雉慌了：如果刘盈被废掉，在群狼环伺的后宫，她绝对会被吃得骨头渣子都不剩。

这时，老战友张良给她出了个主意："商山四皓是有名的贤人，如果你能请他们来辅佐太子，那陛下即便想换人，也要掂量掂量分量。"

吕雉放下所有的尊严去求"商山四皓"，只为他们能出山保护自己的儿子。此时的吕雉只是一个可怜孩子的母亲。

不久后的一次宴会上，刘邦好奇地问："刘盈，你后边怎么站了四个老头？"经过刘盈的回答、张良的附和，刘邦终于确认：太子羽翼已丰。从此以后，刘盈的太子地位才真正稳固下来。

婚前的女人，是被人万般宠爱的天使；婚后的女人，是只能宠爱两个男人的大妈。老的拈花惹草，小的少不更事，吕雉只能用她柔弱的肩膀，扛起艰难的生活。

(03)

毫无疑问，刘邦和吕雉还是有感情的。一日夫妻还有百日恩呢，何况他们还是几十年的老夫老妻。但他们的身份早已不再是当年的百姓，而是掌握帝国命运的皇帝和皇后，其中牵扯了无数人的利益，这也让纯粹的感情变了性质。

无数经验告诉我们："只有感情动人、利益诱人的合作关系，才是世界上最牢不可破的关系。"而吕雉完全符合这项要求。在刘邦还在基层混饭吃的时候，吕雉就把家务料理得清清爽爽。他的朋友遍布沛县，她就做好饭招待；他工作很辛苦，她就努力耕田；他犯事藏匿于大山，她就经常去送衣服。一对贫贱夫妻，硬是把苟且的生活过得热火朝天。

在大汉帝国成立以后，面对遍地的诸侯王，刘邦愁得睡不着觉。吕雉作为正室妻子，理所当然地承担起自己的责任。你不是害怕韩信造反吗？我帮你杀了；你在沛县功臣面前唱红脸，我就帮你唱白脸；你负责正面形象，我负责替你背黑锅。不论在生活上还是事业上，吕雉永远是那个能够帮刘邦分担的人。

(04)

爱情可以抛开生活去谈，但婚姻不能，因为婚姻就是生活。戚夫人就一直活在爱情里。她年轻漂亮，还给刘邦生下活泼可爱的儿子刘如意。刘邦把所有的宠爱都给了她，她也确实遇见了爱情。

他们一起听音乐、看舞会、喝酒、享乐，像极了大学里的初恋故事，满脑子都是美好的幻想，从来不在意生活的复杂。

刘邦已年近60，在那个年代算高寿，没几年就要去见列祖列宗了。他十分想给这段美好的感情画上一个圆满的句号，想把毕生奋斗的成果，全部送给心爱的女人和可爱的儿子。可当他拿着存折、房产证、股权认购书亲手递给戚夫人和刘如意时，却发现他们根本接不住。不仅戚夫人接不住，其他的如薄夫人、赵姬、石美人统统接不住。

地位的不同、境界的差距、能力的不足，决定了她们只能谈感情，不能走入生活。女人的命运，绝不是一张漂亮脸蛋能够改变的。如果不能落实到柴米油盐的生活里，再好的感情也会被败光。

这时，吕雉伸出粗糙的双手，大大方方地接过他们共同的奋斗果实，说一声再见，道一句珍重：刘邦，我们来生再会。

05

儿子做了大汉帝国的新皇帝，自己从苦难挫折中挣来至高的地位，吕雉在这场家庭战争中赢得了最后的胜利。

考虑到刘盈的年纪只有16岁，也可以说，大汉帝国这片锦绣江山，从此由吕雉说了算。当初那群围绕在刘邦身边的莺莺燕燕，此刻全都匍匐在吕雉脚下。如果让吕雉写一本《斗小三培训教材》的话，估计她只会写七个大字：打铁还须自身硬。

当你变得强大了，敌人就弱了；你精神独立了，依赖就少了；你经济自主了，底气就足了；你能力增长了，选择就多了。

不要怕谁来跟你争抢，只要你不服输，全世界都会给你让路。

诸葛亮和黄月英：颜值是婚姻的最低标准

(01)

三国时期流传着这样一句话："莫作孔明择妇，正得阿承丑女。"意思是不要学诸葛亮选择老婆的办法，最终只能娶了黄承颜的丑女儿。

诸葛亮和黄月英的婚姻，被当时的人编成段子嘲笑了很多年。群众的理由很充足。诸葛亮身长八尺，远远望去犹如松柏，还读了一肚子书，才华横溢，属于婚恋市场中很吃香的优质对象。另外，荆州牧刘表是他叔叔诸葛玄的故旧，他姐夫是荆襄望族之一的蒯祺，随便打个招呼就能解决编制问题。有这样的条件，诸葛亮娶媳妇找个美女并不难，结果他却娶了一个丑丫头，你说奇不奇怪？

这就是群众说风凉话的动机。明明是自己喜欢美女，却偏偏没有优越的条件，然后就把自己带入到诸葛亮的角色中，哀其不幸，怒其不争。这和古代老汉一样，以为皇帝每顿饭都吃油泼辣子面，种地用金锄头……真是贫穷限制了想象。

对于诸葛亮来说，一张好看的脸蛋只是加分项，有的话最好，没有也无所谓，其他条件才是婚姻的基础，颜值不是婚姻的唯一标准。

02

诸葛亮到底图什么？要知道，诸葛亮不是一个马前泼水[1]的小男人，风花雪月和红袖添香等风雅之事不在他的考虑范围之内。他从二十多岁起就刻苦学习政治、经济、军事等专业知识，积极和青年才俊交朋友，也非常留心时事。

他对自己的定位是管仲、乐毅。这两位是春秋、战国时期的宰相和大将军，属于执掌国家大政、改变历史走向的人物。由此可见，诸葛亮要的是事业。

了解诸葛亮的人生目标，有助于分析他的择偶观。既然诸葛亮要的是事业，那么想俘获他的心，仅靠一张美貌的脸是远远不够的，而是需要一些额外的条件。

黄月英有什么竞争优势呢？她的爸爸叫黄承彦，是荆州最知名的学者之一，在文化界的排名基本能到前三甲。名流晚宴、慈善拍卖、参政议政等，都少不了黄承彦等名流学者的支持。他虽然没有财富和权力，但影响力很大。她的妈妈出身于荆襄蔡氏，是荆州最有势力的家族之一。更关键的是，刘表的夫人是蔡氏的亲妹妹，大将军蔡瑁是蔡氏的亲哥哥。换句话说，刘表和黄承彦是连襟。

这就是黄月英的竞争优势，父亲是文化界极具影响力的学者，母亲是顶级家族的大小姐，舅舅是荆州的大将军，姨父是荆州一把手。除去自身的聪慧和才华，仅仅看这些外部条件，黄月英也是荆州地区首屈一指的姑娘。

说来说去，难道诸葛亮是攀高枝吗？当然不是。这就牵扯到婚姻中的核心需求了。有的人玩心大，就喜欢找能一起玩的，让他找一个实验室女博士肯

---

[1] 出自钱钟书的《围城》，比喻夫妻离异，无法挽回。

定不行，三句话都说不到一起；有的人是吃货，那么会做饭就是择偶的核心需求；有的人性格安静，就不喜欢找爱折腾的人。

诸葛亮的人生追求是事业，他当然要选择对自己事业有帮助的婚姻，至于美貌、情趣等都得往后排，而黄月英恰恰是他最需要的女人。

诸葛亮娶了黄月英，就可以逐渐把文化界、政界、军届的人脉和资源过渡到自己手中，做他事业发展的助推器。对于从山东流亡到荆州的诸葛亮来说，当地的资源恰恰是他最缺乏的，就算有经天纬地之才，没有资源又有什么用？当地的人脉和资源，才是他的核心需求。

满足了人生最重要的核心需求，美貌与否重要吗？如果不能帮诸葛亮的事业进步，就算有一张红颜祸水的脸，他都嫌你烦。

对于野心不大的男人来说，能娶豪门小姐就已经跨越阶层了。以后在老婆娘家的扶持下，安排一个好职位，然后稳步晋升，最后混到主簿、太守的职位退休，人生也是美满啊。

这就是能力有限不会利用资源的，诸葛亮才不会这么玩。他没有满足于阶层跃升的快感，而是把人脉和资源当作杠杆，利用时事变化撬动更大的风云，然后让一切为自己服务。

刘表的二公子刘琮娶了蔡夫人的侄女，所以蔡夫人和蔡瑁都不喜欢大公子刘琦，时刻都想扶持刘琮继位。刘琦跑去向诸葛亮问计，诸葛亮就对他说："你不如和父亲申请做太守，在外边避避祸吧。"于是，刘琦就去做了江夏太守。

后来，江夏成了刘备的避难所，偶然吗？再阴暗一点地分析，他把刘琦打发出去，荆州自然就成了蔡氏的江山，而诸葛亮和蔡氏是什么关系，他和刘备岂不是如鱼得水？甚至让他们兄弟二人祸起萧墙，刘备是不是就有了火中取栗的机会？一石三鸟，诸葛亮真是太厉害了。

在以后的蜀国人才库中，荆州人士一直是诸葛亮的嫡系。如果没有黄月英的关系，诸葛亮凭什么能笼络这些精英？所以说，诸葛亮的千秋伟业和刘备的人生转折，起码有一部分功劳要记在黄月英的名下。

(03)

那么黄月英图什么？作为荆州地区家世条件首屈一指的大小姐，她想找什么样的男人没有，为什么偏偏选中没有存款、没有地盘的诸葛亮？

这就要看她到底需要什么样的男人。能接受诸葛亮的，并且心甘情愿做他的助手，和他一起荣辱与共的，一定是和诸葛亮志同道合的女人。这种女人见惯了巨大的财富、煊赫的权势、世间人情的冷暖，甚至还有常人见不到的阴暗面，她们的长辈就是参与者，普通男人根本入不了她们的法眼。

普通男人所骄傲的一切，都是她们祖上经历过的，再不济也是经常能接触到的。物质基础的高度提高了黄月英需求的高度，她不局限于眼前的小圈子，而是抬头看向星辰大海。黄月英需要的是能带她看更广阔世界的男人，或者是一起携手闯荡世界的男人。

虽然诸葛亮婚前的人脉资源并不多，也没有职位和前程，还喜欢吹牛，但是诸葛亮没有的东西，黄月英都有。而诸葛亮治国安邦的能力，恰恰是黄月英的短板。

这样一来，事情就简单了。诸葛亮出能力，黄月英出资源，两人组成小家庭，携手在乱世闯荡一辈子，也看了一辈子星辰大海。

豪门贵女那么多，想做黄月英却很难。诸葛亮是在用性命博取江山，功成名就只是偶然，身死族灭才是常态。这就需要妻子有一颗强大的心脏，既能和丈夫一起吃苦受累，也能在辉煌时谨小慎微；既要忍受独守空房的寂寞，也得接人待物滴水不漏。难啊！

04

　　婚姻中的很多东西都比颜值有价值。除了资源和人脉，黄月英还有一个有趣的灵魂，她能在诸葛亮工作之余，和他聊聊诗书文学，让他放松疲惫的身心。她很可能还懂一点时事。当诸葛亮工作起来不要命，事无巨细都是一把抓，或许还会为一些拿不准的事情愁眉苦脸时，黄月英可以稍微劝谏一下："我觉得可以这样……"

　　当然，以上内容都是我脑补的，因为黄承彦说他俩"才堪相配"，诸葛亮的才华就不用说了，以此来看，黄月英也不会差到哪里去。而且诸葛亮的个人道德极好，他跟着刘备转战西南，最后出任丞相整整14年，去世后居然家无余财，只有15顷土地和800株桑树，关键是他没有纳过妾。黄月英也可以说："我没有看错人。"

　　他们这一辈子生活得很幸福，除了复兴汉室江山，人生大规划都一步步地实现了，回到家中也不缺乏小确幸。他们真是神仙眷侣呀！

独孤家的皇后们

(01)

要聊独孤皇后，就不可不知独孤信。

出生在北魏末年的独孤信，天生就是"高富帅"。在乱世中，这是巨大的本钱。那时，北魏被"六镇起义"搞得焦头烂额，北方大地的农民起义军也在搞武装游行。他们的目标不同，动机和诉求也不同，于是相互攻伐不休。独孤信加入了一支农民起义军，这支军队最终被政府军击败、收编，他也重新成为官府的人。

独孤信特别能战斗，也特别讲义气，但真正让他出人头地的，是两次阴错阳差的出差。

(02)

534年，大将军贺拔岳在长安被杀，他的哥哥恰好是独孤信的老领导，于是一项光荣的使命落到了独孤信的肩上："我决定派你为代表，去长安抚慰军心。"

可当独孤信来到长安时，贺拔岳的军队已经选出了新领导，新领导恰恰是他的发小——宇文泰。两人是光屁股长大的朋友，于是，宇文泰委托独孤信带信给皇帝，请求得到皇帝的任命。

经过一番波折，独孤信到了洛阳。但是他发现出事了：皇帝被丞相高欢欺负得受不了，跑去找宇文泰了。于是，独孤信骑马去追皇帝，终于在泸涧追上了。皇帝感动哭了，认为他是护驾的忠臣，于是就带他一起去找宇文泰。

从此以后，独孤信的运气来了。皇帝把他当成自己人，掌握实权的丞相又是铁哥们，独孤信从此走上了光辉大道。

若干年后，宇文泰设置了八个柱国大将军，统领一切事务。无论有什么事情，他们几个人一商量，基本就定了。而独孤信就是其中的一位柱国大将军。

(03)

独孤信不仅仕途好，生孩子的能力也比常人高出一筹。他一共生了七个女儿、七个儿子，其中有三个女儿分别做了北周、隋、唐的皇后。换句话说，以杨广、李渊领衔的隋唐皇帝、亲王、公主等人，都得叫独孤信一声外公。

然而，独孤信女儿的命运都挺苦的。大女儿十几岁时，独孤信把她叫到身边："闺女啊，爹给你定了一门亲事，是宇文泰的大儿子，改天就把事办了吧。"生在公侯之家，联姻是她逃不脱的宿命，幸不幸福，愿不愿意，重要吗？

幸好，她的丈夫宇文毓很优秀，不到20岁就到地方做官，劝课农桑、兴修水利，政绩和风评都很好。如果不出意外的话，他们将平平淡淡地生活下去，为老百姓做点好事，然后经营好自己的小日子。

一切的意外都来自宇文护。宇文泰临终前因为自己的儿子年幼，强敌在侧，人心不安，所以决定把权力移交给侄子宇文护。后来，宇文护治理内外大事，安抚文武百官，人心才逐渐安定下来。

557年，宇文护扶持宇文泰第三子——宇文觉登上皇位，建立北周。他自己总揽朝政大权，引起大将军赵贵、独孤信等人的不满，于是宇文护处死了独孤信。

半年后，宇文护觉得宇文觉不听话，于是就杀了他，迎立宇文毓为帝。这段时间以来，独孤大姑娘太惨了，先是父亲被处死，然后是丈夫被选中当皇帝，人生的大起大落也不过如此。

独孤大姑娘受不了刺激，只做了三个月皇后就撒手人寰，没留下一男半女。三年后，宇文毓被宇文护杀死，时年27岁。那么，独孤大姑娘去世的时候只会更年轻，也就是刚刚大学毕业的年纪。唉，正是如花一般的年纪！

④

独孤四姑娘，生前生后都是没有存在感的人。她的丈夫叫李昞，是"八柱国"之一李虎的儿子，门当户对的婚姻。但有点可惜，夫妻俩身体都不好，李昞只活了37岁，还没来得及建功立业。

四姑娘也是个病秧子，如果生活在现代，她就是那种恨不得天天住在医院的老病号。身体不好就需要人照顾，偏偏四姑娘的脾气还不好，说好听点就是不苟言笑、持家严谨，说不好听点就是经常找茬，搞得儿媳妇们都不愿意来照顾她。只有李渊的媳妇孝顺，为了照顾她的生活起居，经常忙得一个月都不换衣服、不洗澡，这足够"感动南北朝"了。很可惜，婆媳二人都没能看到儿孙成功的那一天。

618年，李渊登基为帝，开国建唐。他追谥母亲独孤氏为元贞皇后，追谥妻子窦氏为太穆皇后。四姑娘生前凄凄惨惨，死后却哀荣备至，不知在九泉之下，她是否有一丝欣慰？

(05)

命运最好的独孤皇后是七姑娘独孤伽罗。

557年，独孤伽罗也结婚了，她的丈夫是大将军杨忠的儿子杨坚。那年，她14岁，他17岁。

那天，红烛摇曳，照映出独孤伽罗瘦小而坚定的身影。就在杨坚伸手要掀起红盖头之时，她小声地说："有两件事，我希望你能答应。"杨坚说："夫人，你说。"独孤伽罗说："第一，只爱我一人；第二，有事一起扛。"

她希望能参与丈夫的事业，当困难来临时，他们可以共同面对，而不是做一个不能把握自己命运的看客。这种气质，就是正室的风范。

得妻如此，夫复何求？杨坚郑重地许下承诺："一生一世一双人。"在此后的一生中，杨坚在大部分情况下都能信守诺言。

在重大时刻，他们又是战友。

580年，周宣帝去世，留下太后杨丽华带着8岁的小皇帝，坐在权力斗争的火山口。杨丽华是杨坚的女儿，于是，周宣帝的两位宠臣召杨坚进宫辅政，女儿也在舆论上给予绝对的支持。杨坚一跃成为北方最大的权臣。

走到这一步，杨家已是骑虎难下。甘于权臣的地位，将永远是别人的眼中钉，皇帝长大后也会除之而后快。二把手永远是最难做的。宇文护的教训就在眼前呐。

如果想活命，就要当皇帝。可皇帝要是那么容易做，那遍地都是皇帝了。这种事一般人干不成，干成的一定不是一般人。

不管做权臣还是当皇帝，风险都很大。当杨坚在宫中纠结犹豫时，独孤伽罗从家里送来一封信："大事已然，骑兽之事，必不得下，勉之。"意思是说："别纠结了，我们已经没有退路了，只能一条道走下去。"

这样的奇女子能让多少男子汗颜，真真是了不起。

第二年，杨坚就称帝建立大隋，封独孤伽罗为皇后。当年在屠刀下瑟瑟发抖的小夫妻，如今让天下人都高攀不起。

⑥

很多人都说，独孤伽罗能够和杨坚并称"二圣"，并且她参与朝政是因为"悍妒"，可见是个女强人啊。可事实上，那个年代的女人地位确实很高。

"永嘉南渡"以后，游牧民族带着铁骑和牛羊南下，也把草原上女人掌家的风俗带入了中原。《颜氏家训》中就说："邺下风俗专以妇持门户，争讼曲直，造请逢迎，车乘填街衢，绮罗盈府寺，代子求官，为夫诉屈。此乃恒代之遗风乎？"

独孤信、宇文泰都是鲜卑人，他们的家族和朝廷都保持了这种优良传统。直至唐朝宫廷，皇后的权力都是极大的。唐宪宗为了过得轻松点，甚至都不敢立皇后，只求能自由约会。所以独孤伽罗和杨坚共理朝政，李世民和长孙皇后举案齐眉，甚至李治都把武则天当作自己的代言人，都是此类传统的延续。

苏轼与王弗：让夫妻感情长久的，不只是爱情

①

1054年，大宋帝国平静得如一潭死水。此时不会有人注意到，四川眉山涌动着一股春潮。18岁的苏轼文采斐然，走路生风，受到当地女子的追捧。

不久后，苏轼的老师请他到家里吃饭，语重心长地说："小苏啊，我特别欣赏你。我有一个女儿叫王弗，你愿意做我的女婿吗？"

天大的好事啊，苏轼立刻就同意了。不久后，苏轼就和王弗结了婚。大红的盖头下，新娘清秀的脸庞露出娇羞，新郎还没有标志性的大胡子，他们互相凝视着对方。

少年夫妻的婚姻就像初恋一样甜蜜，不论将来的结局如何，都将在两人心头刻下最深的痕迹。

②

众所周知，能娶到老师女儿的男人都不一般。

婚后第三年，苏轼就带着一篇名叫《刑赏忠厚之至论》的文章，敲开了帝国文坛的大门。文坛大家欧阳修看到后，不禁称赞道："读轼书，不觉汗出，

快哉！快哉，老夫当避路，放他出一头地也。"

在欧阳修的提携下，苏轼一时名声大噪。他每有新作，立刻就会传遍京师。相比苏轼的热闹，王弗总是很理性。结婚后，她只是照顾公婆、劈柴做饭，把小家庭经营得有声有色，从来不对别人的事指手画脚。

有时候苏轼也在想："这该不会是个傻姑娘吧？"王弗也不反驳，只不过会在苏轼背书卡壳时，接着背诵下一段罢了；在苏轼不懂其他书时，出手指导一下而已。后来他才反应过来："我媳妇儿是个才女啊。"

1061年，苏轼被任命为凤翔府判官，他带着王弗一起去陕西任职。刚收拾好职工宿舍，王弗就拉着丈夫的手说："相公啊，我们出门在外没背景、没亲戚，你工作时可要小心点啊。不要乱说话，也不要乱收钱，好不好？"

"娘子，你放心吧，我心里有数。"苏轼把胸脯拍得"砰砰"响，可王弗还是不放心。于是，当苏轼与人谈话时，她就躲在屏风后面听。等客人走后，她再把刚才的谈话内容重复一遍，为丈夫分析其中的利弊："此人对你只会阿谀奉承，是没节操的小人。""此人好勇斗狠，赶紧离他远远的。""此人是拉你下水的，千万要把持住啊。"

不论对方是军中武夫还是地方小吏，王弗都能看出他的目的和用意，然后给苏轼提出合理的建议，女诸葛也不过如此。最才的女，最贤的妻，王弗是也。

03

如果人生分四季的话，苏轼没有一丝准备就从阳春三月来到数九寒冬。

1065年，苏轼被召回朝廷。刚刚办好任职手续，相伴11年的王弗就撒手人寰。第二年，父亲苏洵也去世了。他和苏辙护送两人的棺椁，回到人生旅程的起点——眉山。曾经的甜言蜜语犹在耳边，如今却已是阴阳两隔。从此以后，再也没人能给苏轼出谋划策，他将独自面对余生的颠沛流离。三年守孝期满后，苏轼回到开封。当时正值王安石变法拉开大幕，大宋帝国早已不是20年前的平和世界。

他立刻开炮："我实名反对变法。"苏轼有自己的理由：变法的本意是很好的，但是太激进了，容易引起党争，况且，老百姓也不一定能享受到变法的好处。

可变法的列车一旦发动，就注定停不下来，因为这辆车的司机是宋神宗和王安石。你苏轼说停就停，那我们算什么？皇帝和宰相不要面子的吗？苏轼说："既然我跟你们不是一路人，那我就到外地去吧，尽自己的能力做一点有用的事。"于是，苏轼再次上路，在杭州、密州、徐州等地做官，只是身边再也没有了王弗的身影。

04

1075年，密州，苏轼加班到深夜才走出衙门，回头看了一眼，登上马车回家。

或许是孤独、寂寞、寒冷的夜，或许是颠沛流离中再没有懂他的人，那一夜，苏轼思绪万千。他做了一个奇怪的梦。梦中，他和弟弟跟随父亲坐上小船，顺流而下走出四川，回首看层峦叠嶂，他发誓要混出个人样来，让母亲和妻子过上好日子。再回头，父母亲、妻子的影子越来越模糊。苏轼想要抓，却什么也抓不住，直到他们的影子渐渐消失……

后来，他"至君尧舜上"的理想也没能实现。他得罪了皇帝、宰相、大臣。看不到仕途希望的他，只能灰溜溜地离开东京。当初夸奖自己的那些人，如今恨不得在他身上踩上几脚。人性本就如此，苏轼也看淡了。他只是希望在困顿时，能有个人说说话，让自己不那么孤单。

这时，王弗的身影逐渐清晰。她还是16岁时的清秀模样，正在眉山老家的梳妆台前画眉、涂唇……唇纸飘落，她抬头看向窗外："相公，好看吗？"苏轼想说些什么，却感觉喉咙被卡住，一点儿声音都发不出来，只有两行泪滑落在日渐沧桑的脸上。

王弗也看着他，眼角的笑意逐渐散去："相公，我不在你身边的日子，你也要照顾好自己，不要让我担心，好不好？""好……"

梦醒，枕湿，月明。苏轼披衣而起，望着天上的明月，好像能看到千里之外的眉山，那里有王弗的坟茔，紧邻他的父母。他想起刚才的梦，铺开宣纸，写了一首《江城子》：

> 十年生死两茫茫，不思量，自难忘。
> 千里孤坟，无处话凄凉。
> 纵使相逢应不识，尘满面，鬓如霜。
>
> 夜来幽梦忽还乡，小轩窗，正梳妆。
> 相顾无言，唯有泪千行。
> 料得年年肠断处，明月夜，短松冈。

05

苏轼是一个乐天派，每天酒肉不离手，笑口常开。虽然没有固定资产和存款，但他依然活得很开心。可内心深处，始终有一个角落，那里有他最温馨的日子和最深爱的人。每当难过时，他就到那个角落看一看，和王弗说说话，然后站起来继续生活。

话说回来，王弗能让苏轼念念不忘的，绝不仅仅是因为他们是彼此的初恋，而是在他们11年的相守中，彼此都是对方不能缺少的人。苏轼有才学又上进，是小家庭的希望。王弗善解人意，能弥补丈夫的短板。所谓"婚姻合适"和"相处舒服"，不过如此。

巾帼不让须眉的李清照

01

1100年，宋朝的夏天有点热。在城外的一栋大别墅中，一群文艺界的老男人在聚会。他们围坐在一起，粗重的喘息声显示出气氛的紧张。在热烈的目光中，一张白纸缓缓展开，露出了三个大字——《如梦令》：

> 昨夜雨疏风骤，浓睡不消残酒。
>
> 试问卷帘人，却道海棠依旧。
>
> 知否？知否？
>
> 应是绿肥红瘦。

所有人都愣住了，词还能这么写？尤其是"绿肥红瘦"这几个字，简直绝了！一个文艺前辈满脸苦笑："这样的词，我一辈子都写不出来。"其他人也一脸茫然，颓然地倒在椅子上，思考着人生。

这首词的作者叫李清照，当时才17岁，就把一大把文艺前辈"打"翻在地。其实李清照能取得这样的成绩一点儿都不意外。她的父亲李格非是苏轼的学生，母亲王氏是状元王拱辰的孙女。这样的书香门第，培养出来的女孩子怎么会差？

其他孩子在玩泥巴、过家家时，她在读书弹琴；同班同学遇到难题无处请教时，她出门左拐就是状元郎外公的家。就连她交往的朋友也是腹有诗书的同辈，绝不会是胸无点墨的普罗大众。她的名字也很有特色，出自王维的诗："明月松间照，清泉石上流。"合二为一，就是"清照"。良好的家教和卓绝的基因，造就了惊艳绝伦的天才少女。

就在写出《如梦令》的两年前，李清照就已经崭露头角。那时她15岁，父亲李格非拿着朋友张耒写的《读中兴颂碑》："闺女，给你看看什么叫诗，好好学着点。"李清照拿起来一看，觉得不太对劲："如果不是唐玄宗荒唐误国，何用郭子仪中兴唐朝？为什么不追根溯源，寻找原因呢？"她提笔就对张叔叔的大作进行深刻批判：

> 君不见惊人废兴传天宝，中兴碑上今生草。
> 不知负国有奸雄，但说成功尊国老。
> 谁令妃子天上来，虢秦韩国皆天才。
> 花桑羯鼓玉方响，春风不敢生尘埃。
> ……
> 呜呼，奴辈乃不能道辅国用事张后专，乃能念春荠长安作斤卖。

最后两句的意思是：你们不能只看到唐朝的中兴，而不管宋朝的奢靡啊。一手"借古讽今"的绝活儿深得韩愈、苏轼的真传。

02

生活在宋朝的女子，没有选择追求者的机会，父母会帮她们办理好一切。

李清照的父母给她选定的丈夫叫赵明诚。他是李格非的学生，父亲赵挺之位居吏部侍郎的高位，可谓门当户对。对这位父母口中的青年才俊，李清照很是好奇。每当夜深人静之时，她就会想象未来夫君的模样。

没过多久，赵挺之就带着赵明诚来提亲了。"好机会，我倒要看看你长得什么模样。"她在院子里的秋千上晃啊晃，心中惴惴不安。"吱呀"一声，大门开了，一位目若朗星的才子迎面走来。李清照瞬间有种不一样的感觉。她捂着发烫的脸颊，跳下秋千就往屋子里跑。可她的脚步还是慢了下来，好奇、憧憬、慌张……初次悸动的少女心推着她走向院里的青梅树，鼻子闻着青梅的香味，眼睛却不住地看向走过的赵明诚。后来李清照回忆这一刻时，依然是满满的春心荡漾，就像那首《点绛唇》：

> 蹴罢秋千，起来慵整纤纤手。
> 露浓花瘦，薄汗轻衣透。
> 见客入来，袜划金钗溜。
> 和羞走，倚门回首，却把青梅嗅。

最好的婚姻就是：你来了，恰好我也在等你。

03

18岁的李清照和21岁的赵明诚结婚了。从前是两个人各玩各的，现在是两个人一起玩。先不考虑生孩子的事，玩够了再说。事实上，他们一辈子都没有生孩子。

闲来无事的时候，他们俩就喜欢打麻将。那时候的麻将叫打马，李清照特别喜好这种游戏。到底有多喜欢呢？她在晚年时总结经验，写了一部《打马图经》，其中有这么一句话："予性喜博，凡所谓博者皆耽之，昼夜每忘寝食。但平生随多寡未尝不进者何？精而已。"

凡是赌博类的游戏，李清照都玩，而且基本没怎么输过。如果生活在现代，估计她能横扫澳门和拉斯维加斯，老板都要哭晕在厕所。

月上枝头的时候，美酒来一杯。

历史上，以喝酒成名的男人不少，曹植"乐饮过三爵，绶带倾庶羞"，李白"呼儿将出换美酒，与尔同销万古愁"；但女人以喝酒留名青史的，李清照是独一份，以至于她留下的诗词中，有一半都与酒有关。

在她的内心中，喝酒赌博从来都不是男人的专利，女人玩起来也一样溜，谁说女子不如男？娶了这么一位才女回家，赵明诚感觉压力很大。当时他在外地游学，就收到妻子寄来的一封信：

> 薄雾浓云愁永昼，瑞脑消金兽。
> 佳节又重阳，玉枕纱厨，半夜凉初透。
>
> 东篱把酒黄昏后，有暗香盈袖。
> 莫道不消魂，帘卷西风，人比黄花瘦。

这首词太好了！为了挽回自己的家庭地位，他决定写一首更好的。就这么在屋里闷头写了三天，他终于写出了五十首《醉花阴》。赵明诚把自己的词和李清照的信混在一起，请朋友陆德夫帮忙看看。结果，陆德夫郑重其事地告诉他："只有这三句不错，'莫道不消魂，帘卷西风，人比黄花瘦'。"

在朝廷党争的打击下,李格非被罢官。1107年,赵挺之也撒手人寰。偌大的开封城再也没有赵、李两家的立足之地,于是,李清照跟随赵明诚回到青州老家。在"归来堂"中,他们度过了一生中最快乐的时光,连李清照都"甘老是乡矣"。

每天吃过饭后,他们就坐在归来堂烹茶消食。李清照记忆力特别强,凡是读过的书都能过目不忘。于是在烹茶的间隙,她就会说"某事在某书、某卷",甚至在第几页、第几行都说得一清二楚,然后就让赵明诚猜"对还是不对,猜对先喝茶哦"。

李清照如弯钩般的笑眼充满狡黠,让赵明诚如痴如醉。可显然他的智商不够,每次轮到他喝茶时,基本都没什么滋味了。看着丈夫窘迫的模样,李清照忍不住大笑,以至于茶杯都翻倒在地。这时,赵明诚就会温柔地看着她,憨憨一笑。

04

1127年,金兵来,开封破,靖康耻。

如果人生分为四季的话,44岁的李清照直接从盛夏来到数九寒冬。宋徽宗父子和三千多名嫔妃、官员,被当作猪狗一般押往五国城,太平百年的中原大地再次升起狼烟。那些平时指点江山的士大夫们,如今纷纷丑态毕露。束手无策、举手投降的有之,不顾家国、东奔西跑的有之,为求活命,典妻卖子的有之。

从小以"女中巾帼"自诩的李清照骄傲了半辈子,清高了半辈子,如今看着那些大宋朝男人的丑态,才真正理解了花蕊夫人的那句诗:"十四万人齐解甲,更无一人是男儿。"

更让她感到绝望的,是丈夫赵明诚的软弱。当金兵南下后,赵明诚被任命为江宁知府，统筹这座虎踞龙盘的战略要地，这可谓是重用。可当李清照带着15车文物古籍南下后，看到的却是赵明诚在叛乱中弃城而逃。男子汉大丈夫，李清照宁愿他战死沙场，也不愿他苟且偷生。

上至朝廷，下至官员，都浑浑噩噩地活在一片混沌中。同样是从江南起家，西楚霸王能直捣咸阳，纵横八荒，如此霸气的男人，才是李清照心中的英雄。

生当作人杰，死亦为鬼雄。

至今思项羽，不肯过江东。

在写下《夏日绝句》后，李清照就想明白了。当初的爱慕都是真的，现在的不齿也是真的，从此以后，祝你岁月无波澜，敬我余生不悲欢。

矛盾吗？一点儿都不矛盾，反而很真实。从来都没有一如既往的爱与恨，只有世事变迁的抉择。年轻时爱慕如是，流离时憎恨如是，孤苦时怀念亦如是。

⑤

1129年，赵明诚病逝于建康。他什么都没有留下，钱财、房产、子女统统没有，只有15车文物古籍陪伴着李清照，最后留下的话还是上次告别时的叮嘱："遇到危险时先扔杂物，再扔衣被、书画、古器，至于那些祭祀礼器，你要与他共存亡，千万别忘了。"

言犹在耳，人却没了。这些古董文物，是他们半生的寄托。在开封时，他们就把有限的钱财投入到无限的收购中。赵明诚甚至经常去典当铺，冬天当夏衣，夏天当冬衣，手里有俩钱就去大相国寺淘宝。在青州时，他们一路游山玩水，一路买古董，以至于家里堆满了各种古董文物。中原大乱后，李清照带来的其实只是一部分，剩下的不是被烧毁，就是丢失。

在乱世中，一个女人带着15车文物古籍到处逃难，想想都知道有多艰难。就这么一路跑，一路丢，文物越来越少，李清照活得越来越艰难。

1132年，实在不知所措的她只能嫁给张汝舟，选择一个不是那么坚实的肩膀，也好过孤苦无依的漂泊。直到人生过半，李清照才明白，任你风华绝代，任你惊才绝艳，世间最难越过的，其实是生活。柴米油盐酱醋茶的蹉跎，真的可以消磨一个人的所有趣味。都说壮志难酬，其实"活着"本身已经很艰难了。

这一次李清照看走了眼，张汝舟不是好人。他只不过是觊觎李清照那些为数不多的文物古籍和李清照可能会有的钱财。结婚后他才发现，李清照不让他碰文物，她身上也没钱。那么能娶到李清照，也是值得吹嘘半辈子的事了吧？可从她的眼神中就可以发现："她根本不爱张汝舟。"

不过是世道不太平，一个孤苦无依的女人需要依靠，才让他"捡漏"。狭隘的自尊心让张汝舟经常对李清照实施家暴。曾经被苏轼、王拱辰、赵明诚捧在手心里的宝贝，在张汝舟眼里却一文不值。

李清照本是骄傲至极的人，何曾受过这种委屈——离婚。在那个年代，不论是什么原因，只要女人提出离婚，都得先坐三年牢。坐牢就坐牢，如果在困顿中连内心的骄傲都磨灭了，那就永远走不出泥潭。

恰好，张汝舟还有一些劣迹。朝廷规定：如果考不上科举，达到一定的考试次数，就能做个小官。张汝舟的官就是谎报科举次数换来的。在起诉离婚时，李清照把张汝舟也告发了，结果就是，张汝舟被撤职，李清照也入狱。

好在李清照的人际关系不错，经过亲朋好友的上下打点，关了九天她就被释放了。

晚年的李清照，孤苦无依地过了24年。她有多苦？看她写的《声声慢》就知道了：

寻寻觅觅，冷冷清清，凄凄惨惨戚戚。

乍暖还寒时候，最难将息。

三杯两盏淡酒，怎敌他、晚来风急！

雁过也，正伤心，却是旧时相识。

满地黄花堆积，憔悴损，如今有谁堪摘？

守着窗儿，独自怎生得黑！

梧桐更兼细雨，到黄昏、点点滴滴。

这次第，怎一个愁字了得！

凄风苦雨的黄昏后，只有一个孤独的女人在喝着苦酒。天色渐渐黑了，屋子里只有一盏如豆的油灯无声地诉说黑夜的寂寞和人生的无常。

命运最残酷的地方就在于，它把最好的东西一件件送给你，然后再无情地一件件拿走。国破、家亡，为她遮风挡雨的大伞一个又一个离开她，最后只剩下李清照在荒凉的人世间苦熬。

⑥

晚年的凄惨岁月折磨着李清照，却也成全着她。1117年，赵明诚已经大体完成《金石录》的编纂，李清照"亦笔削其间"。在江南定居后，孤苦无依的李清照又思念起亡夫赵明诚，遂决定完成《金石录》最后的编纂工作。十几年间，她带着字帖、礼器奔走在江河山川之间，不厌其烦地登门拜访老先生们，请他们鉴定文物的真伪和种种疑问。

1143年，李清照终于将《金石录》校阅完成，进献朝廷。这本书一出，立刻震惊南宋朝野，被誉为"历代金石研究之集大成者"，成为研究中国金石的必读之作。

而李清照最不同寻常之处，是她让男人无地自容。在那个兵荒马乱的年代，朝廷一力退避，不敢有半分收复之意，宋高宗也被金兵的"搜山检海捉赵构"吓破了胆，不甘于国破家亡而奋起抗争的唯有岳飞、韩世忠、赵鼎等寥寥数人。其实，不甘心的人还有一个女子——李清照。

1133年，朝廷派韩肖胄和胡松年出使金国。在他们出发的那一天，李清照穿戴整齐来到城门前为二人送行。她举起酒杯，作了一首《上韩公枢密》：

> 三年夏六月，天子视朝久。
>
> 凝旒望南云，垂衣思北狩。
>
> 如闻帝若曰，岳牧与群后。
>
> 贤宁无半千，运已遇阳九。
>
> ……
>
> 子孙南渡今几年，飘零遂与流人伍。
>
> 欲将血泪寄山河，去洒东山一抔土。

以一介女子之身，吐壮怀激烈之言，当真让天下男子汗颜。

李清照凭什么和岳飞、辛弃疾、陆游站在同一个舞台上？当然不是前半生写的春花秋月婉约词，而是这份巾帼不让须眉的志气。

陆游和唐婉：写下宋朝最动人的情诗

01

1205年，陆游已经整整80岁了，看着镜中鸡皮鹤发的老人，他有些不敢相信："怎么就老了呢？时间都去哪儿了？"

时间哪儿也没有去，它只是藏在心头，藏在深情凝望的地方。而那个地方叫沈园，离陆游住的地方不远。他每次进绍兴城时，都要登上城头眺望半天，久久不肯离去。那里曾经是他和前妻唐婉相会的地方，也是诀别的伤心地。

陆游在睡梦中又来到沈园。他的心情很忐忑，脚步声就像鼓点一样敲打在他的心头："会见到她吗？"唐婉并没有来，只有梅花和流水在招呼着游览的客人，就连墙上的《钗头凤》也快看不清了。

55年不见，唐婉，你还好吗？景还是当年的景，人已非当年的人。清晨醒来，陆游摸了摸被泪水打湿的枕头，在日记本上写下两首诗：

> 路近城南已怕行，沈家园里更伤情。
>
> 香穿客袖梅花在，绿蘸寺桥春水生。
>
> 城南小陌又逢春，只见梅花不见人。

玉骨久成泉下土，墨痕犹锁壁间尘。

只有三年的婚姻，他们却选择用一生去守望。唐婉郁郁而终，陆游铭记终生。

世上最动人的情感不是终日耳鬓厮磨，而是把她刻在心头，任他沧海桑田，任他斗转星移，我依然记得你。

02

1144年，两位退休老干部联姻了。原淮南东路转运判官陆宰派人带着一支头钗去郑州通判唐闳家提亲："我儿子英俊潇洒、学富五车，你看可好？"唐闳说："我女儿知书达理，很般配！"一门亲事就这样定了下来。

那年陆游20岁，唐婉17岁。他们一起游山玩水，一起喝酒、唱歌，面酣耳热的时候，就一起回书房作诗填词，才子佳人，真是羡煞旁人。

在结婚前，陆游参加过两次科考，可结果都不太理想。就算他很有才，但每次都没考中，于是母亲就帮他安排了婚事。既然不能立业，那就先成家吧。没想到，陆游和唐婉太腻歪了，母亲大人看在眼里，急在心里。她觉得儿子早已丧失了事业的进取心，沉溺在男欢女爱中不能自拔。

陆家原本是农民出身，是读书改变了祖上的命运。况且这时的陆宰早已退休，没权、没钱，只有保留下来的人脉。如果陆游抛弃了学业，家族很快就会掉落到社会底层。他的母亲是个要强的女人，她绝不能忍受自己的儿子将来受人白眼，让人家指指点点。

陆游和唐婉正沉浸在岁月静好的梦境中，压根儿没看到母亲喷火的眼神。他们越是这样，陆游的母亲就越是坚定了要拆开他们的信念。三年后的一天，一封离婚协议书摆在唐婉面前，理由光明正大：不能生育。

是啊，不孝有三，无后为大。母亲相信，这条理由足以堵住悠悠之口，其实主要是堵住唐家人的嘴。作为唐婉的姑姑，陆游母亲又如何不心疼侄女？但儿子的前程事关家族荣耀，也是自己将来的保障。

陆游也是有脾气的人，他从小习文、练武、读兵书，到头来连媳妇儿都保护不了，那要这身子有何用？家里不让住是吧，您看不惯是吧，那我们就到外边租房子住，您眼不见，心不烦，也别再干扰我们。

历来婆媳斗争，获得胜利的基本都是婆婆。理由就不用说了，断了你的经济来源，我看你去哪儿租房子。

不过，那封离婚协议书，陆游最终还是签了字。再美满的鸳鸯，也扛不住婆婆的大棒。

唐婉，再见。

(03)

后来，陆游又结婚了。新媳妇姓王，虽然没有唐家的资本雄厚，但好在没几年就生了两个大胖儿子，也没唐婉那么多矫情事，安安分分地相夫教子。

唐婉也结婚了，丈夫叫赵士程，是朝廷认证的赵家宗室。如果不出意外的话，两人会沿着各自的生活轨迹继续走下去，可波折还是发生了。

1151年春天，天气很好。27岁的陆游心情苦闷，读书多年却没有考取功名，国家沦丧却不能只手扶社稷，就连最爱的女人都没能保护好，自己真没用啊！春光明媚的绍兴，在他眼里却是一片灰暗。

也许是冥冥之中的指引，陆游来到沈园，他和唐婉以前经常游玩的地方。他走着走着，来到一座亭子中，突然眼前一亮，仿佛触电一般："那是唐婉？她怎么会在这里？"唐婉也看到了他，瞬间泪目。他们没有说话，一切尽在不言中。

没过多久，赵家的仆人送来几碟小菜，还有陆游最爱喝的黄滕酒。一起来的还有唐婉。她在征得丈夫赵士程的同意后，亲自来向陆游敬酒，也算是正式跟往事告别。

一杯敬过往，一杯敬明天，一杯敬自由。三杯黄滕酒下肚，唐婉擦了一下眼角的清泪，转身而去，留下陆游在花亭中凌乱。他想起过往的一幕幕甜蜜和幸福，再看看如今：你已是别人的妻子，我也是别人的丈夫。我们有缘无分。陆游来到花亭的一面白墙上，用石子刻下了一首《钗头凤》：

红酥手，黄滕酒，满城春色宫墙柳。

东风恶，欢情薄。

一怀愁绪，几年离索。

错、错、错。

春如旧，人空瘦，泪痕红浥鲛绡透。

桃花落，闲池阁。

山盟虽在，锦书难托。

莫、莫、莫！

(04)

以后的几年，陆游过得很不好。1154 年，他去参加科举考试，再一次落第。倒不是学问不好，而是得罪了宰相秦桧。前一年的锁厅试，秦桧是给主考官打过招呼的，要求把自己的孙子秦埙录取为第一名。结果主考官陈之茂看不惯秦桧的卖国做派，就没搭理他，照样把才华横溢的陆游录取为第一名。

可秦桧是谁啊？翻遍史书也是大名鼎鼎的奸臣啊。那年的科举，秦桧点个头就把陆游给除名了。一心想着"习得文武艺，货与帝王家"的陆游，只能顶着"小李白"的帽子四处游荡，跟人喝酒写诗，纵论天下。绍兴、杭州、钱塘……到处都留下了陆游落魄、伤心的脚步。

1156年，突然有人告诉他一个消息："赵夫人走了。"自从四年前沈园一别，唐婉的心情也一落千丈。当年的生活，恐怕是每个女子都盼望的幸福吧，可命运就是不能容忍完美，美好的姻缘偏偏被拆散。

这四年来，唐婉跟没事人一样强颜欢笑，只有在寂静的夜晚，她才知道自己的心里有多苦。忍了四年，她终于忍不住了。在一个秋风萧瑟的下午，她来到与陆游最后见面的沈园花亭。没人知道她在那里想了什么、说了什么，只知道她看到了陆游的词，并且在旁边和了一首《钗头凤》：

世情薄，人情恶，雨送黄昏花易落。

晓风干，泪痕残。

欲笺心事，独语斜阑。

难、难、难！

人成各，今非昨，病魂常似秋千索。

角声寒，夜阑珊。

怕人寻问，咽泪装欢。

瞒、瞒、瞒！

常年的郁郁寡欢，让唐婉回去就一病不起，最终撒手西去。当初虽然分手了，但即便不见面也能有个念想。如今可倒好，阴阳两隔。没想到那次偶然的见面，竟然是最后一面。这一年，陆游32岁，唐婉29岁。

05

沈园成了陆游心中的一根刺。它一生都长在陆游的心尖上，功业未建的惆怅没有把它拔掉，金国铁骑没有把它拔掉，甚至一生的颠沛流离都没有把它拔掉。或许，陆游压根儿不舍得拔掉这根刺。这是他的青春岁月，这是他们的纯真年代。

自从唐婉去世以后，陆游一次又一次回到沈园。

63岁时，有人送来一对菊花枕，他又想起年轻时，和唐婉采菊做菊枕的往事，不禁感物伤怀。

采得黄花作枕囊，曲屏深幌闭幽香。

唤回四十三年梦，灯暗无人说断肠。

67岁时，他去了。看到当年写《钗头凤》的那面墙还在，只是破了半壁，字迹也不太清晰了。

坏壁醉题尘漠漠，断云幽梦事茫茫。

年来妄念消除尽，回向蒲龛一炷香。

说是"消除尽"，也不过是安慰自己罢了，要不然在唐婉去世40年之后，他怎么还会再来写下《沈园二首》？

陆游晚年时，每到春天必定去沈园凭吊唐婉。直到他去世前一年，85岁的陆游再次游览沈园，回到家后写了最后一首怀念唐婉的诗，叫《春游》：

沈家园里花如锦，半是当年识放翁。

也信美人终作土，不堪幽梦太匆匆。

三年的幸福婚姻，唐婉怀念了一辈子，陆游守望了一辈子。只恨太匆匆，陆游和唐婉梦断沈园。